주요상담&주요치료

길을 잃다
묻다
답을 얻다

서명석 | 철학박사

현재 제주대학교 교육대학 교육학과 교수
한국학중앙연구원 한국학대학원 졸업

수년째 『주역』과 놀이 중이다.
그러면서 그 속에 녹아들어 있는 세계와
그것의 현대적 의미지평을 건져 올리고 있다.
이러한 작업의 일환으로 『설괘전』『서괘전』『잡괘전』을 펴냈다.

주역상담&주역치료

**길을 잃다
묻다
답을 얻다**

초판인쇄	2017년 5월 25일
초판발행	2017년 5월 30일
지은이	서명석
디자인	디자인에이비
펴낸곳	책인숲
출판등록	142-91-51951
주소	경기도 용인시 기흥구 죽현로 8-22, 821호(보정동 휴먼타워)
대표전화	031-276-6062
팩스	031-696-6601
전자우편	booksinforest@gmail.com

© 책인숲, 2017, Printed in Korea
ISBN   978-89-969441-7-1   03150

* 이 책 내용의 일부 또는 전부를 재사용하려면 반드시 책인숲의 동의를 얻어야 합니다.
* 잘못 만들어진 책은 구입하신 곳에서 교환해 드립니다.
* 이 도서의 국립중앙도서관 출판예정도서목록(CIP)는 서지정보유통지원시스템 홈페이지(http://seoji.nl.go.kr)와
  국가자료공동목록시스템(http://nl.go.kr/kolisnet)에서 이용하실 수 있습니다.(CIP제어번호 : 2017010178)

주역상단&주역치료

길을 잃다
묻다
답을 얻다

서명석

책인숲

일러두기

1. 이 책의 『주역』 텍스트는 김상섭의 두 저작을 모본으로 하였고, 경우에 따라서는 필자가 약간 수정했다.
   김상섭, 『내 눈으로 읽는 주역(역경편)』, 서울: 지호출판사, 2006.
   김상섭, 『바르게 풀어쓴 주역 점법』, 고양: 지호출판사, 2007.

2. 텍스트를 정밀하게 검토할 때 아래 책들도 참고했다.
   리링, 『리링의 주역강의』, 차영익 옮김, 파주: 글항아리, 2016.
   정병석 역주, 『주역 상·하』, 서울: 을유문화사, 2011.
   황태연, 『실증주역 상·하』, 파주: 청계, 2012.

3. 텍스트의 원문을 검토할 때 아래 책을 참고했다.
   李光地, 『周易折中 上册·下册』, 台中: 瑞成書局, 2001.

4. 정밀한 텍스트 해석을 위하여 다음과 같은 공구서를 동원했다.
   김원중, 『한문해석사전』, 파주: 글항아리, 2013.
   단국대학교 동양학연구소(편), 『한한대사전 1~15』, 용인: 단국대학교출판부, 2008.

5. 기타 필요시 다음 책을 열람했다.
   김승동, 『역사상사전』, 부산: 부산대학교출판부, 2006.
   정약용, 『역주 주역사전 1~8』, 방인·장정욱 옮김, 서울: 소명출판, 2007.

6. 괘사·효사의 길흉지수를 표시하는데 아래 책을 참고했고, 경우에 따라서는 필자가 약간 수정했다. 지수화의 예시는 아래와 같다. 그리고 본문에서 괘사와 효사에 각각 길흉 지수를 밝혀 놓았다.
   Green, Roger, *The I Ching Workbook*, San Diego: Thunder Bay Press, 2003.

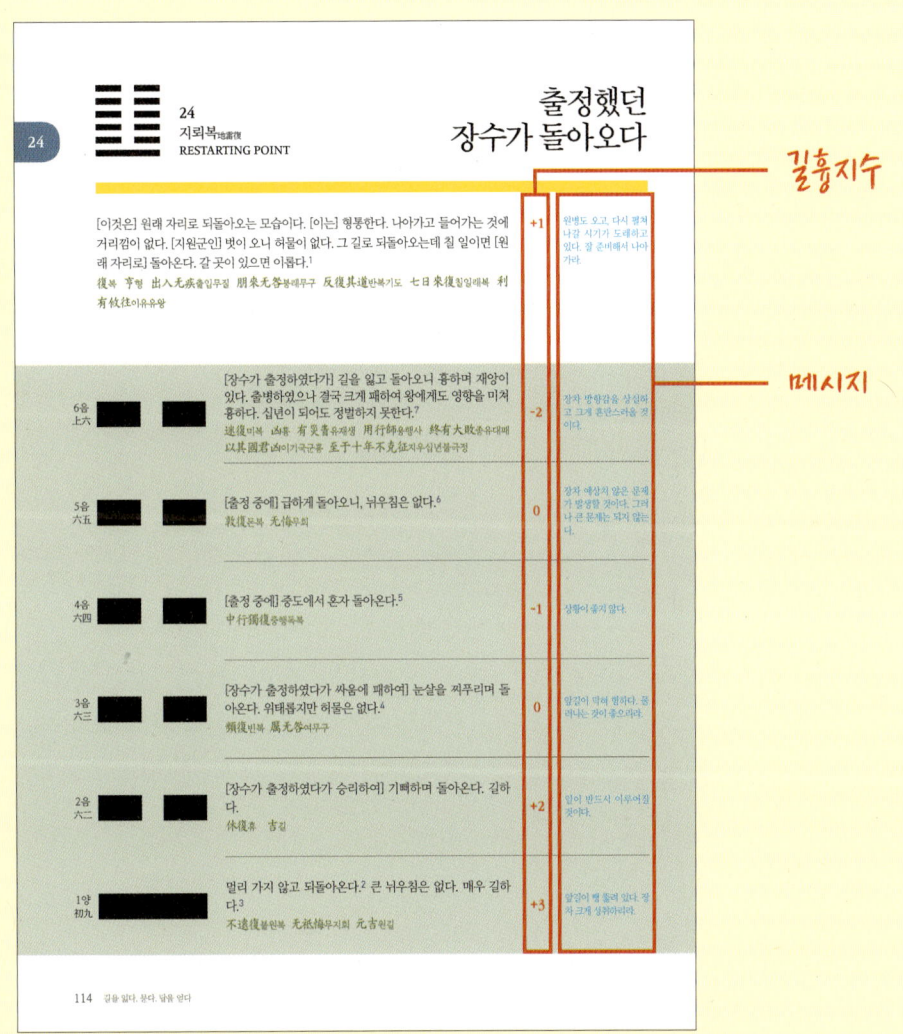

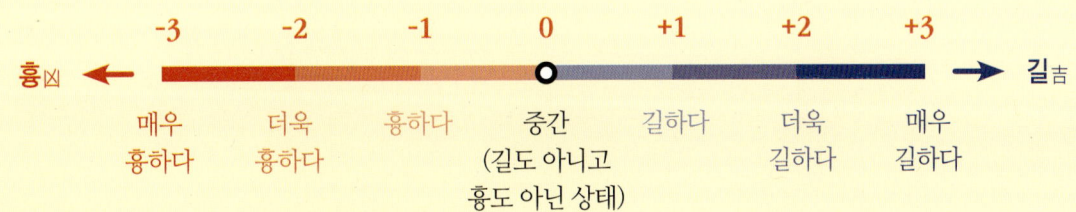

7. 원문原文에서 쓰인 길·흉·회·린의 스펙트럼은 아래와 같다.

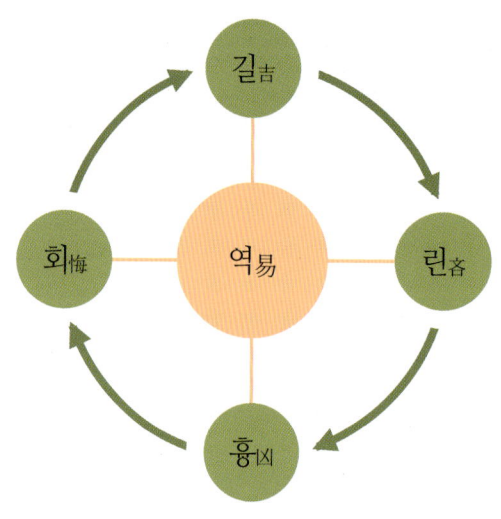

· 원문 텍스트에서 회悔는 반성이 동반하는 것으로 '후회하다', '뉘우치다'로 쓰였고, 린吝은 반성에 인색한 것으로 '어렵다', '곤란하다'로 쓰였다. 후회하는 사람은 반성하기에 그 허물[咎]을 고칠 수 있고, 후회에 인색한 사람은 그 허물[咎]을 고치지 않는다. 그러므로 회悔는 길로 나아가고, 인吝은 흉으로 미끄러진다.

8. 아래 책을 참고해서 역점 치는 법을 정리했다.
김상섭(편역),『주역점의 이해』, 고양: 지호출판사, 2009.
김상섭,『춘추 점서역』, 서울: 성균관대학교출판부, 2015.

9. 주석에서 ☯는 텍스트의 원문을 표시하고, ☞는 텍스트 원문의 풀이를 뜻한다.

10. [ ]는 다음과 같은 용례로 쓰였다.

- 같은 것을 다르게 푼 것: 예) 군자[주공]
- 같은 뜻으로 쓰는 것: 예) 큰일[大事]
- 『주역』 원문 텍스트의 번역문에서 문장의 원활한 흐름을 위한 장치로 삽입된 것: 예) 작은 일[에 대한] 점은 길하지만, 큰일[에 대한] 점은 흉하다.

11. 한자의 음표시를 할 때 두음법칙을 적용했다. 그 예는 이런 것들이다.
    - 려 → 여
    - 리 → 이
    - 린 → 인

12. 한자표기와 영문표기가 필요한 경우 아래첨자를 사용했다.
    - 무인$_{武人}$
    - 역경$_{I\ Ching}$

13. 낱말을 풀이할 경우 위첨자를 사용했다.
    - 장인$^{丈人\ 군대의\ 총사령관}$

14. 『주역』 원문 텍스트의 괘사·효사는 스토리텔링에 의한 서사구조로 완전 복원 후 작성되었다.

15. 『 』는 책 이름과 논문집 이름을 뜻하고, 「 」는 책 속의 편명, 논문, 단편을 뜻한다.

16. 춘추전국시대의 점치는 법을 실제로 복원했다.

17. 고품격의 '대나무 점대[筮竹]'를 별도로 제공했다.

18. '–'은 끊어주며 이어주는 강조의 경우에 사용되었다.

19. 〈 〉는 〈 〉 안에 묶여진 것을 특별히 강조할 때 사용되었다. 또한 작품명에도 쓰였다.

20. 여기서 언급하지 않은 것은 일반 관례를 따랐다.

占事知來

"점치는 일은
미래를 아는 것이다."
— 『주역』 「계사하전」

"역을
왜 만들었을까?
성인이 하늘의 메시지를 묻고
그 뜻을 따르는 도구인 것이다."
―다산(1762~1836)의 『주역사전』

易
何爲而作也?
聖人所以請天之命
而順其旨者也

프롤로그

지금, 이 책을 읽기 위한

Q1 『주역』은 어떤 책입니까?

A1 원래 이 책은 점치는 책입니다. 후대에 내려오면서 철학책으로 변모하였습니다. 다시 말해 진나라·한나라를 거치면서 말이죠. 이때 철학서로 굳어집니다. 하지만 우리가 주나라-시대에-써진-역[周-易]이라는 의미를 살린다면, 이 책은 점을-치기-위한-책[占-書 book for i ching]입니다.

Q2 그렇다면 『주역』은 언제쯤 생겨난 것입니까?

A2 초기 주나라 시대이니까 역산하면 지금부터 대략 3,000년 전이라고 보면 맞습니다. 그 뒤 600~800년이 흐른 후 진·한 시대에 오늘날 우리들이 접하는 『주역』이라는 풀 텍스트가 형성됩니다. 이때 풀 텍스트는 『주역』 원문[經]인 『역경』과 그 『역경』의 풀이[傳]인 「역전」이 합쳐진 것입니다. 이 중에서 이 책은 「역전」을 제외하고 『주역』, 즉 『역경I Ching』만을 다룹니다.

Q3 그럼 누가 『주역』을 지었습니까?

A3 64괘의 심볼은 복희가 그렸습니다. 그 64괘에 대한 풀이, 즉 괘사卦辭는 문왕이 지었으며 64괘 안에 들어 있는 각각의 효에 대한 풀이, 즉 효사爻辭는 주공이 지었다고 합니다. 그러나 이것은 한대 이후 만들어진 속설입니다. 『주역』을 지은 사람은 이 책의 괘사·효사에 등장하는 나[我]입니다. 이들은 모두 주나라 초기 점치는 관리들입니다. 이들의 공동 작품으로 이 책을 보는 것이 정확합니다. 따라서 『주역』은 주나라 초기 당시 최고의 지적 엘리트 집단이 함께 편집한 책입니다.

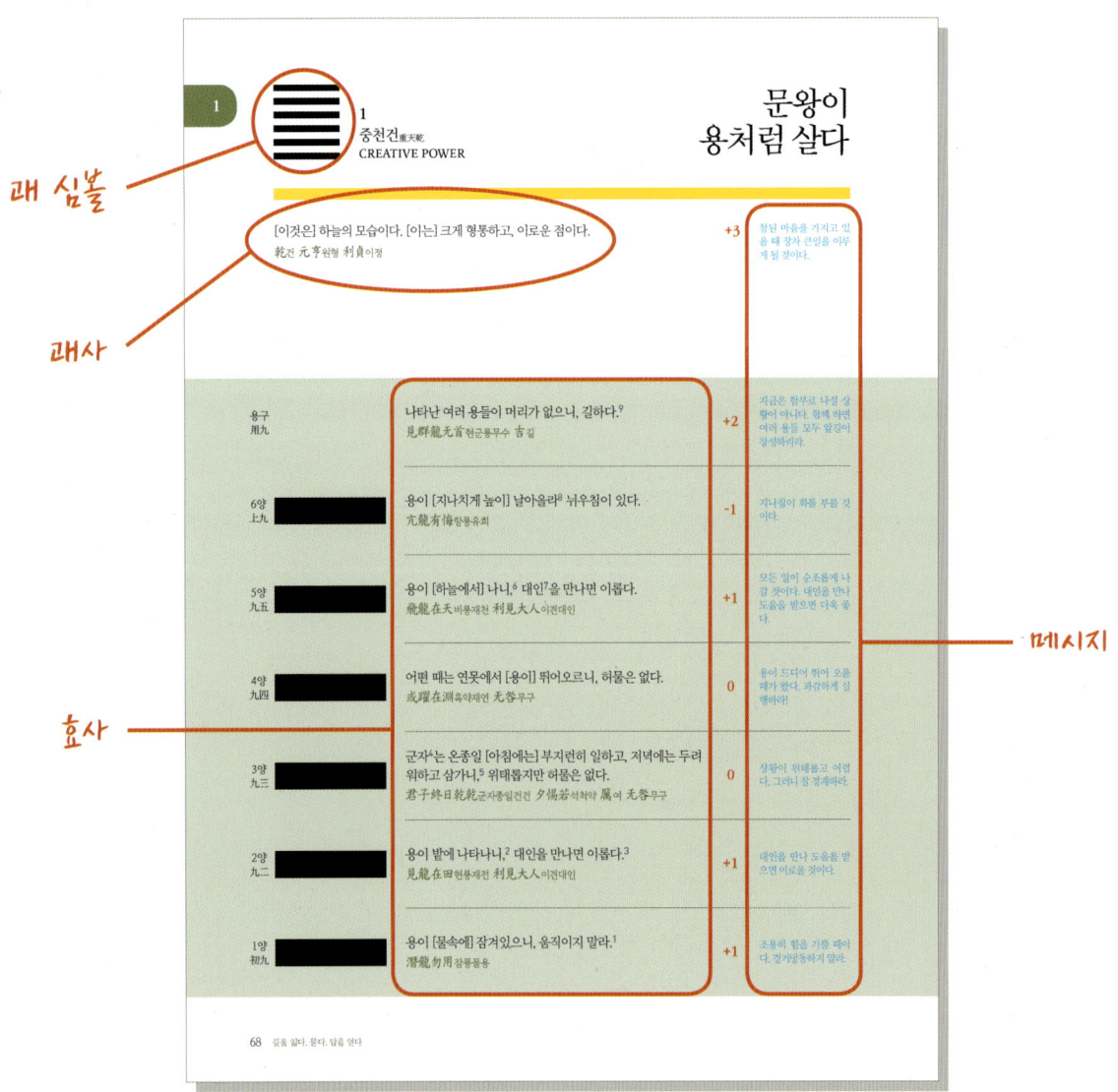

Q4 우리가 『주역』에 대하여 가지고 있는 오해는 어떤 것입니까?

A4 첫째, 이 책은 천기를 누설하는 예언서라는 것입니다. 둘째, 흉운凶運을 물리치고 길운吉運을 잡는 처세를 위한 책이라는 것입니다. 셋째, 천지자연의 운행과 인생의 천리를 담은 심오한 철학서라는 것입니다. 넷째, '군자는 이렇게 살아야 하고, 소인은 이렇게 살아야 한다'라고 훈계하는 책이라는 것입니다. 그러나 이 모든 것은 『주역』에 대한 오해의 소산입니다. 그러면 이것은 어떤 책일까요. 이를 두고 국내 주역연구가인 김상섭은 이렇게 정돈해 두었습니다. "주역의 점은 운명을 결정하지 않는다. 단지 세상의 흐름을 알려주고 행동의 결과를 예지할 뿐이다." 이런 측면에서 보자면 『주역』은 그 자체로 어디까지나 지혜서The Book of Wisdom라고 볼 수 있습니다.

Q5 『주역』 원문의 텍스트를 읽을 때 우리가 특히 어떤 점을 유념해서 읽어야 합니까?

A5 이 책은 현재를 기준점으로 잡으면 거의 3,000년의 시차時差, 즉 시간의 차이를 가지고 있습니다. 그러니 항상 시차視差, 즉 관점의 차이를 동반합니다. 현대는 인공지능의 시대이지만, 그 당시는 오늘날과 같은 시대가 아니라는 점입니다. 이것이 시차이며, 이런 시차를 항상 염두에 두고 텍스트를 읽어야 합니다. 곧 이 말은 당시 맥락을 놓치지 않으면서 텍스트를 바라보아야 한다는 것입니다. 이 텍스트의 시대적인 배경은 주나라 초기 농경시대 패러다임을 기본으로 구성되어 있습니다. 그러면서 그 당시의 생활사, 정치사, 경제사 등이 서로 얽혀 있으면서 『주역』 텍스트의 이야기가 구성되어 있다는 점을 항상 감안해야 합니다. 따라서 『주역』의 텍스트는 시공을 초월하여 당시 주나라의 역사, 문화, 사회, 정치, 경제 등을 볼 수 있는 초-시간적 원천인 셈입니다. 그 중에서 하나만 예를 들어볼까요. 『주역』 텍스트를 보면, 노예 이야기가 나오는데 이것은 오늘날 우리 실정과 맞지 않습니다. 그러나 주나라 시대는 철저하게 신분제 사회였고, 노예제를 인정하고 있었다는 것입니다. 이런 시차를 극복하며 텍스트를 읽어야 하는 것이 장차 우리들의 몫입니다.

Q6 『주역』 본문을 보면, 효사가 아래에서 위로 올라가면서 붙어있던데 그것은 왜 그렇습니까? 또한 그곳에 육六[6]과 구九[9]가 등장하던데 그것은 무슨 뜻입니까?

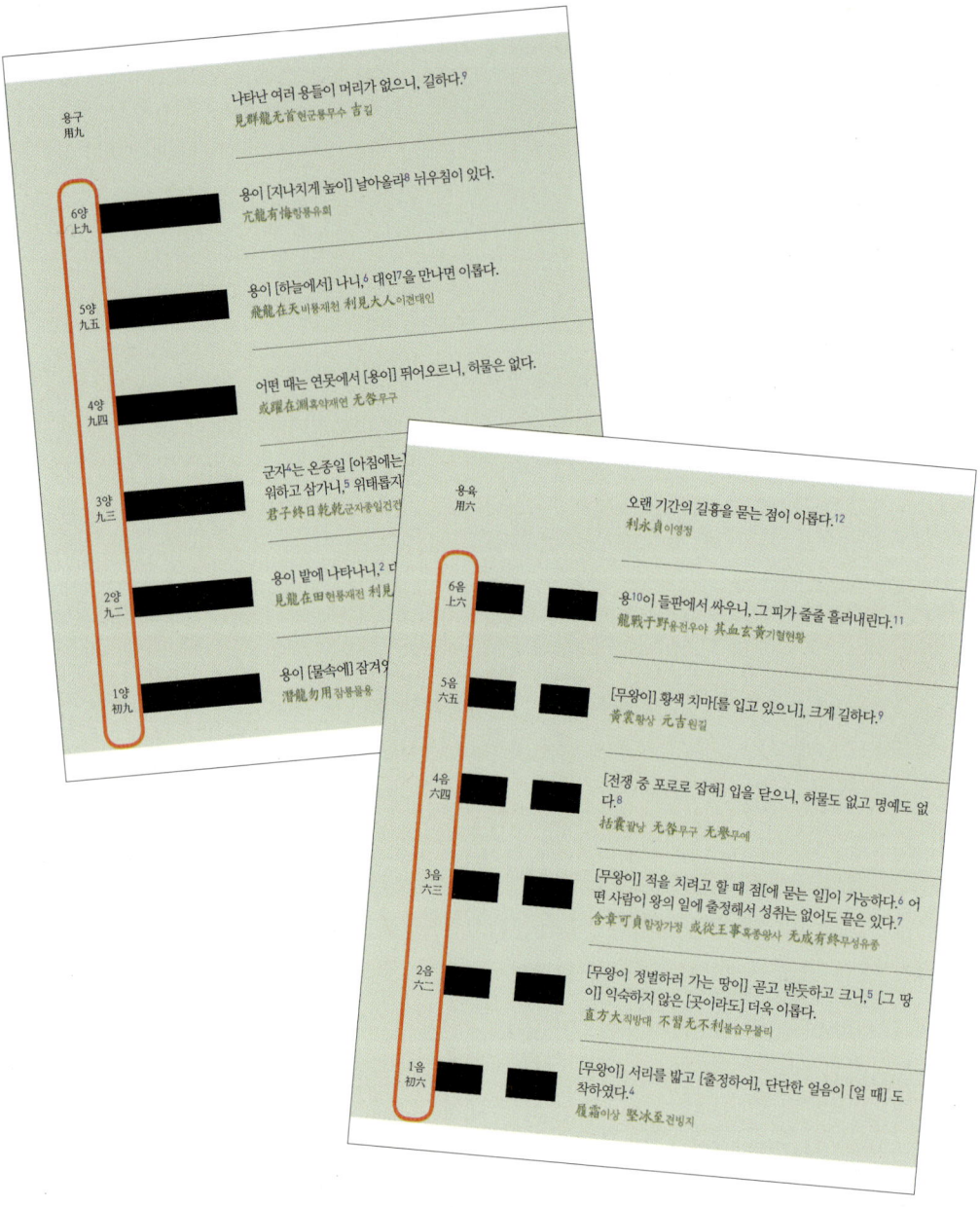

A₆   『주역』에서 음의 값은 육六[6]이고, 양의 값은 구九[9]가 됩니다. 그러니까 음양의 다른 표현이 육구六九가 되는 것입니다. 곧, '음=육六', '양=구九'로 말입니다. 여기서 육구[6·9]는 어떻게 나왔는가에 대한 설說은 여러 가지가 있습니다.

그 중에서 하나만 소개해 보겠습니다. 1에서 10까지 수가 있을 때, 1에서 5까지의 수를 선천수先天數라 하고 6에서 10까지를 후천수後天數라 합니다. 이 중에서 선천수를 배열하면, 그것은 1, 2,

3, 4, 5가 됩니다. 이것을 음수⁽짝수⁾는 음수대로 양수⁽홀수⁾는 양수대로 분류해봅시다. 그러면 음수는 2와 4가 됩니다. 이 둘을 합치면 6이 됩니다. 〈• 2+4=6〉 이것이 이른바 음의 값이자 --인 6입니다. 반면 양수는 1, 3, 5가 됩니다. 이 셋을 합치면 9가 됩니다. 〈• 1+3+5=9〉 이것이 이른바 양의 값이자 —인 9입니다.

- 6 → 음陰(6은 음을 말한다.)
- 9 → 양陽(9는 양을 말한다.)

❖ 건괘[☰]의 경우

6 — 육구 → 상구上九 (이때 —를 육구라고 부르지 않고 상구라 부른다.)
5 — 오구 → 구오九五 (이때 —를 오구라고 부르지 않고 구오라 부른다.)
4 — 사구 → 구사九四 (이때 —를 사구라고 부르지 않고 구사라 부른다.)
3 — 삼구 → 구삼九三 (이때 —를 삼구라고 부르지 않고 구삼이라 부른다.)
2 — 이구 → 구이九二 (이때 —를 이구라고 부르지 않고 구이라 부른다.)
1 — 일구 → 초구初九 (이때 —를 일구라고 부르지 않고 초구라 부른다.)

❖ 곤괘[☷]의 경우

6 -- 육육 → 상육上六 (이때 --를 육육이라 부르지 않고 상육이라 부른다.)
5 -- 오육 → 육오六五 (이때 --를 오육이라 부르지 않고 육오라 부른다.)
4 -- 사육 → 육사六四 (이때 --를 사육이라 부르지 않고 육사라 부른다.)
3 -- 삼육 → 육삼六三 (이때 --를 삼육이라 부르지 않고 육삼이라 부른다.)
2 -- 이육 → 육이六二 (이때 --를 이육이라 부르지 않고 육이라 부른다.)
1 -- 일육 → 초육初六 (이때 --를 일육이라 부르지 않고 초육이라 부른다.)

위 건괘와 곤괘에서 왼쪽의 1, 2, 3, 4, 5, 6은 일련번호를 뜻한다. 곧 이것은 숫자부여numbering이다. 그런데 넘버링을 위에서 아래로 하지 않고 밑에서 위로 하는 점을 기억해야 한다. 이것은 '낮은 데서부터 높은 데로 배열해나가는[卑高以陳]' 원칙 때문이다.

각 효사에 이름을 붙일 때 앞에 음[--]이면 육[6]을 붙이고 양[—]이면 구[9]를 붙입니다. 예를 들어, '육이六二'와 '구이九二'에서 앞의 '육'과 '구'가 그것입니다. 그리고 '육이六二'와 '구이九二'에서 뒤에 있는 '이二'는 위의 넘버링에서 2에 해당하며 '총 여섯 줄[육효六爻]' 중에서 두 번째 줄이라는 효의 위치를 알려줍니다. 넘버링 3, 4, 5가 모두 같은 의미입니다. 그런데 유독 넘버링 1과 6에는 이 원칙을 쓰지 않습니다. 여기서는 '초상初上 원칙'을 씁니다. 넘버링 1에는 초初를 붙이고 넘버링 6에는 상上을 붙이는 것입니다. • "1 → 초, 6 → 상." 이와 같이 말입니다. 그리고 나서 넘버링에서 1의 자리가 음[--]이면 '초육'이라 하고, 넘버링에서 1의 자리가 양[—]이면 '초구'라고 합니다. 이때 '초'는 넘버링에서 1의 자리라는 뜻이고 뒤에 나오는 '육'과 '구'는 넘버링 1의 자리가 '음[--]'과 '양[—]'이라는 뜻입니다. 넘버링 6의 자리도 이와 마찬가지입니다. 먼저 '상上'이 나오고 뒤에 '음양'이 나오는 방식입니다. 따라서 넘버링 6의 자리가 '음'이면 '상육'이 되고, '양'이면 '상구'가 되는 것입니다.

이를 정리해보겠습니다. 〈 • "1 → 초, 6 → 상"〉의 원칙에서 '초'는 '시작함[始]'을 말하고, '상'은 '끝마침[終]'을 뜻합니다. 이렇게 놓고 보면, 초효육효 중에서 첫째 효와 상효육효 중에서 마지막 효는 넘버링 1에서 시작하여 넘버링 6에서 끝마치는 비고이진卑高以陣의 방식을 채택한다는 것입니다.

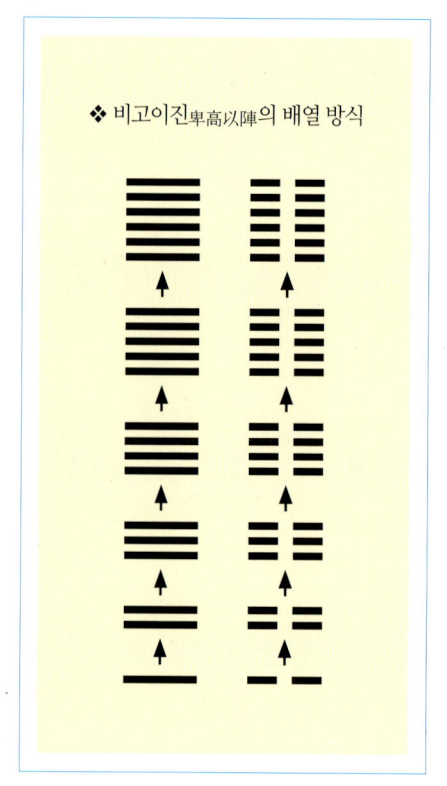

❖ 비고이진卑高以陣의 배열 방식

Q7 그럼, 이 책, 『주역상담&주역치료: 길을 잃다 묻다 답을 얻다』의 성격은 어떤 것입니까?

A7 아주 간단하게 말해서 이 책은 역점주역을 가지고 치는 점의 사용설명서라 볼 수 있습니다. 다시 말해 역점의 실행 매뉴얼이자 워크북이라 말할 수 있습니다.

Q8 도박이나 투기 등 요행이나 사행을 물어보기 위하여 역점을 쳐도 됩니까?

A8 안 됩니다. 그런 용도로 치는 것은 역점이 아닙니다. 이 점을 여러분은 꼭 기억해 주기 바랍니다.

Q9 역점을 칠 때의 자세는 어떤 것입니까?

A9 지성을 들이고 정성을 다해서 하늘에게 간절하게 뜻을 묻고 '하늘의 메시지[天命]'를 기다리는 것입니다.

Q10 오늘날 역점의 현대적 위상은 어떤 것입니까?

A10 역점은 일종의 장래 인간사에 대한 길흉의 관리학management of good fortune and misfortune in the future입니다. 그러면서 스스로-자신을-도와주는-장치self-coaching/consulting system라 볼 수 있습니다. 역점은 나이브한 인생의 길흉예언이 아닙니다. 그것은 그 너머에 있습니다. 역점을 통하여 나온 점괘인 길흉데이터를 이용하여 자신의 삶에 대한 깊은 성찰과 미래에 대한 치밀한 설계 및 능동적 대처에 역점이 있습니다. 따라서 역점은 혹세무민하는 미신이나 주술이 아니라 일상의 경영학입니다. 즉 그것은 미래에 대한 예언과 예측의 중간 지점을 오가면서 인간이 맞닥뜨리게 되는 길흉에 대한 예지적 통찰과 그런 길흉에 대처하는 삶에 대한 능동적 조율active tuning의 설정 방식입니다. 이렇게 보면 역점은 상황판단 능력의 향상에 도움을 줄 수 있습니다. 그러니 여러분은 길흉데이터를 척추로 삼아 자신의 삶을 유연하게 디자인하며 사십시오. 역점을 쳐서 그 날 재수가 좋으면 길하고, 재수가 나쁘면 흉하다는 식으로 역점에 접근하면 그것은 큰 오산입니다. 인간은 한 치의 앞도 알 수 없을 때가 많습니다. 그만큼 우리 삶이 불확실하다는 말입니다. 그럴 때 역점은 일종의 일기예보와 같습니다. 그러므로 역점의 데이터는 불확실한 앞날에 대한 의사결정의 자료를 제공해 주고 이를 토대로 우리는 미래를 미리 알아 대비하고 준비하는 것입니다. "모든 것은 흘러가고, 그 어떤 것도 여전히 머무르는 것은 없다." 이를 영문으로 표현하면 이렇습니다. "All is flux, nothing stays still." 이를 두고 고대 그리스 철학자인 헤라클레이토스는 "Panta Rhei!"라고 했습니다. 즉 "모든 것은 돌고 돈다!"는 말입니다. 우리 삶도 그렇습니다. 우리 삶도 영원히 길하고, 영원히 흉하지는 않습

니다. 길에서 흉으로 흉에서 길로 돌고-도는[轉-變] 가운데 우리 삶이 있습니다. 그러니 한 순간 길하다고 기뻐하고 한 순간 흉하다고 슬퍼하지 마십시오! 즉 이 말은 일시적 길흉에 대하여 여러분이 일비일희하지 말라는 뜻입니다. 우리 삶은 길흉이 함께 춤을 추도록 설계되어 있습니다. 그래서 우리는 이들과 함께 춤을 추어야 합니다. 길하면 길한 대로 조심하며 춤을 추고, 흉하면 흉한대로 대비하며 춤을 출 수 있어야 합니다.

Q11 점을 쳐서 나온 점괘를 해석할 때 유의해야 할 점에는 어떤 것이 있습니까?

A11 『주역』, 그것은 주나라 당시 각종 사안에 대하여 점친 기록물입니다. 그러므로 『주역』 텍스트는 그 자체로 일종의 길흉안내서입니다. 따라서 그것은 불확실한 미래에 대한 자신만의 컨설팅, 즉 자문활동을 수행하는 메커니즘입니다. 하지만 점괘를 해석할 때 조심해야 할 점이 있습니다. 점을 쳐서 나온 점괘를 가지고 '길이면 무조건 좋고, 흉이면 무조건 나쁘다!'라는 식으로 점괘에 대한 기계적인 판단은 절대 금물입니다. 점칠 당시의 상황과 맥락을 놓치지 않으면서 점괘를 해석해야 합니다.

• 문제의 상황설정을 제대로 하라.

• 점을 쳐서 나온 점괘를 기계적으로 판단하지 말라.

• 맥락을 종합적으로 검토하여 최종적으로 해석하라.

그 한 예를 들어 보겠습니다. 어느 수험생이 자신의 성적은 좋지 않으면서 좋은 대학에 합격할지 점을 통해 물어보았다고 합시다. 실제 점을 치니 길함이 나왔습니다. 그렇다고 해서 그 수험생이 정말 좋은 대학에 합격할까요? 이런 경우는 애초 문제설정이 틀린 경우입니다. 자신이 처한 상황과 맥락을 무시하고 막연히 점에 기대여 미래를 알아보려고 하는 것은 무모한 짓입니다. 이런 것을 우리는 '탈-맥락-화'의 오류라고 부를 수 있습니다. 이때 '탈脫-'이란 '당시 상황과 맥락에서 벗어나 있다' 또는 '당시 상황과 맥락을 무시하고 있다'는 뜻입니다. 그러므로 우리는 점칠 당시 문제의식에 포함되어 있는 자신의 상황과 맥락을 놓치지 않으면서 나온 점괘를 곧이곧

대로 해석하는 오류를 범하지 말아야 합니다. 그리고 경우에 따라서는 나온 점괘가 안 맞는 경우가 있을 수 있습니다. 그럴 때는 자신이 점괘를 잘못 뽑았는지 아니면 자신의 해석이 틀린 것은 아닌지 신중하게 검토해 보아야 합니다.

Q12 마지막으로 독자들에게 전해 줄 말은 어떤 것입니까?

A12 키우던 말이 집을 나가 새옹이 속상했으나 집을 나갔던 말이 말떼를 데리고 돌아왔습니다. 이렇게 우리 삶은 길흉이 밤낮처럼 교대합니다. 우리 삶이란 절대적 길도 절대적 흉도 없습니다. 매순간 자신의 삶에 주연이 되어 길흉을 완벽하게 관리하며 살아가십시오!

2017년 2월 10일 금요일
창 밖에 눈이 하얗게 쌓인 날 아침에
보랏빛-노을-산사람[紫霞山人], 이렇게 쓰다
하늘의 뜻대로!

차례

프롤로그 13

Part 1
주역상담

1. 역, 지혜의 숲으로 들어가는 문 33
2. 역이 그리는 풍경과 질서 34
3. 역점과 상담의 랑데부 38
4. 역점은 삶에 대한 코칭 45

Part 2
주역치료

1. 하늘의 이치는 공평하다 51
2. 하늘이 인간에게 그 뜻을 전해주다 53
3. 길을 잃고 헤매는 삶을 조율하는 역점 56
4. 마음의 치료, 역점 61

Part 3

『역경』 텍스트

䷀	1 중천건 重天乾 CREATIVE POWER	문왕이 용처럼 살다	68
䷁	2 중지곤 重地坤 PASSIVE POWER	무왕이 세상을 다스리다	70
䷂	3 수뢰둔 水雷屯 DIFFICULT BEGINNING	주공이 난세를 평정하다	72
䷃	4 산수몽 山水蒙 INEXPERIENCED YOUTH	성왕이 고난을 뚫고 왕위에 오르다	74
䷄	5 수천수 水天需 WAITING	나그네가 길을 가다	76
䷅	6 천수송 天水訟 CONFLICT	읍주가 송사를 벌이다	78
䷆	7 지수사 地水師 ARMY	장인이 전쟁에 참가하다	80

䷇	**8** 수지비 水地比 HOLDING TOGETHER	신하가 왕을 보필하다	82
䷈	**9** 풍천소축 風天小畜 SLIGHTLY ACCUMULATING	농민 부부의 삶을 보다	84
䷉	**10** 천택리 天澤履 CONDUCT	무왕이 은나라 정벌에 나서다	86
䷊	**11** 지천태 地天泰 GOING WELL	제을이 문왕에게 딸을 시집보내다	88
䷋	**12** 천지비 天地否 STAGNATION	제을의 딸들이 친정으로 쫓겨 오다	90
䷌	**13** 천화동인 天火同人 COMMUNITY	많은 사람들이 모여서 적을 방어하다	92
䷍	**14** 화천대유 火天大有 ABUNDANCE	농민들이 풍년을 맞다	94
䷎	**15** 지산겸 地山謙 HUMILITY	군자의 겸손에 반하다	96
䷏	**16** 뇌지예 雷地豫 JOYFUL MOVING UP	제후가 방탕하게 살다	98

䷐	**17** 택뢰수 澤雷隨 FOLLOWING	뒤쫓아 가서 포로를 잡다	100
䷑	**18** 산풍고 山風蠱 DECAY IN COMFORT	무왕이 아버지의 일을 계승하다	102
䷒	**19** 지택림 地澤臨 APPROACHING	성왕이 백성을 덕으로 다스리다	104
䷓	**20** 풍지관 風地觀 LOOKING DOWN	주공이 백성을 살펴보다	106
䷔	**21** 화뢰서합 火雷噬嗑 BITING THROUGH	노예가 고기를 씹다	108
䷕	**22** 산화비 山火賁 GRACE	신랑이 화려하게 꾸미다	110
䷖	**23** 산지박 山地剝 SPLITTING APART	수레를 만들며 자신은 박탈되다	112
䷗	**24** 지뢰복 地雷復 RESTARTING POINT	출정했던 장수가 돌아오다	114
䷘	**25** 천뢰무망 天雷无妄 INNOCENCE	도리에 어긋남이 없이 살다	116

䷙	**26** 산천대축 山天大畜 GREAT ACCUMULATION	어떤 사람이 가축을 기르다	118
䷚	**27** 산뢰이 山雷頤 NOURISHMENT	정당한 방법으로 먹을 것을 구하다	120
䷛	**28** 택풍대과 澤風大過 EXCESS	주왕이 크게 잘못되다	122
䷜	**29** 중수감 重水坎 ABYSS	군사들이 감옥에 갇히다	124
䷝	**30** 중화리 重火離 CLINGING FLAME	문왕이 가나라를 무너뜨리다	126
䷞	**31** 택산함 澤山咸 MUTUAL ATTRACTION	남녀가 성적으로 결합하다	128
䷟	**32** 뇌풍항 雷風恒 DURATION	남편이 사냥을 떠나다	130
䷠	**33** 천산돈 天山遯 WITHDRAWAL	도망가는 적을 사로잡다	132
䷡	**34** 뇌천대장 雷天大壯 STRONGNESS	왕해가 양을 잃어버리다	134

35 화지진 火地晉 PROGRESS	강후가 적을 공격하다	136
36 지화명이 地火明夷 SINKING SUN	명이가 서쪽으로 떨어지다	138
37 풍화가인 風火家人 FAMILY	여자가 집안에서 살림하다	140
38 화택규 火澤睽 ANIMOSITY	나그네가 길을 가다 여러 일을 목격하다	142
39 수산건 水山蹇 OBSTRUCTION	무왕의 출병길이 험난하다	144
40 뇌수해 雷水解 DISSOLUTION	사냥으로 잡은 여우를 풀어주다	146
41 산택손 山澤損 DECREASE	제사에서 제물을 덜어내다	148
42 풍뢰익 風雷益 INCREASE	주공이 여러 가지 일을 처리하다	150
43 택천쾌 澤天夬 RESOLUTION	적의 침입에 도망간 군자가 처형되다	152

䷫	**44** 천풍구 天風姤 MEETING TOGETHER	주왕과 달기가 나라를 망치다	154
䷬	**45** 택지췌 澤地萃 GATHERING TOGETHER	무왕이 병들어 죽다	156
䷭	**46** 지풍승 地風升 MOVING UPWARDS	문왕이 영토를 넓히다	158
䷮	**47** 택수곤 澤水困 ADVERSITY	죄인들이 곤란에 처하다	160
䷯	**48** 수풍정 水風井 WELL	성왕이 현인을 등용하다	162
䷰	**49** 택화혁 澤火革 REVOLUTION	전투에 나가려고 말안장을 고쳐 매다	164
䷱	**50** 화풍정 火風鼎 CAULDRON	솥에 음식을 만들다	166
䷲	**51** 중뢰진 重雷震 THUNDERCLAP	천둥이 쳐서 놀래다	168
䷳	**52** 중산간 重山艮 KEEPING STILL	신체를 살펴보다	170

| | **53**
풍산점 風山漸
DEVELOPING | 기러기가 날아오르다 | 172 |

| | **54**
뇌택귀매 雷澤歸妹
MARRYING MAIDEN | 제을이 어린 딸을 시집보내다 | 174 |

| | **55**
뇌화풍 雷火豐
ABUNDANCE | 일식이 하늘을 가리다 | 176 |

| | **56**
화산려 火山旅
WANDERER | 나그네가 길에서 목숨을 잃다 | 178 |

| | **57**
중풍손 重風巽
GENTLY PENETRATING | 무인이 겁을 먹고 숨다 | 180 |

| | **58**
중택태 重澤兌
JOYFULNESS | 두 나라가 사이좋게 지내다 | 182 |

| | **59**
풍수환 風水渙
DISPERSAL | 왕이 홍수를 만나다 | 184 |

| | **60**
수택절 水澤節
FRUGALITY | 검소하게 살다 | 186 |

| | **61**
풍택중부 風澤中孚
INNER TRUTH | 적군과 아군이 서로 호흡을 맞추다 | 188 |

62 뇌산소과 雷山小過 SLIGHTLY EXCESSIVE	주왕의 그릇됨이 나라를 망치다	190
63 수화기제 水火既濟 ALREADY ENDING	고종이 수레를 끌고 물을 건너다	192
64 화수미제 火水未濟 NOT YET ENDING	강을 건너다가 난관에 부딪치다	194

Part 4
점치는 법 — 197

부록
- 『역경』 원문집성 — 233
- 그로서리 — 267
- 64괘표 — 278

Part 1

주역상담

1. 역, 지혜의 숲으로 들어가는 문

1799년 여름, 40대의 의욕에 불타 있다 좌절을 겪기 시작한 다산 정약용(1762~1836)은 이가환(1742~1801)을 방문하여 『주역周易』을 터득할 수 있는 방법을 물었다. 이가환은 그 동안 수많은 해설서를 읽었지만 『주역』은 잘 알 수 없다고 했다. 그러면서 충고했다. "역학은 어리석은 자나 하는 거요. 자네 같이 총명한 사람은 절대로 역학을 하지 말게나. 시골에서 평생 『주역』을 읽어 노주역이니 최주역이니 하는 자들이 수없이 많은데, 자네도 그런 무리가 되려 하나?"[1]

『주역』은 동양 최고의 지혜서 The Book of Wisdom다.[2] 그리고 이 책은 동양의 역사만큼이나 유구한 전통을 가지고 있으며, 조선의 식자들도 이 책을 탐구 대상으로 삼아 깊은 연구를 해왔다. 조선 시대의 대표적인 유학자인 퇴계(1501~1570)도 한 때 이 책에 빠져 병을 얻어 평생 그 병마와 함께 씨름해야 했다. 그 전에 남송의 거유 주자(1130~1200)가 그간 흩어져 있던 점서占書로서의 『주역』을 정리하고 나서 『역학계몽易學啓蒙』을 만들었다. 이 책은 오늘날 점서의 고전이다. 퇴계도 이에 뒤질세라 주자의 그 책을 해설하는 『계몽전의啓蒙傳疑』를 펴냈다. 그 뒤 다산도 역학을 깊이 연구하여 『주역사전周易四箋』이라는 대작의 탄생을 일구어냈다.

[1] 심경호, 「주역: 미래를 가늠하는 관계론」, 『문화와 나』, 서울: 삼성문화재단, 제89호, 2009, 27.
[2] R. Wilhelm, *The I Ching or Book of Changes*, New Jersey: Princeton University Press, 1977, liv.

그 당시 다산은 이가환의 충고를 어기고 만다. 그는 유배지 강진에서 『주역』연구에 더욱 매진하여 그 뒤 주역철학사에 한 획을 긋는 대작을 탄생시켰다. 이렇듯 『주역』은 수많은 선학先學들과는 늘 친한 벗과 같았다. 그러나 오늘날 『주역』의 입지는 매우 좁아졌다. 이제 『주역』을 연구하는 것은 동양철학자나 일부 재야 학인들이 각자 입맛대로 탐구하는 일이 되어 버렸다. 현대는 서구에서 전해준 과학기술 문명의 시대다. 그러니 주역적 사유가 우리 생활에 파고드는 일은 매우 힘들다. 이 지점을 파고 들어가려는 것이 이 글의 시추점이다. 오늘날 현대인 대다수가 『주역』의 세계를 잊고 살지만, 그런 『주역』의 세계가 현대를 사는 우리에게 어떤 점에서 중요한 메시지를 전해주고 있는가? 이런 물음에 대답하기 위해서는 『주역』에 대한 일반인들의 편견을 걷어내고 보다 투명하게 『주역』이 그리고자 하는 세계와 이것이 오늘날 우리에게 어떤 의미의 지평을 열어 보이고 있는지 우선 검토해 보아야 한다.

하지만 『주역』은 그리 호락호락한 책이 결코 아니다. 그리고 『주역』을 접근하는 방식도 너무나 다양하다. 그래서 어떻게 『주역』에 접근해 들어갈까를 우선 판단해야 한다. 그렇기 때문에 나는 점학占學 study of i ching의 관점에서 『주역』을 바라볼 것이다. 그런 다음 『주역』으로 점을 치는 행위를 상담counseling의 차원으로 놓고, 이렇게 보았을 때 역점으로서의 점학이 상담의 지평과 어떻게 만나고 어디까지 그 의미가 확장되는지 알아본다.

2. 역이 그리는 풍경과 질서

『주역』을 『역경易經』이라고도 하는데, 영어로 『역경』을 표시하면 중국식 발음 그대로 읽어서 I Ching이 된다. 그리고 이를 풀어서 쓰면 Book of Changes다. 그런데 간혹 『역경』을 말하면서 i ching이라 쓴 책을 볼 수 있다.[3] 이때 i ching이 다름 아닌 『주역』을 이용하여 점을 치는 역

---

3 Wu Wei, *The i ching: The Book of Answers*, Los Angeles: Power Press, 2005.

점易占이다. 이점을 간파한 이광지李光地는 『주역절중周易折中』에서 "『역경』이란 본래 점[卜筮]을 치기 위하여 지은 것"이라고 말했다.[4]

이러한 전통이 이른바 『주역』을 상수학象數學의 관점에서 바라보는 접근이다. 한편 『주역』을 철학적인 관점에서 그 의미의 지평을 찾아 들어가는 의리학義理學의 전통도 물론 있다. 하지만 여기서 나는 상수학으로서의 점학占學에 더욱 집중한다. 왜 점을 치려고 하는 것일까? 이에 대하여 어느 선학先學은 비교적 간명하게 답을 한다. "점치는 일은 미래를 아는 것이다."[5] 물론 여기에는 그가 바라보는 미래에 대한 일종의 우환의식이 깔려 있다.[6] 우환이란 무엇인가? 이것이 우리가 가지게 되는 근심거리 또는 걱정거리라는 말일까. 우리는 흔히 집안에 우환이 있다고 말을 한다. 이럴 때 집안에 있는 근심거리 또는 걱정거리가 우환이 될 수 있다. 그러나 선학이 이 맥락에서 말하려고 하는 우환은 그런 종류의 우환이 결코 아니다. 지금도 그렇지만 우리에게 미래는 늘 불확실하고 불투명하다. 지금도 그러한데 고대인에게는 오죽 하였겠는가.

이렇게 고대인이나 현대인에게 공히 미래는 여전히 불안한 무엇이다. 물론 이때 불안이란 물리적인 상황에서 일어나는 공포와는 다른 것이다. 우리가 고층의 아파트 옥상에서 아래를 내려다보았을 때 일어나는 아찔함이 공포라면 불안은 그런 종류의 심리적 상태를 말하는 것이 아니다. 여기서 불안이란 오로지 인간만이 느낄 수 있는 것으로 미래에 대해 막연하면서도 실존론적으로 두려워 마음이 평안하지 않는 심리적 상태를 말한다. 이런 불안을 해소하는 길은 정녕 없는가. 여러 가지가 있을 수 있다. 그 중에서 종교적으로 해소하는 방법-참선과 기도 및 묵상 등-도 그 하나의 길이 될 수 있다. 하지만 종교적인 방법만 있는 것이 아니다. 점을 통하여 다가올 미래를 미리 알아보고 그에 맞게 자신만의 삶의 길을 설계하여 대비하는 방법도 있을 수 있겠다. 이런 일을 역점이 도와준다. 그런데 역점을 통하여 인간이 미래를 알 수 있는 방법은 크게 두 가지로 대별된다. 그 하나로 인간이 살아가는 매 상황마다 어려운 고비에 직면했을 때 역점을 쳐서 그 점괘를 바탕으로 그 상황을 슬기롭게 넘어가는 '상황점'이 있

4 李光地, 『周易折中 上冊』, 大中: 瑞成書局, 2001, 59. 易經本爲卜 筮而作
5 『周易』「繫辭下傳」, 占事知來
6 『周易』「繫辭下傳」, 作易者 其有 憂患乎

다. 또 다른 하나로 『주역』을 하드-웨어로 『하락리수河洛理數』를 소프트-웨어로 놓고 거기에다 자신의 사주팔자를 넣어서 돌려 인생의 전반적인 운명지도destiny map of individual life를 확인하는 '운명점'이 있다. 그러나 여기서는 두 번째 '운명점'까지 나아가지 않는다.

역점이 궁극적으로 가려는 세계는 무엇일까? 이런 물음은 점을 치는 행위의 근본적 목적을 묻는 것과 같다. 그래서 우리는 역의 패러다임을 보다 심층적으로 들여다보아야 한다.

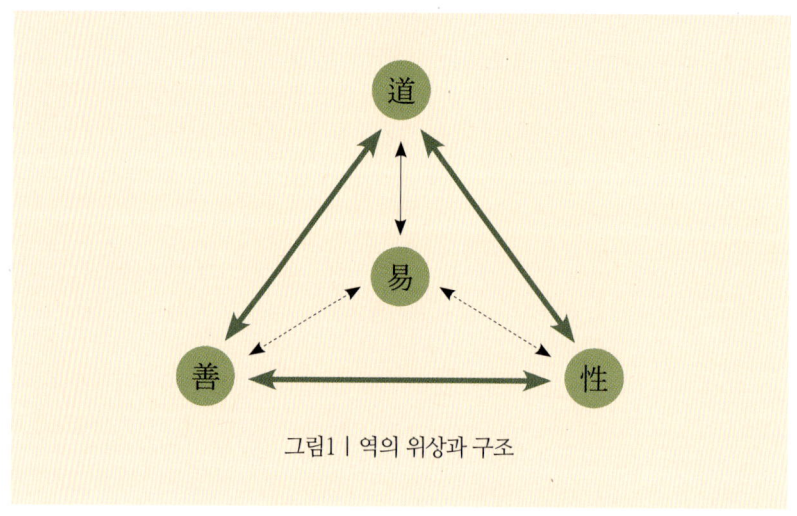

그림1 | 역의 위상과 구조

이것을 이름하여 '도道-선善-성性'의 삼각형이라고 하자. 이럴 때 도道는 좌우 꼭짓점이 위로 향해서 만나게 되는 정점이다. 이 도점道點을 정점에다 놓고 아래로 사선을 그어 왼쪽에는 선점善點이 오른쪽에는 성점性點이 좌우로 포진하는 구조가 '도道-선善-성性'의 체제다.

- 한 번은 음이 되고 또 한 번은 양이 되는 것을 도道라 한다[일음일양지위도一陰一陽之謂道].
- [위에서 말한 법칙을] 계승해 나아가는 것을 선善이라 하고[계지자선야繼之者善也],
- [그 선을] 이루어내는 것을 성性이라 한다[성지자성야成之者性也[7]].

[7] 『周易』「繫辭上傳」.

이 세상의 모든 것은 음[陰 --]과 양[陽 —]이 교대하도록 설계되어 있다. 이것이 도道이자 역易의 법칙이다. 이른바, '음양이 갈마드는 것이 도[一陰一陽之謂道]'라 하는 것은 이를 두고 하는 말이다.[8] 그러면서 끊임없이 운동한다. 여기서 끊임없이 운동한다는 것은 '음이 양이 되고 다시 양이 음이 되는 일이 무한 반복 재생한다[生生之謂易]'는 뜻이다. 그래서 생생지위역生生之謂易이다. 보라, 밤과 낮이 쉼 없이 교대한다! 이때 밤이 음의 세계요, 낮이 양의 세계다. 이러한 도의 법칙에 인간을 포함한 자연계의 모든 것들이 하나도 빠짐없이 지배를 받는다. 이것이 언필칭 역의 세계다. 이렇게 음양의 운동은 일종의 그네타기에 비유될 수 있다. 역의 법칙 안에 살고 있는 인간도 길흉이 음양으로 그네를 타면서 화복을 만들어낸다. 여기서 인간사 길흉화복은 음양의 운동양상이다. 이런 법칙을 미리 알고 있으면, 모르고 살던 때보다 아주 다른 삶을 살 수 있다. 길흉화복의 리듬에 튜닝하면서 살라!

길흉화복이 음양의 리듬이라고 할 때, 이런 리듬을 타면서 사는 경우와 그렇지 않은 경우가 생길 수 있다. 보다 구체적으로 말해보자. 길흉화복이라는 음양의 리듬에 발을 맞추어 사는 것은 순천順天하는 삶이다. 반대로 길흉화복이라는 음양의 리듬에 발을 맞추지 못하면서 사는 것은 역천逆天하는 삶이다. 이 두 경우를 선악의 잣대로 판단해보자. 그러면 순천이 선이요, 역천이 악이다. 〈■순천順天 = 선善, 역천逆天 = 악惡〉[9] 그래서 선학先學은 순천하는 삶을 선이라 보고, '역의 법칙을 계승해 나가는 것이 선이다[계지자선야繼之者善也]'라고 말했던 것이리라. 여기서 선악 판단의 기준은 오로지 역의 법칙 안에서 사느냐 아니면 그렇지 않느냐 하는 것에 달려 있다. 그러므로 인간 행동을 좋음[good = 선]/나쁨(bad = 악)으로 판단하는 서양의 윤리/도덕적 렌즈로 이때 선악善惡을 읽어서는 매우 곤란하다.

우리는 누구나 자신의 삶에서 선을 이루려고 한다. 삶에서 선을 무엇으로 보느냐에 따라 달라지겠지만, 이런 모습은 너무나 순박한 태도다. 이런 태도가 마냥 나쁜 것은 아니다. 하지만 역易은 이런 식으로 우

---

8 『周易』 「繫辭上傳」.
9 이때 악은 엄밀하게 말하면 선이 아닌 것, 선에서 멀어진 것으로 곧 불선不善을 말하는 것이지 선과 악이라는 이분법적 대척점을 말하지 않는다. 따라서 이 맥락에서 악은 오직 불선과 같은 개념이다.

리 삶을 설명하려고 하지 않는다. 그러면 어떻게 살라는 것인가? 그 실마리가 위의 "■ 성지자성야成之者性也"에 들어 있다. 이를 직역하면 이렇게 된다. 그것[之]을 이루어내는[成] 것[者]이 성이다[性也]. 이때 그것은 바로 위의 선이다. 즉, 그것은 순천이 된다. 이렇게 놓으면 순천을 이루어내는 것이 성이라는 뜻이다. 그런데 문제는 다른 것이 아니라 성을 무엇으로 볼 것이냐 하는 점이다. 그러나 너무 심각하게 고민할 필요는 없다. 여기서 성性은 순전히 우리의 삶living or life이라는 뜻이다. 실제 『동아한한대사전』의 〈❹ 살다, 생활, 『춘추좌씨전春秋左氏傳』 백성이 그 삶을 즐긴다[민락기성民樂其性]〉이 이런 용례의 대표적인 사례다.[10] 그러니 여기 성을 『중용中庸』에서 '천명지위성天命之謂性'이라고 할 때 그 '성性'이나 아니면 성리학의 리기理氣 코드에서 '리理'로서의 '성性'이라고 보면 역의 본의에서 한참이나 벗어나게 된다. 따라서 역의 세계 안에서 선을 이룬다는 것은 다른데 있는 것이 아니라 순천을 이룩해내는 것이요, 이것이 곧 우리의 삶[性]이라는 것이겠다. 이런 의미가 곧 "■ 성지자성야成之者性也"다.

3. 역점과 상담의 랑데부

■ 역易에는 태극이 있는데, 이것[태극]이 양의를 낳고, 양의가 사상을 낳고, 사상이 팔괘를 낳는다{易[☯] → 양의[陰 - - · 陽 —] → 사상[太陰 ☷ · 少陽 ☳ · 少陰 ☴ · 太陽 ☰] → 팔괘[坤 ☷ · 艮 ☶ · 坎 ☵ · 巽 ☴ · 震 ☳ · 離 ☲ · 兌 ☱ · 乾 ☰]}.[11]

『주역』은 간단한 부호 체계로 이루어져 있다. 이를 '간역簡易'이라 한다. 이것이 『주역』의 이론체계theoretic system of I Ching symbolism다.

무극인 태극은 1차 분열해서 양의를 만든다. 〈·$2^1=2$〉 다시 양의는 2차로 분화해서 사상을 만든다. 〈·$2^2=4$〉 또 다시 사상은 3차 분

---

10 東亞出版社編輯部篇, 『東亞漢韓大辭典』, 서울: 東亞出版社, 1993, 637.
11 『周易』「繫辭上傳」. 易有太極 是生兩儀 兩儀生四象 四象生八卦

화해서 팔괘를 만든다. 〈・$2^3=8$〉 이렇게 해서 3차에 걸쳐 역의 분화가 종료된다. 이것이 전부라 하니 역의 분화가 참으로 간단하다. 그래서 '간역簡易'이다.

■ 팔괘가 길흉을 정하고, [그] 길흉이 대업을 만들어낸다.[12]

12 『周易』, 「繫辭上傳」. 八卦定吉凶 吉凶生大業

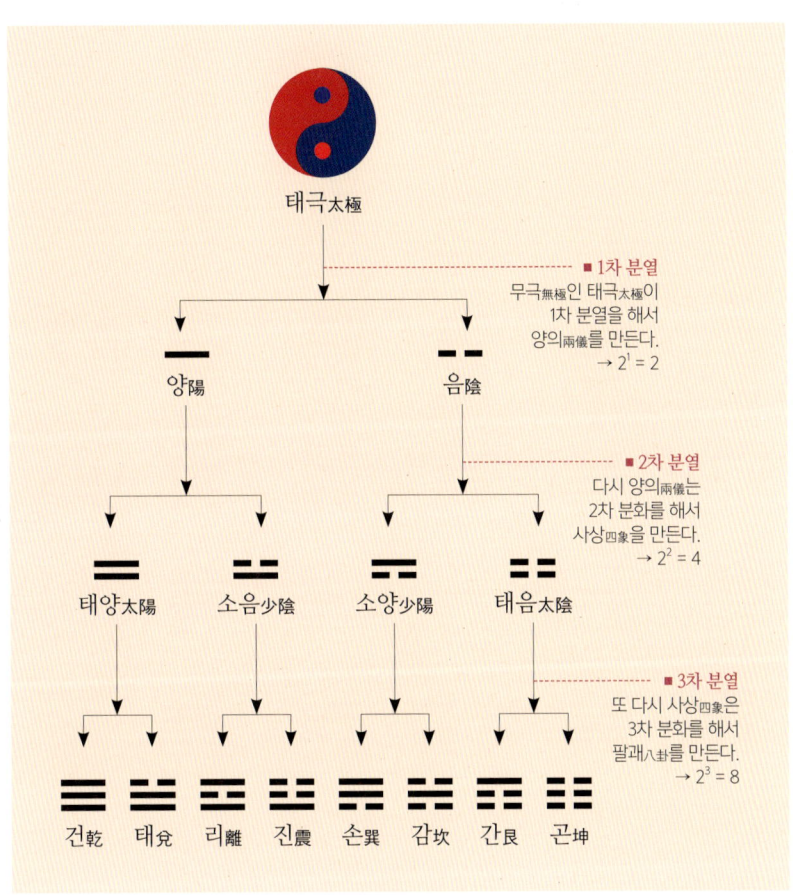

그림2 | 팔괘 분화도

역이 3차까지 분화해서 8괘를 만들었다. 이 8괘를 가지고 가로축과 세로축에 각각 8괘를 배치해 두자. 그런 다음 가로축 8괘[상괘上卦 = 외괘外卦: ☰・☱・☲・☳・☴・☵・☶・☷]와 세로축 8괘[하괘下卦 = 내괘內卦: ☰・☱・☲・☳・☴・☵・☶・☷]를 조합하면 총 64괘를 얻는다. 〈・$8 \times 8 = 64$〉

표1 | 64괘표

곤坤	간艮	감坎	손巽	진震	리離	태兌	건乾	상괘 上卦 / 하괘 下卦
11 지천태 地天泰	26 산천대축 山天大畜	5 수천수 水天需	9 풍천소축 風天小畜	34 뇌천대장 雷天大壯	14 화천대유 火天大有	43 택천쾌 澤天夬	1 중천건 重天乾	건乾
19 지택림 地澤臨	41 산택손 山澤損	60 수택절 水澤節	61 풍택중부 風澤中孚	54 뇌택귀매 雷澤歸妹	38 화택규 火澤睽	58 중택태 重澤兌	10 천택리 天澤履	태兌
36 지화명이 地火明夷	22 산화비 山火賁	63 수화기제 水火旣濟	37 풍화가인 風火家人	55 뇌화풍 雷火豊	30 중화리 重火離	49 택화혁 澤火革	13 천화동인 天火同人	리離
24 지뢰복 地雷復	27 산뢰이 山雷頤	3 수뢰둔 水雷屯	42 풍뢰익 風雷益	51 중뢰진 重雷震	21 화뢰서합 火雷噬嗑	17 택뢰수 澤雷隨	25 천뢰무망 天雷无妄	진震
46 지풍승 地風升	18 산풍고 山風蠱	48 수풍정 水風井	57 중풍손 重風巽	32 뇌풍항 雷風恒	50 화풍정 火風鼎	28 택풍대과 澤風大過	44 천풍구 天風姤	손巽
7 지수사 地水師	4 산수몽 山水蒙	29 중수감 重水坎	59 풍수환 風水渙	40 뇌수해 雷水解	64 화수미제 火水未濟	47 택수곤 澤水困	6 천수송 天水訟	감坎
15 지산겸 地山謙	52 중산간 重山艮	39 수산건 水山蹇	53 풍산점 風山漸	62 뇌산소과 雷山小過	56 화산려 火山旅	31 택산함 澤山咸	33 천산돈 天山遯	간艮
2 중지곤 重地坤	23 산지박 山地剝	8 수지비 水地比	20 풍지관 風地觀	16 뇌지예 雷地豫	35 화지진 火地晉	45 택지췌 澤地萃	12 천지비 天地否	곤坤

    이렇게 얻은 총 64괘가 부단히 변화하는 이 세상의 모든 현상을 압축해서 설명하는 틀이 된다. 이것이 이른바 '변역變易'이다. 그 대표적인 예를 하나 들어 보자. 여기에 태괘[☱]가 있다. 이것은 상괘/외괘가 곤괘[☷]로 되어 있고, 하괘/내괘가 건괘[☰]로 되어 있다. 이때 곤괘와 건괘 각각은 삼선형三線形trigram의 소성괘가 된다. 하지만 삼선형의 소성괘인 8괘 그 자체로는 길흉을 만들어내지 못한다. 상괘인 곤괘와 하괘인 건괘

가 위아래로 겹치게 되면 육선형六線形hexagram의 대성괘가 된다. 이렇게 대성괘가 되었을 때 길흉을 배태한다. 이런 대성괘의 한 예가 '태괘[䷹]'다. 이처럼 소성괘인 곤괘[☷]와 건괘[☰]가 위아래로 포개지면서 육선형의 대성괘인 태괘[䷊]가 만들어지면, 이 지점에서 비로소 길흉이 정해진다. 이것을 두고 '팔괘정길흉八卦定吉凶'이라 한다. 이때 정해진 길흉이 인간사의 모든 일을 관장한다. 이 대목을 다루는 「계사상전」 원문에는 '길흉생대업吉凶生大業'이라고 되어 있다. 그런데 이곳을 해석할 때 일단의 주의가 필요하다. 직역하면 '길흉이 대업을 낳는다'가 되지만, 이렇게 번역하면 너무 거칠다. '대업'에서 '대'는 '모든all'의 의미이고 '업'은 '일affairs'로 처리해야 말끔하다. 그래서 '길흉생대업吉凶生大業!'은 '길흉으로 인간사의 모든 일이 생겨난다!'로 번역된다. 이렇게 해서 만들어진 『주역』 총 64괘 안에 인간사 길흉의 양상이 모두 다 침투되어 있다.

> *** 태괘를 통한 소성괘와 대성괘의 비교**
>
> 태괘 { 상괘 [☷] 외괘·곤 — 삼선형 — 소성괘 } 길흉을
> 　　　 하괘 [☰] 내괘·건 — 삼선형 — 소성괘 } 만들어내지 못함
>
> 태괘 [䷊] — 육선형 — 대성괘 — 길흉이 정해짐

아무리 『주역』의 틀이 '간역'이고 '변역'이라 하더라도 역의 배후에는 영원불변의 보이지 않는 본질적 규율과 질서가 반드시 들어 있다. 이런 변하지 않는 역의 세계, 즉 이를 '불역不易'이라 한다. 이것을 아주 쉽게 말해 보자. 역에서 변화의 국면을 설명하는 틀로 '원[元: 生]−형[亨: 長]−리[利: 斂]−정[貞: 藏]'이 있다. 이것에다 계절을 대입하면, '춘春 → 하夏 → 추秋 → 동冬'이 된다. 이런 순서를 절대로 어기지 않으면서 역이 운행하도록 설계되어 있다. 그 어떤 경우라도 계절이 봄에서 가을로 가고, 가을에서 여름으로 갔다가 다시 여름이 겨울로 가는 일은 결단코 없다. 이러한 간역, 변역, 그리고 불역의 삼역三易 체제 안에서 역점도 함께 논다.

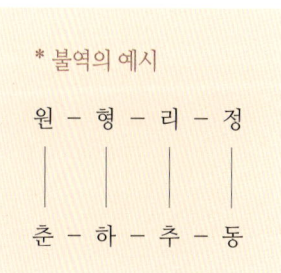

그런데 역점은 아무 때나 시도 때도 없이 치는 것일까? 분명 아니다. 그렇다면 언제 역점을 쳐야할까? 우리가 살다 보면 이러지도 못하고 저러지도 못하는 경우가 분명 생겨난다. 이를 딜레마 상황이라 하자. 우왕좌왕, 진퇴양난, 갈팡질팡 등 이런 상황이 모두 다 딜레마 상황의 다른 표현이다. 원래 딜레마dilemma는 '분리'와 '나눔'을 뜻하는 '디(di-)'와 '주제'나 '제목'의 의미가 들어있는 '렘마lemma'의 합성어다.13 여기서 뜻이 더욱 확장되어 딜레마란 '여러 가지[di-]'의 '길[lemma]'이 동시에 나 있어서 어디로 가야 할지 판단이 서지 않음이다. 그래서 선택이 필요하다. 이때 점괘를 뽑아서 선택의 판단에 참조할 수도 있다.

나는 요즈음 고민에 빠져 있다. 왜냐하면 석사생들이 도통 논문을 쓸 기미를 보이고 있지 않기 때문이다. 그래서 지도교수가 개입하여 논문을 강제로 쓰도록 독려해야 할지 아니면 자기 주도적으로 논문을 쓸 때까지 기다려야 할지 정말 모르겠다. 여러 날 고민을 거듭 한 끝에 역점을 통하여 그 해결책을 마련하기로 마음을 굳혔다.

새벽에 일찍 일어나서 정갈하게 씻었다. 그리고 의관을 정제했

13 허창덕, 『라틴-한글 사전』, 서울: 가톨릭대학교출판부, 2009, 261/257/486.

다. 방안을 청결하게 정리정돈한 뒤 서안을 폈다. 그 위에 서죽 50개를 올려놓았다. 여차여차하여 지금 점을 치려고 합니다. 그러니 숨기지 말고 모든 것을 다 보여주십시오! 이른바, 물비소시勿秘昭示![14] 이런 서의筮儀를 모두 끝내고 나서『주역』에 나와 있는 방식인 설시법揲蓍法 그대로 점대인 서죽筮竹을 이용하여 점을 친 결과 아래와 같은 점괘를 얻었다.

14 金碩鎭,『大山周易占解』, 서울: 大有學堂, 2009, 53.
15 역점을 칠 때 주의 사항이 있다. 절대로 불온한 것을 물어서는 안 된다. 또한 흉괘가 나왔다고 해서 길괘가 나올 때까지 반복해서 점을 쳐서는 안 된다. 간절하게 묻고 온 정성을 다하여 단 한 번만 점을 쳐야 한다.

✱ 점친 사례

문제 상황	석사생들의 학위논문 작성에 대한 지도교수의 개입 intervention
문의問議 내용	지금 석사생들이 지지부진 졸업논문을 쓰지 못하고 있습니다. 그래서 논문을 강제로 쓰라고 독촉해도 좋겠습니까?[15]
얻은 점괘	• 점괘: ䷜ 29 중수감重水坎 ABYSS • 효사: 초육初六 습감習坎 입우감담入于坎窞 흉凶
메시지	장차 위험한 일에 빠진다. 더욱 어려울 것이다.
판단과 해석	점친 결과 흉괘가 나왔다. 이것은 '-2'로 '더욱 흉하다'이다. 여기까지는 나온 점괘에 대한 길흉판단이다. 현 상황에서 지도교수가 적극적으로 개입하면 좋은 결과를 가져오기보다는 나쁜 결과를 가져올 것이다. 이러한 해석이 가능한 점괘라고 볼 수 있다.

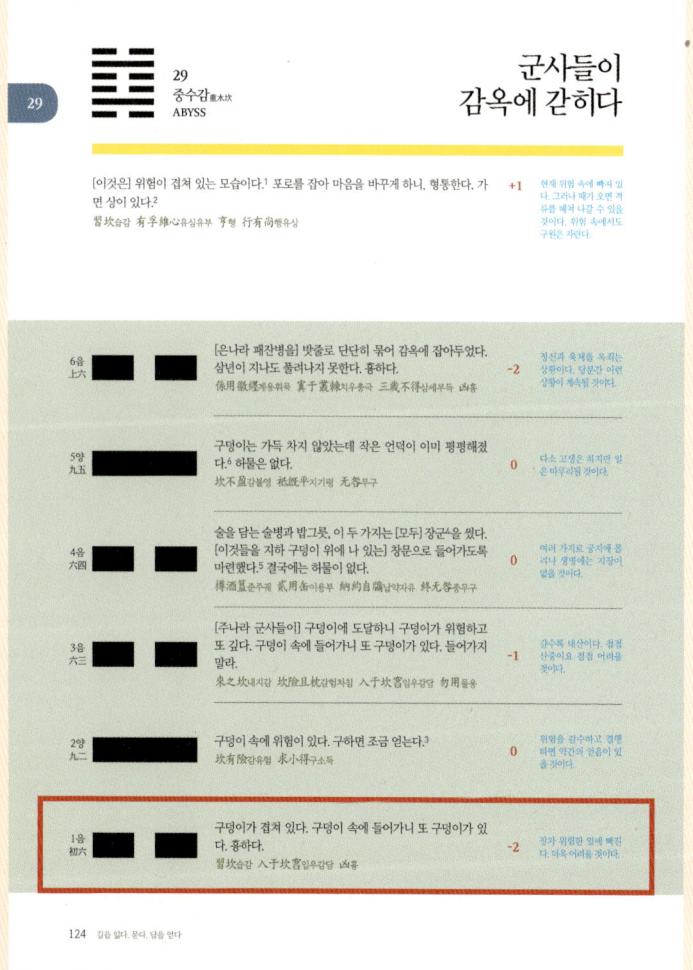

점은 일종의 우주적 대화다. 나는 지금 하늘과 대화했다. 그러니 점을 치는 과정은 하늘과 나의 상담기록인 셈이다. 동양학에서 우주는 공간과 시간을 말한다. 그런데 '우宇'는 '공간의 집'을 '주宙'는 '시간의 집'을 뜻한다. 우리는 이 우주 안에서 산다. 이 말은 공간과 시간 안에서 우리가 산다는 뜻이겠다. 그런데 우주와 대화를 한다니 너무나 낯설다. 하지만 너무 당황할 필요는 없다. 우리가 사는 이 우주를 지배하는 것은 무엇일까? 그것은 역의 법칙이다. 그러므로 여기서 우주와 대화한다는 것은 내가 역과 대화한다는 것을 말하고, 이때 역은 음양으로 운동하는데 그 중에 대표자가 하늘[天]이라는 뜻이다. 즉 천지 음양의 변화가 바로 역인데 이런 천지 음양의 변화를 주도하는 것이, 이를테면, 하늘이라는 뜻이겠다. 따라서 이때의 하늘은 예수나 석가 등과 같이 구체적인 인격신도 아니며, 그렇다고 해서 대화 상대자로서의 주위 사람도 물론 아니다. 그래도 대화는 가능하다. 나와 하늘이 주고받는 대화, 이것이 바로 '우주적 상담 cosmic counseling'이다. 상담이란 무엇인가? 글자 그대로 상-담相-談이 서로[相]-대화함[談]이 아니던가. 점을-매개로-나와-하늘이-서로-교신하는 to correspond 이런 대화 방식은 여느 상담과 아주 다른 특별한 대화다. 그렇다고 해서 '주역상담'이 대화가 아니라고 말하는 것은 곤란하다. 여기서 점을 친다는 것은 하늘과의 대화를 내가 자발적으로 주선하고 요청하는 행위와 같다.

점치는 과정은 신탁을 받는 과정이다. 이런 과정을 통하여 위와 같은 점괘를 얻었다. 이때 점괘의 내용은 하늘의 신탁이다. 하늘은 점괘로 나에게 신탁을 주고 점을 친 나는 그 결과로 점괘의 메시지로 신탁을 받는다. 이렇게 역점에서 대화한다는 것은 하늘과 내가 신탁을 주고받는 행위에 다름 아니다. 여기서 '신탁神託'은 신이 인간에게 어찌어찌하라고 당부하는 메시지를 내리는 것, 즉 신[神≒하늘≒음양의 변화]이 인간에게 말하는 간곡한 당부함[託]이다. 어찌 보면 신탁은 인간의 간절한 물음에 대한 하늘만의 화답인 것이다.

그런데 신탁에는 강자가 약자를 잠시 동안 지배하는 신탁통치에서의 그런 신탁이 아니라 〈문의問議-내용에-대하여-하늘[counselor]이-말로써[oral]-인간[counselee]에게-어찌-어찌-하라고-단단히-부탁해-둔다〉는 의미가 강하게 녹아들어 있다. 그래서 영어의 '신탁oracle'은 '구두의oral'와 같은 어원에서 나왔으며, 그것은 다시 계시divination의 수준으로까지 격상된다. 실제로 '점占'은 '복卜'과 '구口'의 결합어다. 점이 원래 점치는 사람, 즉 역자[易者=巫]가 점 [卜]을 쳐서 그 길흉을 묻는다[口]는 자원字源에서 유래되었다는 점을 꼭 상기할 필요가 있다.

16 이창일, 『주역, 인간의 법칙』, 고양: 위즈덤하우스, 2011, 125.
17 『周易』「繫辭上傳」. 觀象繫辭焉而明吉凶

4. 역점은 삶에 대한 코칭

점을 친다는 것은 어떤 사안[구체적인 일]을 물어 바르게 처신해야 할 태도를 분명하게 알려달라는 '신성한 요청'이다. 또한 어떤 일의 성패가 어두워서 밝게 알려달라고 공손하고 절실하게 바라는 '신성한 희구'이기도 하다. 그런데 처음부터 부정 타는 일을 하늘에 물을 수 없다.16

역점을 '삶에 대한 코칭life coaching'이라고 보아도 좋다. 왜냐하면 점괘가 즉각적으로 구체적인 메시지를 전해 주기 때문이다. 이점을 간파한 선학先學도 다음과 같이 이런 소식을 전해준다. "[점을 쳐서] 얻은 괘상과 점사를 보고서 길흉을 밝혀낸다."17 따라서 역점은 우주적 조언활동 cosmic consulting이다. 이 구도 안에서 하늘이 조언자 consultant/counselor가 되고, 하늘에게 문의한 사람이 조언의뢰자consultee/counselee가 된다. 조언의뢰자는 조언자에게 자신의 삶에 대한 고민을 털어놓고 그 고민에 대하여 조언자와 조언의뢰자가 서로 괘상과 점사로 소통하는 구도로 역점이 구성되어 있다.

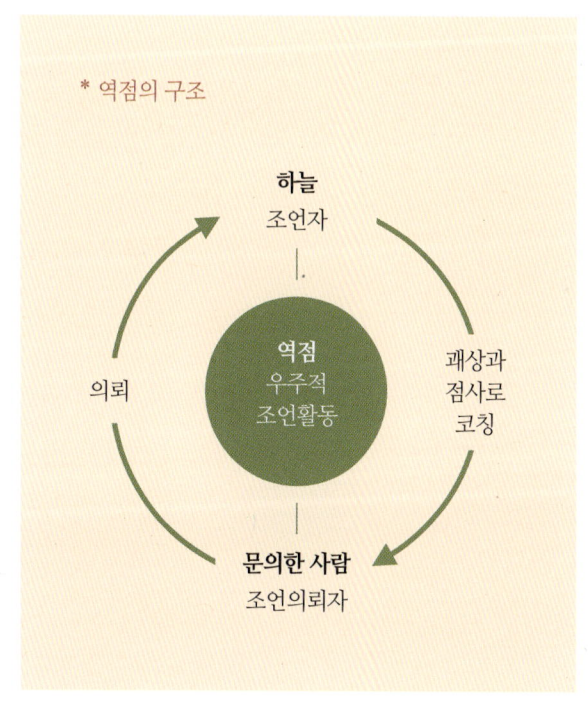

* 역점의 구조

이때 조언자는 각각의 문의 사안에 대하여 조언의뢰자가 어디로 나아가야할 지 역易을 통하여 지시해 준다![18] 여기서 조언자에게서 나온 지시 내용을 조언의뢰자가 곧바로 수용해서 따라야 할지 아니면 거부해야 할지는 전적으로 조언의뢰자 자신의 몫이다. 그런데 나는 이번 점괘를 완전 수용해서 그대로 따르기로 했다. 이런 역점은 일기예보처럼 일종의 천기예보와 같다. 이런 예보의 적중률은 과연 얼마나 될까? 역점의 적중률은 대략 70%라고 한다. 이 적중률은 공자가 『마왕퇴한묘백서馬王堆漢墓帛書』「요要」편에서 술회한 것에 의거한다. 그곳에서 그는 이렇게 말했다. "나는 100번 점치면 70번은 맞았다."[19] 그래도 역점의 점괘에 대한 맹신과 과신은 금물이다. 인간이 살다보면 온갖 어려움에 당면하게 되는데 이때 역점도 그런 어려움을 해결하는 데 도움을 주는 다양한 방안 중 하나일 뿐이다. 따라서 역점은 미래에 발생될 사태를 미리 예견하고, 그에 합당한 행동 양식을 준비하는 여러 데이터 중에서 그 하나임을 깊이 새겨둘 필요가 있다. 무엇보다도 역점이 현대에도 가치 있는 것은 앞으로 나에게 펼쳐질 운에 대한 경영과 관리의 지침을 그것이 제공한다는 점이리라. 이런 내용을 문답Q&A으로 제시해 보자.

Q 우리 인생 참 마음먹은 대로 되지 않습니다. 그래서 역점을 한 번 쳐보려 합니다. 도대체 왜 역점을 치는 것입니까?

A 그거야 간단합니다. 하늘의 뜻을 알고자 하는 것입니다.

Q 왜 우리 인생은 뜻대로 되지 않습니까?

A 아 그거요. 나의 인생이라 하더라도 내 마음대로 할 수 있는 것이 아니에요. 우리 인생을 주관하는 것은 하늘이니까 그렇죠.

Q 그러면 점을 치는 행위가 어떤 의미를 갖고 있는지 속 시원하게 말씀해 주세요.

A 네. 그것은 우주의 음양통신과 내가 교신하는 것입니다. 그러면서 앞으로 길흉의 추이를 보는 것입니다.

---

18 『周易』「繫辭上傳」. 辭也者 各指其所之
19 吾百占而七十當

Q 정말입니까?

A 그럼요. 그래서 역점을 한마디로 압축하면 하늘의 뜻을 묻다가 됩니다. 그런데 점괘를 맹신하거나 과신하는 것은 금물입니다. 그것은 어디까지나 참고 사항일 뿐입니다. 그리고 역점에 너무 빠지지도 마세요. 천기의 운행을 정확히 알고 있다면 굳이 역점을 치지 않고도 다가올 미래를 알 수 있으니까요.

내담자와 상담자가 어떤 문제를 사이에 놓고 그 문제를 해결해 나간다는 측면에서 보면, 점학으로서의 역점과 카운슬링counseling으로서의 상담은 매우 유사한 점이 있다. 그러나 상담기법면에서 이 둘은 전혀 다르다. 역점은 '역에 의지해서, 역의 도움으로, 역을 통해서' 나온 점괘를 가지고 문제 해결의 실마리를 찾는다. 반면 카운슬링은 각종 심리학적 상담기법을 동원하여 상담자가 내담자의 문제를 해결해주는 데 있다. 이렇게 역점과 카운슬링은 문제해결을 위한 방법론에서 아주 다른 것이 차이점이다. 결국 역점과 카운슬링은 내담자와 상담자가 서로[相]-대화한다[談]는 점에서는 만나지만, 상담의 실제에 들어가면 이 둘은 완전히 헤어져 각자 다른 길을 가게 된다. 서양의 카운슬링과 동양의 역점을 비교해서 볼 때 이런 점을 알아차리는 매의 눈hawk-eye이 또한 필요하리라.

---

* 〈주역상담〉은 원래 아래 글에서 가져온 것이다. 그리고 이 책의 성격에 맞게 대폭 수정했다.
　서명석, 「역점의 현대적 활용: 상담의 관점에서 바라본 역점의 세계」, 『교육사상연구』, 제27권 제2호, 2013, 81-94.

Part 2

주역치료

I Ching Therapy

1. 하늘의 이치는 공평하다

① 오직 성인이 『역』을 열었다
그러므로 마음을 깨끗이 씻고
천명에 대답한다
살얼음판을 밟는 듯 깊은 연못을 건너는 듯이

② 주사¹를 고요히 음미해
성인의 뜻을 말없이 살펴보라
길함은 좋고 흉함은 나쁘니
천리는 공평하다²

위 인용문은 다산(1762~1836)의 글이다. 이 글은 주자(1130~1200)의 「주역오찬周易五贊」에 대한 다산의 화운시和韻詩³중에서 〈경학警學〉에 들어 있는 것 중에서 일부 가지고 온 것이다. 이때 '경학'이란 후세 학인學人들에게 '배움[學]에-대하여-경계함[警]'의 정도로 풀 수 있다. 다산은 왜 『역易』에 대하여 저와 같은 언설을 던지는 것일까?

이에 대한 답을 찾기 위해서는 위 인용문을 다시 소환해 놓고 그 의미의 지평을 찬찬히 들여다 볼 필요가 있다. 먼저, ①을 보도록 하자.

1. 이때 주사繇辭란 점사占辭, 즉 점을 쳐서 나온 글귀로 괘사卦辭와 효사爻辭를 말한다.
2. 『定本 與猶堂全書』(2)-「文集」-卷12〈奉和朱文公易五贊次朱子韻〉. ① 唯聖演易 于以洗心 對越景命 氷履淵臨 ② 靜味繇辭 默睹聖情 臧吉否凶 天理公平
3. 화운시和韻詩란 원래 작품에 운자를 붙여 쓴 시를 뜻한다.

① 오직 성인이 『역』을 열었다

그러므로 마음을 깨끗이 씻고

천명에 대답한다

살얼음판을 밟는 듯 깊은 연못을 건너는 듯이

성인聖人은 동양학에서 최고의 경지에 올라 서 있는 궁극적이자 이상적인 인간-상像의 화신을 말한다. 그러한 경지에 있는 사람이 『역』을 지었다는 것이다. 이때 『역』은 두말할 것도 없이 『주역周易』이다. 이상이 ①연의 첫째 줄에 대한 풀이다. 여기까지는 쉽다. 문제는 다음 둘째 줄과 셋째 줄에 있다. 난데없이 '마음을 깨끗이 씻고[세심洗心]'가 등장한다. 세심이란 무엇인가? 그것은 '우리 마음[心]을 깨끗하게 씻는다[洗]'는 뜻이다. 여기서 우리가 간취할 수 있는 것이 다산은 『주역』의 목적을 '세심'하는 데 두고 있다는 점이다. 다산은 왜 그렇게 생각하고 있을까? 그리고 다산은 또 다른 『주역』의 용도를 '대월경명對越景命'에 둔다. 여기서 '대월對越'은 '대답하다'라는 뜻이고, '경명景命'은 '하늘의 명령', 곧 '천명天命'을 말한다. 따라서 '대월경명對越景命'은 천명에 답하는 것이다. 〈하늘이 우리에게 명령한다. 그 명령에 대하여 우리가 대답을 한다.〉 도대체 이것의 의미 맥락이 무엇이기에 '대월경명對越景命'이라는 말을 다산이 하고 있는 것일까? ①연의 마지막 줄은 그러니 "조심하고 또 조심하라!"는 경고성 메시지 그 이상 그 이하도 아니다.

② 주사를 고요히 음미해

성인의 뜻을 말없이 살펴보라

길함은 좋고 흉함은 나쁘니

천리는 공평하다

②연의 핵심은 첫째 줄의 주사繇辭에 있다. 이때 주사란 점占을 쳐서 나온 점괘에 나타난 말, 곧 점사占辭를 뜻한다. 둘째 줄은 그 점사가 성인의 말이니 잘 살펴보라는 뜻이다. 셋째 줄은 그 점사가 두 가지로 나누어서 드러나는데 길吉 아니면 흉凶이라는 것이다. 그런데 길이면 좋고[길吉 fortune → 장臧good], 흉이면 나쁘다[흉凶misfortune → 비否bad]. 마지막 줄은 점사가 길/흉 스펙트럼을 드러내는 것이 '하늘의 이치[天理]'이므로 길과 흉이 어느 한쪽에 치우침이 없이 천리는 길/흉에 공평하다는 말이다.

그러면 점의 결과로 나온 주사를 상담을 넘어 치료의 지평에서 어떻게 해석할 수 있을까? 더 나아가 주사를 어떻게 현대적으로 바라보아야 하고, 세심과 수양의 차원에서 역점의 의미 연관은 무엇인가?

2. 하늘이 인간에게 그 뜻을 전해주다

① 『역』을 무슨 까닭으로 지었을까? 성인이 하늘의 명령을 청하고 그 뜻을 따르는 까닭이다. …〈중략〉… ② 오직 일의 공정한 선에서 나왔으나 그 일의 성공과 실패 그리고 그 일이 화인지 복인지 미리 볼 수 없어서 근거 없이 추측하는 자가 있다. ③ 이렇게 하늘에게 청하는 것이다. ④ 비록 그렇다 하더라도 성인이 절절하게 청해도 하늘이 순순히 명령을 내릴 수 없다.4

역점i ching이란 『주역』을 가지고 점을 치는 것이다. 그렇다면 왜 역점이 상담 장치가 되는 것일까? 이에 대한 해답의 실마리가 위 인용문 ①에 들어 있다. ① "『역』을 무슨 까닭으로 지었을까? 성인聖人이 하늘에게 명령을 청하고 그 뜻을 따르는 까닭이다." 기본적으로 역점은 상담 구조로 되어 있다. 어떤 문제의 해결을 위하여 서로-의논함[相-談]이 상담counseling이 아니던가. 그러나 이런 식의 해석은 너무 자구字句로 본 것이기에 보다 면밀한 검토가 있어야 한다. ①은 성인과 하늘[天]이 서로 대화하

---

4 『與猶堂全書』 I -11-2a 「易論二」. ① 易何爲而作也 聖人所以請天之命而順其旨者也 …〈中略〉… ② 唯事之出於公正之善而其成敗禍福有不能逆覩而懸度之者 ③ 於是乎請之也 ④ 雖然聖人能切切然請之 天不能諄諄然命之

는 구조로 되어 있다. ①을 보다 정밀하게 읽으면, '질문하는 사람[請問者]'인 성인이 어떤 사안에 대하여 천명天命을 요청한다. 그러면 하늘은 그에게 어떤 명령[天命]을 내린다. 이때 하늘은 '답을 주는 사람[與答者]'이 된다. 이렇게 놓고 보면 ①의 구도는 성인과 하늘이 서로 대화하는 국면이다. 이런 구도가 ①속에는 이미 행간에 녹아들어 있다. 여기서 성인은 하늘의 메시지를 수령하고 이를 따르면 그만이다. 이렇게 성인과 하늘[天]이 함께 대화한다. 이를 현대적으로 말하면 성인은 상담을 받는 내담자counselee이고, 하늘[天]은 상담을 하는 상담자counselor로 그 안에 함께 자리한다. 이런 구조는 현대 상담과 아주 다르다. 현대 상담은 개인적인 문제를 갖고 내담자에게 전문적인 상담자가 체계적인 도움을 주어 내담자의 문제를 해결해주는 것이다. 사정이 이러하니 현대 상담과 역점은 대화한다는 점에서는 같지만 그 대화 양태가 서로 다른 것이다.

      그런데 역점은 아무 때나 치는 것이 아니다. 이 점을 다산은 ②에서 분명하게 짚어주고 있다. 그 대목이 바로 이것이다: "유사지출어공정지선唯事之出於公正之善." 다시 말해 "오직 일의 공정한 선에서 출발한다." 이 말을 다시 부연하면 역점이란 점치는 사안이 공정선[5]에 위배되면 그 사안에 대하여 점을 치지 말라는 다산의 당부이다.

      다음과 같은 문제 상황이 있다고 치자. 〈문점問占 상황1〉 '이 번에 저 종목에 대하여 주식 투자해도 좋을까요?' 만약 이것이 공정선公正善을 위배한다면 이런 사안에 대해서 역점을 쳐서는 안 된다. 그러면 어떤 경우에 역점을 칠 수 있을까? 〈문점問占 상황2〉 '어떤 사람이 모함해서 저는 요즈음 여러 가지로 힘든 나날을 보내고 있습니다. 그 사람을 법으로 응징해야 합니까?' 이런 경우에는 역점을 쳐도 좋다. 그러나 이런 사안이라 하더라도 합리적인 숙고와 판단에 의해 결정을 내릴 수 있는 것이라면 굳이 역점을 칠 필요는 없다. 그렇다면 언제 역점을 치란 말인가? 위 인용문 ②의 후반부에 이것에 대한 암시가 들어있다: "그 일의 성공과 실패 그리고 그 일이 화인지 복인지 미리 볼 수 없어서······." 어떤 일이 있을 때 그 일이 앞으로 성공할지 아니면 실패할지 정말 모르겠다. 또한 만약 그 일을 도모

---

5 공정선은 사리사욕을 취하는 것도 아니며 남에게 그 어떤 피해를 주지 않는 범위에서 오로지 공정함과 올바름만을 취하는 행위를 뜻한다. 그러므로 공정선은 언제나 인의仁義를 추구한다.

했을 때 그것이 나중에 복이 될지 아니면 화가 될지 도무지 알 수 없다. 이런 경우가 역점에서의 '한계상황'이다.[6]

역점이란 인간이 자신의 제한된 역량 때문에 추후 일의 성패나 화복을 알 수 없는 한계상황에 봉착했을 때 이를 돌파하기 위해서 치는 점이다. 이때 역점의 기능은 근거 없는 추측이 아니라 미래에 대한 예후로서의 예측에 있다. 그러면서 인간이 당면한 한계상황을 잘 헤쳐 나가도록 역점이 인간에게 길을 내준다. ③ "이렇게 하늘에게 청하는 것이다." 역점이란 인간의 힘으로는 도저히 해결할 수 없어서 이 경우에 하늘에게 도움을 청하고 '하늘의 뜻[天命]'을 인간이 기다리는 것임은 분명하다. 한마디로 축약하면 '역점은 천명 수령 장치'다. 이제 마지막이다. 그런데 이곳은 매우 중요한 부분이다. ④ "비록 그렇다 하더라도 성인이 절절하게 청해도 하늘이 순순히 명령을 내릴 수 없다." 제 아무리 성인이라 해도 그런 성인이 하늘에게 천명을 내려달라고 간절히 부탁해도 '하늘은 말이 없다[天無言語]!' 그러니 어떻게든 하늘이 말하게 하라. 하늘이 말하게 하는 방법은 정녕 없단 말인가? 그러나 실망은 아직 이르다. 하늘이 말하게 하는 방법은 분명 있다. 그 방법이 이른바 시초점蓍草占이다. 이때 시초점이란 시초[7] 또는 점대[筮竹]를 이용하여 『주역』을 전거로 삼아 음양을 산술적으로 운용하여 점괘를 뽑아내는 방법이다. 성인은 하늘이 스스로 말하지 않기 때문에 하늘이 말하는 방식을 어떻게든 개발하게 되었는데 이것이 오늘날 전해지고 있는 서법筮法인 것이다. 서법은 하늘이 하는 말을 대신 전하는 헤르메스Hermes 장치로 3,000년 이상의 역사성을 가진 동양 문명의 자산이다.

이렇게 역점의 상담 구조를 알아보았다. 그것은 성인聖人과 하늘이 대화하는 방식으로서의 상담 구조였다. 그러나 역점을 현대적 관점으로 읽으면 그러한 대화는 불가능하다. 이러한 점 때문에 역점의 오늘날 대화 구조는 다음과 같은 방식으로의 전이가 있어야 한다. 〈■ 고대 역점의 대화 방식: 성인 대 하늘 → ■ 현대 역점의 대화 방식: 인간 대 주사[점사]〉 오늘날 역점의 대화 방식을 주목해 보자. 이를 보면 성인의 자리에 인간이 들어와 있다. 현대 역점의 소비자는 성인이 아니라 평범한 인간일 수

---

[6] 철학사전편찬위원회, 『철학사전』, 서울: 중원문화, 2012, 1070. '서양 철학에서 한계상황은 실존주의에서 출발한 개념인데 인간이 살아가면서 당면하는 극한 상황으로서의 실존적 사태에 대한 자신의 자유로운 결정 국면을 말한다.' 그러나 역점에서의 한계상황은 서양철학에서 말하는 그것과 다른 것이다. '인간이 불확실한 미래에 직면하여 가지게 되는 정신적 어려움과 심리적 압박, 그리고 이에 부수하는 불안감에 맞닥뜨림'이 역점에서 말하는 '한계상황'이다.

[7] 시초蓍草는 국화과에 속하는 여러해살이 풀이다. 다른 말로 '톱풀'이라고도 한다. 옛날 이것을 잘라서 점대로 사용했다. 그러나 오늘날 이것은 구하기도 어렵고 견고하지도 않아 대나무 점대를 주로 사용한다.

밖에 없다. 그는 자신이 가지고 있는 특정 사안에 대하여 그 사안을 해결하기 위해 역점을 칠 것이다. 이때 그 사람은 성인이 아니라 인간인 문점자問占者가 된다. 문점자가 서법筮法을 이용하여 자신의 문제에 대한 답을 구하려 할 것이다. 그러면 역점을 친 결과물로 문점자 앞에 하늘의 목소리인 주사[점사: 하늘의 뜻 message of Heaven]가 배달될 것이다. 그러나 이런 종류의 상담은 현대인들이면 누구나 향유할 수 있는 그런 상담은 분명 아니다. 왜냐하면 오늘날 사람들은 대다수 역점의 운용법을 실제 모르고 있기 때문이다. 이 지점이 오늘날 역점을 활용하는 데 난점으로 작용한다. 이것이 현재 역점의 한계이자 또한 극복되어야 하는 역점의 현대적 위상이기도 하다. 이러한 한계점과 극복점이 있기는 하지만, 과학기술 문명이 아무리 번창해도 이를 통해 해결할 수 없는 인간의 문제가 있을 수 있다. 이를 역점을 통해 해결할 수 있다면 역점은 현대에 폐기해야 할 낡은 유산이 아니라 유용하게 활용해야할 미래 자산으로 자리할 것이다.

3. 길을 잃고 헤매는 삶을 조율하는 역점

① 옛 사람은 천지신명天地神明을 섬김으로써 상제上帝를 섬기었다. ② 그러므로 점[卜筮]을 쳐서 그 명령을 따랐던 것이다. …〈중략〉… ③ 요즘 사람들은 평소에 이미 신을 섬기지 않다가 만일 오직 일을 당해서만 점을 쳐 일의 성패를 엿보려고 한다면 하늘을 업신여기고 신을 더럽힘이 심한 것이다.[8]

그런데 문제는 아직도 남아 있다. 이런 역점을 현대에 그대로 적용하기 위해서는 몇 가지 전제presuppositions가 있어야 한다. 첫 번째가 세계관의 문제이고, 두 번째가 괘의 이론 체계의 문제이다. 먼저 세계관의 문제를 보도록 하자. 이때 세계관이란 사람들이 갖고 있는 세계에 대한 인식의 틀인데, 『주역』에 영향을 미친 고대 중국인들이 가지고 있었던 세계관

---

8 『與猶堂全書』Ⅱ-48-17a「易學緖言」〈卜筮通義〉. ① 古人事天地神明以事上帝 ② 故卜筮以聽命 …〈中略〉… ③ 今人平居 既不事神 若唯臨事 卜筮以探其成敗 則慢天瀆神甚矣

과 오늘날 21세기 우리들이 가지고 있는 세계관은 완전히 다르다는 점을 상기할 필요가 있다. 따라서 주역의 세계관과 오늘날 세계관은 달라야 맞다. 그럼에도 역점을 사용하고자 한다면 주역의 세계관을 수용하지 않으면 안 된다. 이 지점을 다루는 것이 위 인용문의 ①이다. 고대부터 지금까지 동양적 세계관의 특징은 인간의 경지를 넘어서는 초월적 세계에 대한 상정이 들어 있다는 점이다.

    이때 초월적 세계는 다름 아닌 하늘[天]을 말한다. 이런 사유의 흔적들이 우리 문화에 아직도 그대로 남아 있다. '하늘이 우리를 내려다보고 있다', '하늘이 두렵지도 않은가', '하늘 무서운 줄 알라'와 같이 말이다. 이런 하늘이 분명 있음을 주역의 세계관은 선험적으로 가정하고 있다. 이런 가정이 무너지면 역점은 설 자리를 잃는다. 왜냐하면 역점을 '문점자'와 '하늘'과의 대화라고 보면 말이다. 이 지점을 곧바로 일러주는 것이 ①의 내용이다: "옛 사람은 천지신명天地神明을 섬김으로써 상제上帝를 섬기었다." 여기서 '옛 사람[古時]'은 좁게는 고대 중국인들을 말하는 것이고, 넓게는 우리 조상들을 말한다. 문제는 그 다음이다. '천지신명'은 '천지'와 '신명'의 합성어이면서 동시에 한 단어로도 쓰인다. 합성어일 때 '천지'는 우리가 살고 있는 세계를 뜻하며 '신명'은 그 세계를 관장하는 '신'이라는 뜻이다. 반면 '천지신명'이 한 단어로 쓰일 때 그냥 '신'으로 읽으면 된다. 그러나 주의해야 할 점은 '신'이라고 말할 때 서구적 시선의 종교적 '신神 God'이 아니라 어디까지나 초월적 주재자로서의 하늘天Heaven 개념인 그런 신을 여기서 말할 뿐이다.[9]

    반면 한 단어로서의 '천지신명'은 곧바로 '신'이 된다. 곧 '천지신명=신'과 같이 말이다. 우리들에게 민속 신앙으로 남아 있는 것이 있다. "비나이다. 비나이다. 천지신명께 비나이다." 이 대목이 바로 그런 '신'을 지시한다. 그 뿐만이 아니다. 다산이 ①에서 하늘의 신인 상제上帝를 말하고 있는데, 이 상제가 고대 중국인들이 신봉한 초월적 주재천主宰天으로서의 신이다. 다산도 역시 이러한 세계관을 수용한다. 그래서 그는 이렇게 말을 한다: "하늘의 주재자가 상제인데, 이 상제를 하늘이라고 한다."[10]

---

[9] 임재규, 「다산 역학의 점서적 성격에 관한 연구」. 서울대학교 대학원 석사학위논문, 1998, 28.

[10] 天之主宰爲上帝 謂帝爲天

이러한 신관이 『주역』에도 그대로 투영되어 있다고 보아야 한다. 이와 같은 세계관에 기반하고 있으므로 다산이 ② "그러므로 점[卜筮]을 쳐서 그 명령을 따랐던 것이다"라고 말하는 것은 당연하다.

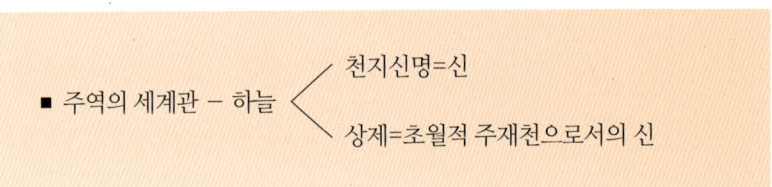

이상과 같이 세계관의 문제는 해명되었고, 이제 남은 것은 『주역』 괘卦의 이론 체계의 문제다. 동양인은 고대로부터 우리가 사는 세계를 '세 가지 요소[三才]'로 나누어서 설명하려는 입장을 취했다. 이 세 가지가 바로 시간, 공간, 그리고 인간이다. 이것이 삼재三才 사상이다. 이러한 사상이 소성괘세 가닥의 줄와 대성괘여섯 가닥의 줄에 고스란히 투영되어 있다. 우선 소성괘의 예를 보자. '☲'를 가지고 풀도록 하자. 이 기호는 팔괘 중에서 '불[火]'을 뜻하는 '리괘離卦'다. 이 기호에서 맨 위에 포진한 '━'은 '천天'을 뜻하고, 맨 아래에 포진한 '━'은 '지地'를 뜻하며, 그리고 가운데 포진한 '╌'은 '인人'을 뜻한다.

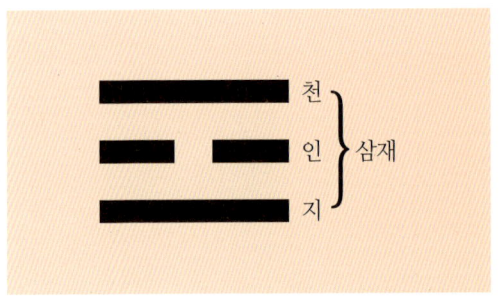

다음 대성괘의 예를 보자. 이것도 소성괘와 동일하다. 여기서는 '기제괘[䷾]'를 예로 들겠다. 〈䷾ → 맨 위 두 줄인 '⚏'은 '천天'을 뜻하고, 맨 아래 두 줄인 '==' 은 '지地'를 뜻하며, 그리고 가운데 두 줄인 '=='은 '인人'을 뜻한다.〉 이것으로 끝나는 것이 아니다. 이러한 천·지·인 삼재에 『주역』은 각각 그 의미를 부여한다.

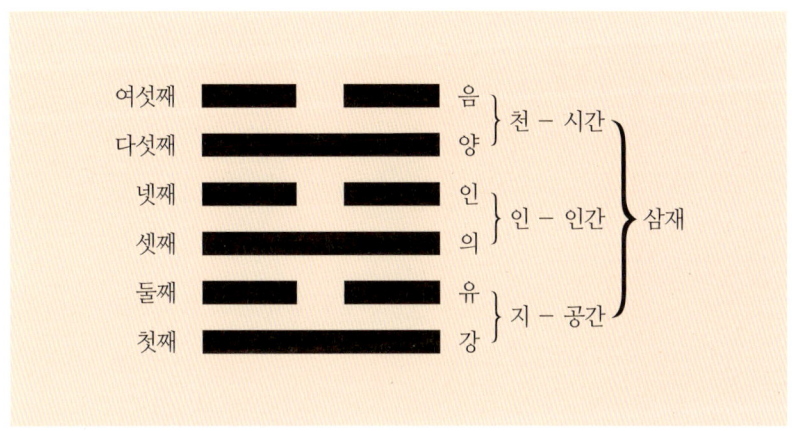

① 이로써 하늘의 도를 세운 것이 음과 양이다. ② 땅의 도를 세운 것이 유와 강이다. ③ 사람의 도를 세운 것이 인과 의이다.[11] ④ 여섯 줄로 삼재를 배정한다. ⑤ 첫째 강과 둘째 유는 땅의 도이고, ⑥ 셋째 의와 넷째 인은 사람의 도이며, ⑦ 다섯째 양과 여섯째 음은 하늘의 도이다.[12]

위 인용문을 보자. 이를 보면, ①/⑦은 '천도'를 말하고, ②/⑤는 '지도'를 말하며, ③/⑥은 '인도'를 말한다. 그리고 각각에 의미를 배속한다. 그것은 〈①/⑦ 천도天道 → 음양陰陽, ②/⑤ 지도地道 → 강유剛柔, ③/⑥ 인도人道 → 인의仁義〉라는 식으로 말이다. 이때 천·지·인은 당연히 삼재다. 천도는 시간을 지시하고, 지도는 공간을 지시하며, 인도는 천도라는 시간과 지도라는 공간을 동시에 살고 있는 인간이 살아가는 길을 지시한다. 왜 이러한 해석이 가능한지 보자. 천도로서의 음양은 세계가 시간적으로 운동하는 양상을 보여준다. 이렇게 천도가 운동하는 대표적인 모습이 음양인 것이다. 밤[陰]과 낮[陽]이 쉼 없이 교대한다. 이것이 천도이자 우리

11 『周易』「說卦傳」. ① 是以立天之道 曰陰與陽 ② 立地之道曰柔與剛 ③ 立人之道曰仁與義/서명석, 『설괘전』, 용인: 책인숲, 2015, 38.
12 『周易四箋』-24. 以六畫 而配三才 則初剛二柔 此地道 三義四仁 此人道 五陽六陰 此天道/방인·장정욱, 『역주 주역사전 8』, 서울: 소명출판, 2007, 214.

가 사는 세계의 시간성이다. 이런 시간을 축으로 해서 『주역』이 설계되어 있다. 마찬가지로 지도를 공간의 축으로 삼아서 『주역』이 설계된다. 이러한 시간과 공간의 기축 안에 인간이 '인/의仁/義'를 토대로 살아간다. 이것이 『주역』의 기본 설계도다. 〈■천도 → 시간, ■지도 → 공간, ■인도 → 인간〉이라는 식으로 말이다.

인간은 우주宇宙를 살아가는 존재다. 이때 한자 '우-주'에서 '우'도 '집 우'요, '주'도 '집 주'다. 둘 다 '집'인데, 차원이 다른 집으로 '우宇'는 '공간의 집'을 말하고 '주宙'는 '시간의 집'을 말한다. 『주역』을 인간의 지평으로 끌어오면 이러한 시간과 공간이라는 우주의 놀이터에서 인간이 어떻게 살아야 하는가를 다루는 무엇으로 우리는 받아들여야 한다. 그런데 문제는 이러한 우주가 가만히 정지해 있는 '무-엇some-thing'이 아니라 끊임없이 변화하고 생성하는 '변-물變-物changing-thing'이라는 데 있다. 그러니 인간이 길을 잃고 헤매기 십상이다.

이 지점을 『주역』이 치고 들어온다. 시간도 움직이고 공간도 움직인다. 살아서 움직이고 움직이는 것이 역이다[生生之謂易]! 이것이 역易의 세계다. 이런 움직임의 세계에 인간도 적극적으로 결을 맞추어야 한다. 그렇지 않으면 인간이 곤궁에 빠질 수 있다. 그럼 인간으로서 인간 나름의 역의 세계에 대한 결-맞춤의 방법이 과연 있는가? 그것이 이른바 시-중時-中이다. 역점은 인간에게 시-중 찾기를 도와주는 일종의 좌표-설치와 같다. 이때 시-중이란 '움직이는-시간과-공간[時]' 안에서 인간이 자신에게 '최적한-상황과-조건을-자발적으로-찾아서-그것에-맞게-최선의-행동을-하는-것[中]'을 말한다. 그런데 시-중에서 '시時'는 시간뿐만 아니라 거기에는 공간까지 그 안에 포함되어 있는 이중적 의미로 쓰인다.[13]

이렇게 변화하는 시간[宙]과 공간[宇] 속에서 그것들의 리듬에 맞추어 '인/의'라는 코드 위에서 자신의 삶을 조율하는 것이 시중이다. 이런 시중 찾기를 도와주는 장치가 역점이다. 역점으로 얻어낸 주사가 일상에서 수양할 때 참고하는 텍스트가 되는 것이다. 이 맥락에서 사용하는 수양self-cultivation은 역점을 통해 얻은 주사를 기반으로 해서 그 주사를 '인/

[13] 이난숙, 「다산 정약용의 중국역학 비판 연구: 『역학서언』을 중심으로」, 강원대학교 대학원 박사학위논문, 2014, 287.

의'라는 코드에 결을 맞추는 자료로 활용한 뒤 추후 삶의 방향과 행로를 선택하며 시중하는 활동이다. 따라서 수양론적 관점으로 보았을 때 역점은 시중으로 가기 위한 세심 자료의 확보이며, 그것을 가지고 '마음을 씻어 냄[洗心]'으로써 '우주의-리듬[易]'에 순조롭게 동승하는 것이다. 이것이 수양점이다.[14]

다산은 천명을 수령하는 장치로 역점을 바라보았다. 이때 천명은 다음과 같은 용도로 쓰인다: "① 거처할 때는 그 상象을 관찰하고, ② 행동할 때는 그 점占을 깊이 음미한다. ③『주역』은 이러한 두 가지 쓰임이 있다."[15] 이때 ①은 평소의 모습인데 평소에는 '변화의 추이[其象]'를 잘 관찰하며 살아야 한다. 물론 '변화의 추이[其象]'는『주역』이 보여주는 '대상大象 괘사를 말함'과 '소상小象 효사를 말함'의 모든 변화 모습을 다 포함한다. ②는 평소의 모습이 아니라 일이 생겼을 때의 상황이다. 어떤 상황이 발생하여 어떻게 하지 못할 때 우리는 하늘에 자문하고 그 결과에 따라 행동할 수 있다. 이런 모습을 다산이 상정하고 ②와 같이 말한 것이다. ③은 ①과 ②의 두 용도로『주역』이 쓰인다는 것이다.

4. 마음의 치료, 역점

우리는 살아가면서 늘 한계상황에 직면한다. 그럴 때 우리는 이를 어떻게 극복할 수 있을까? 인간이 한계상황에 부딪쳤을 때 이를 스스로 해결할 수 있다면 다행이지만, 그렇지 않을 경우에 우리는 역점의 도움을 받아 그 한계상황을 돌파할 수도 있다. 이때 한계상황이란 다시 반복하지만 실존주의 철학에서 말하듯이 인간이 실존적 선택의 기로에 놓여 있는 그런 상황을 말하지 않는다. 오로지 한계상황은 인간이 어떤 일이나 어떤 상황에 직면했을 때 그것들의 성공과 실패를 전혀 알 수 없고, 그것들이 미래에 자신에게 복이 될지 아니면 화가 될지 전혀 알 수 없는 상황이다. 이럴 경우에 역점이 치료의 지평으로까지 나아갈 수 있다.

[14] 역점은 수양점, 즉 수양을 위하여 치는 점만을 말하지 않는다. 역점은 종류는 매우 많다. 용도에 따라 전쟁을 앞두고 치면 전쟁점이고, 이사를 앞두고 치면 이사점인 것 같이 말이다.

[15]『與猶堂全書』-3-454. ① 居則觀其象 ② 動則玩其占 ③ 易有二用

이때 주역치료란 주사를 이용하고 주사를 통한 시중 찾기인 것이다. 다산이 『주역』을 두고 말했던 세심은 결국 마음에 대한 치료의 기능이다. 또한 역점의 결과로 나온 주사 그 자체는 문점자에게는 자신의 문제 상황을 치료하는 일종의 텍스트가 된다. 문점자는 역점으로 얻어낸 주사를 일종의 신독愼獨 텍스트로 삼아 문점자의 현재 상황에 그것을 간접 투사한다. 그런 다음 그것을 가지고 문점자의 사안에 대한 성패화복을 예후豫後한다. 그러면서 최종적으로 주사를 참조하여 문점자의 한계상황을 자발적으로 극복한다. 이러한 일련의 모든 과정을 우리는 주역치료의 과정으로 바라볼 수 있다. 따라서 서양에서 들어온 환자의 심리적 장애를 극복하게 해주는 심리치료와 그러한 심리치료 프로그램을 환자에게 직접 투입해서 처치하는 중재 방식과 주역치료는 그 목적과 용도에서 매우 다른 지형에 놓여 있다 할 것이다.

이러한 일련의 과정 중에서 ①~④는 역점에 의한 '상담의 과정'이다. 여기서 말하는 역점을 통한 상담은 서양식 상담의 문제해결 과정이 아니라 문점자와 하늘 사이에 대화로 얻어내는 주사繇辭 획득을 말한다. 반면 ⑤~⑦은 역점에 의한 '치료의 과정'으로 볼 수 있다. 다만 역점을 칠 때 주의해야 할 점은 인간이 어떤 사안을 인간의 이성으로 도저히 해결할 수 없다고 최종 판정했을 때 최후 수단으로 역점을 사용하라는 것이다. 주역의 세계관을 이해하지 못하면서 단지 심심풀이로 장난삼아 일의 성패만을 미리 알아보기 위하여 역점을 쳐서는 안 된다.

불확실한 미래에 대하여 우리는 모종의 불안을 갖고 있다. 『주역』을 지은 사람도 아마 우리와 같았을 것이다. 이것을 『주역』에서는 우환 의식이라 부른다. 여기서 주의해야 할 점은 우환을 말할

* 주역상담과 주역치료의 과정

①
인간이 한계상황에 직면
▼
②
이것의 해결을 위하여
하늘과의 대화 요청
▼
③
역점의 실행
▼
④
하늘의 메시지[繇辭] 수령

〔상담의 과정〕

⑤
주사繇辭의 도움을 통한
한계상황에 대한 대처
▼
⑥
한계상황의 돌파
▼
⑦
우환증의 극복

〔치료의 과정〕

때 우리가 흔히 알고 있는 우환과 『주역』에서 말하는 우환과는 의미의 지평이 사뭇 다르다는 것이다. 사전적 의미로 우환이란 집안에 복잡한 일이 생겼거나 병자가 있어서 그로 인해 생겨나는 근심이나 걱정거리를 말한다. 반면 『주역』에서의 우환은 인간이 어떤 사안에 대하여 그것의 미래 성패와 화복을 전혀 알 수 없는 한계상황에 직면했을 때 나오는 것이며 불확실한 미래에 대한 정신적 고통이자 이에 따른 심리적 걱정과 두려움이다. 그런데 이러한 우환 증세를 해소해 주는 것이 있다. 그것이 역점이다. 인간이 인간으로서 살아가면서 갖게 되는 각종 우환 증세의 치료, 이것이 오늘날 역점의 존재 이유다. 이때 우환 증세는 신체적이거나 정신적 질병을 기술하는 개념이 아니라 오로지 비유적이며 상징적인 언표로 쓰일 뿐이다.

역점, 그것은 인간이 어떤 사안에 대해 성패와 화복을 알 수 없는 한계상황에 직면하였을 때 주사[점사]를 통한 하늘의 중재이기에 역점은 간접 치료의 형태를 띤다. 의사가 환자의 병을 치료하는 것이 직접 치료라면 역점은 철저히 간접 치료라 볼 수 있다. 왜냐하면 주사辭詞가 대부분 '① 조건절: 만일 ~라면, ② 종속절: 그러면 ~일 것이다(① If ~, ② then ~)'와 같은 방식을 취하기 때문이다. 이 경우에 ①은 문제의 상황이나 조건을 말하고, ①이라는 조건 안에 들어 있을 때 그 문제의 미래 길흉을 ②가 예언한다. 이러한 주사문의 구조는 ① 현재 상황에 대한 진단, 그리고 ② 진단의 결과로 보여주는 미래에 대한 '방향 제시'라는 예후의 두 부분으로 구성된다. 이에 대한 하나의 점례를 보자.

✱ 점친 사례

문점問占 상황2	어떤 사람이 모함해서 저는 요즈음 여러 가지로 힘든 나날을 보내고 있습니다. 그 사람을 법으로 응징을 해야 합니까?
문점문問占文	이럴 경우 제가 그를 소송으로 혼내주어도 됩니까?

이것에 대하여 역점을 쳐서 다음과 같은 결과를 얻었다.

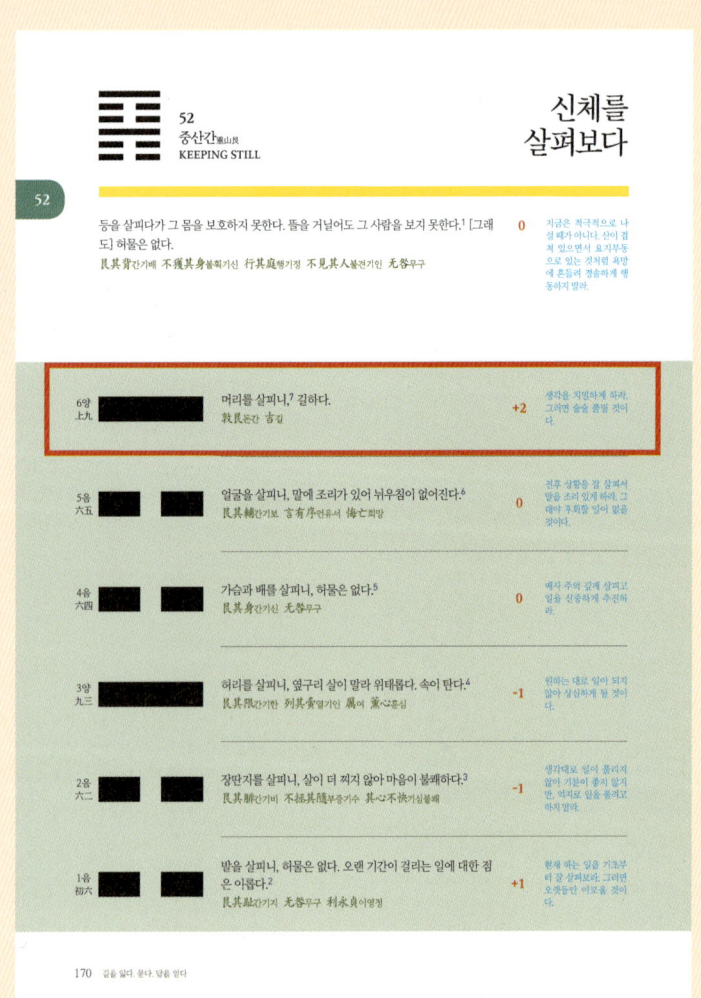

위 사안에 대하여 점을 쳐 본 결과 52번 '중산간괘[☶]' 중 상구上九가 주사[점사]로 나왔다. 이때 상구란 '☶'의 '맨 위[上]'에 있는 '양효[⚊]'를 말한다. 그것은 이러하다: "머리를 살피니, 길하다."
정병석은 치료적 기능을 세 가지로 나누어 설명한다.[16] 자신이 처한 상황에 대한 본질 이해, 자기 성찰, 스스로 해결책 찾기로 말이다. 그

16 정병석, 「주역의 치료적 함의」, 『철학논총』, 48, 2007, 356.

러면서 주역상담의 의의가 문점자에게 정답을 주는 것이 아니라 길-안내에 있다고 그는 말한다.[17] 〈문점 상황2〉와 같이 인간이 위기 상황에 직면하게 되면 당연히 당사자는 상황의 본질을 이해하려고 할 것이다. 때로는 분노하기도 하고 때로는 그렇게 말도 안 되는 소리로 자신을 모함하는 그 자를 법으로 응징하려고도 생각할 것이다. 이런 저런 생각을 누그러뜨리고 하늘에게 물어보았더니 위와 같은 주사가 나왔다. "머리를 살피니, 길하다." 문점자는 이런 주사[점사]를 음미하며 다시 깊은 자기 성찰의 기회를 가지게 될 것이다. 이것이 이른바 위에서 다산이 지적한 『주역』의 두 가지 용도 중에서 〈② 행동할 때는 그 점占을 깊이 음미한다.〉에 해당한다. 이제 남은 선택은 그자를 법으로 응징할 것인가 아니면 그자를 마음으로 포용해서 관용할 것인가에 있다. 선택은 어디까지나 문점자의 몫이다. 그러므로 해결책을 실행하는 주체는 언제나 문점자로서의 당사자이지 점사로 하늘의 뜻을 전달한 하늘도 아니며 문점자의 주위 사람도 아니다. 때문에 역점은 미래 행동에 대한 자신만의 지침과 방향을 알려줄 뿐이다.

〈문점 상황2〉를 예증해보자. 주역치료의 과정을 3단계로 위에서 파악한 바 있다: 그것은 〈⑤ 주사繇辭의 도움을 통한 한계상황에 대한 대처 → ⑥ 한계상황의 돌파 → ⑦ 우환증의 극복〉으로 말이다. 문점자가 역점을 친 결과 "머리를 살피니, 길하다[敦艮 吉]"는 '하늘의 메시지[天命]'를 받았다. 이와 같은 주사[점사]는 문점자에게 자신의 한계상황을 다시 반추하게 해주는 신독愼獨 실행의 텍스트가 된다. 그래서 나온 주사로 자신이 처한 상황에 대하여 숙고와 성찰을 거듭한 결과 문점자는 점괘의 메시지 ―생각을 치밀하게 하라. 그러면 술술 풀릴 것이다― 를 역으로 받아들였다. 그래서 문점자는 나를 모함한 그자를 용서하기로 마음먹었다. 이러한 문점자의 의사결정은 "⑤ 주사繇辭의 도움을 통한 한계상황에 대한 대처"라고 볼 수 있다. 만약 그렇지 않고 그 사안에 대하여 법으로 간다면 그 결과가 문점자에게 좋을 거라고 장담하기 어렵고 경우에 따라서는 문점자가 흉하게 될지도 모른다. 하여간 천명을 따라 처신의 폭을 정하니 그 동안 문점자를 괴롭혔던 한계상황은 사라지고 더불어 문점자의 마음에 평

[17] 정병석, 「예언에서 조언으로: 철학치료의 지평에서 본 『주역』」, 『철학연구』, 97, 2012, 33.

정이 찾아와 심리적 안정을 얻었다. 이것이 치료인 것이다. 이러한 과정을 주역치료의 과정에 대입시켜보자. 그러면 그것은 "⑥ 한계상황의 돌파 → ⑦ 우환증의 극복"이 될 것이다.

  역점은 자기 상담과 자기 치료라는 성격을 태생적으로 갖는다. 이때 자기 상담은 자신의 문제를 하늘에게 스스로 말하고 주사[점사]를 통하여 하늘의 뜻을 수령하는 것이며, 자기 치료는 수령한 주사[점사]를 자기 자신의 입장에서 다시 해석하고 이를 토대로 자신의 추후 행동의 방향을 결정하고 실행하는 지침을 제공받는 것이다. 따라서 주역상담은 일반 상담 같이 상담자에 의한 외부적인 자문과 조언의 형태가 아니라 하늘의 도움을 직접 받아 그것을 토대로 자신이 자발적으로 기획하고 실행하는 내부적인 자문과 조언의 형태로 짜여 있다. 또한 주역치료는 다가올 미래에 대한 자발적 대응 전략을 수립함으로써 자기 삶에 대한 주도적 재편인 입명立命[18] 과정인 셈이다. 주역상담이 하늘의 명을 받아내는 품명稟命[19]의 과정이라면, 주역치료는 그런 품명을 넘어 입명의 과정으로까지 한 걸음 더 나아가는 구조로 되어 있다. 그런데 역점의 결과가 항상 길만 있는 것이 아니다. 때로는 흉도 나올 수 있다. 그래서 문점의 당사자는 길/흉에 대한 동시적 관리와 대비가 필요하다. 그것은 〈역점의 자기 치료 길: ■길吉 → 장래 행운에 대한 자만 경계, ■흉凶 → 장래 불운에 대한 대비와 관리〉와 같이 말이다. 왜냐하면 우리 삶이란 길/흉이 동전의 앞뒤처럼 함께 하는 일상에서 '중中의 현전'을 탐색하는 우주적 길이기 때문이다. 그 길을 역점이 동행한다.

---

18 입명立命이란 천명하늘의 메시지를 좇아 마음의 안정을 얻는 것이다.
19 품명稟命이란 자신이 스스로 천명을 요청하여 그것을 받아내는 것이다.

* 〈주역치료〉는 원래 아래 글에서 가져온 것이다. 그리고 이 책의 성격에 맞게 대폭 수정했다.
 서명석, 「역점의 치료적 성격: 다산역과 수양점의 현대적 응용을 중심으로」, 『교육사상연구』, 제30권 제3호, 2016, 129-145.

Part 3

『역경』 텍스트

1

1
중천건 重天乾
CREATIVE POWER

문왕이 용처럼 살다

[이것은] 하늘의 모습이다. [이는] 크게 형통하고, 이로운 점이다.
乾건 元亨원형 利貞이정

+3   참된 마음을 가지고 있을 때 장차 큰일을 이루게 될 것이다.

용구 用九	나타난 여러 용들이 머리가 없으니, 길하다.⁹ 見群龍无首현군룡무수 吉길	+2	지금은 함부로 나설 상황이 아니다. 함께 하면 여러 용들 모두 앞길이 창성하리라.
6양 上九	용이 [지나치게 높이] 날아올라⁸ 뉘우침이 있다. 亢龍有悔항룡유회	-1	지나침이 화를 부를 것이다.
5양 九五	용이 [하늘에서] 나니,⁶ 대인⁷을 만나면 이롭다. 飛龍在天비룡재천 利見大人이견대인	+1	모든 일이 순조롭게 나갈 것이다. 대인을 만나 도움을 받으면 더욱 좋다.
4양 九四	어떤 때는 연못에서 [용이] 뛰어오르니, 허물은 없다. 或躍在淵혹약재연 无咎무구	0	용이 드디어 뛰어 오를 때가 왔다. 과감하게 실행하라!
3양 九三	군자⁴는 온종일 [아침에는] 부지런히 일하고, 저녁에는 두려워하고 삼가니,⁵ 위태롭지만 허물은 없다. 君子終日乾乾군자종일건건 夕惕若석척약 厲여 无咎무구	0	상황이 위태롭고 어렵다. 그러니 잘 경계하라.
2양 九二	용이 밭에 나타나니,² 대인을 만나면 이롭다.³ 見龍在田현룡재전 利見大人이견대인	+1	대인을 만나 도움을 받으면 이로울 것이다.
1양 初九	용이 [물속에] 잠겨있으니, 움직이지 말라.¹ 潛龍勿用잠룡물용	+1	조용히 힘을 기를 때이다. 경거망동하지 말라.

주제	문왕의 일생	
소재	용	
중심 인물	'군자'와 '대인'[문왕]	

용을 소재로 하여 문왕의 일생을 함축적으로 요약한 내용

용구 用九	순조롭게 맏아들 무왕에게 왕위가 계승됨.	
6양 上九	문왕의 죽음.	
5양 九五	천하의 민심을 얻고 명성을 떨침.	
4양 九四	때를 얻어 도약함.	
3양 九三	유리羑里에 갇혔다 풀려남.	
2양 九二	많은 인재들이 귀속함.	
1양 初九	나서지 않고 힘을 기름.	

1 은나라 주왕이 포악한 정치를 하고 있을 때, 주나라 문왕은 나서지 않고 물러나 조용히 힘을 기르고 있었다. 이때 용은 이러한 문왕에 대한 비유다.
2 이때 용은 주나라의 문왕인데, 그가 때를 만나 활동하고 있는 모습이다.
3 이때 대인은 문왕인데, 그를 만나보는 것이 이롭다는 뜻이다.
4 군자君子는 대인과 같이 신분이나 지위가 높은 사람을 말한다. 여기서 군자는 높은 벼슬자리에 있는 사람, 즉 문왕이다.
5 이것의 숨은 이야기를 알아보자. 주나라 문왕이 은나라 주왕에 의해 유리羑里에 갇히게 되었다. 그래서 하루 종일 근심하고 경계를 게을리 하지 않았다. 마침내 문왕이 풀려나 허물은 없게 되었다.
6 나는 용이 하늘에 있는 상황이니 거리낌 없이 나아가 모든 일이 순조롭게 나아간다. 이때 용은 주나라 문왕이다.
7 대인大人은 신분이나 지위가 높은 사람을 말하는데, 여기서 대인은 벼슬자리에 있는 사람, 즉 문왕이다. 사람들이 문왕을 만나 도움을 받으면 이롭다는 뜻이다.
8 이는 주나라 문왕의 죽음을 말한다.
9 주나라 문왕이 죽은 뒤이니 우두머리 용[왕]이 없다. 왕이 되려는 여러 용이 출현하나 나타난 여러 용들의 우두머리가 없다. 그들은 혼자 우두머리가 되려고 서로 다투지 않는다.

2

2 중지곤 重地坤
PASSIVE POWER

무왕이 세상을 다스리다

[이것은] 땅의 모습이다. [이는] 크게 형통하며, 암말¹의 점은 이롭다. 군자²가 갈 곳이 있다. 처음에는 길을 잃고 헤매지만 나중에는 주도권을 잡아 이롭다. 서남쪽에서 벗을 얻고, 동북쪽에서 벗을 잃는다. [미래의] 안전을 묻는 점에는 길하다.³

坤곤 元亨원형 利牝馬之貞이빈마지정 君子有攸往군자유유왕 先迷後得主利선미후득주리 西南得朋서남득붕 東北喪朋동북상붕 安貞吉안정길

+3 처음은 어지러우나 뒤에는 주도권을 잡을 것이며, 상황이 좋아져 일은 순조롭게 될 것이다.

용육 用六

오랜 기간의 길흉을 묻는 점이 이롭다.¹²
利永貞이영정

+1 현재 좋은 운을 만났다. 그러니 오랫동안 이롭다.

6음 上六

용¹⁰이 들판에서 싸우니, 그 피가 줄줄 흘러내린다.¹¹
龍戰于野용전우야 其血玄黃기혈현황

-1 한 발짝 뒤로 물러나 다음을 대비하는 것이 좋다.

5음 六五

[무왕이] 황색 치마[를 입고 있으니], 크게 길하다.⁹
黃裳황상 元吉원길

+3 현재 상황이 매우 좋다.

4음 六四

[전쟁 중 포로로 잡혀] 입을 닫으니, 허물도 없고 명예도 없다.⁸
括囊괄낭 无咎무구 无譽무예

0 이 상황은 잃은 것도 얻은 것도 없는 모습이다.

3음 六三

[무왕이] 적을 치려고 할 때 점[에 묻는 일]이 가능하다.⁶ 어떤 사람이 왕의 일에 출정해서 성취는 없어도 끝은 있다.⁷
含章可貞함장가정 或從王事혹종왕사 无成有終무성유종

0 어떤 일이 큰 성취는 없어도 그 결말은 있으니 망설이지 말고 그대로 행하라!

2음 六二

[무왕이 정벌하러 가는 땅] 곧고 반듯하고 크니,⁵ [그 땅이] 익숙하지 않은 [곳이라도] 더욱 이롭다.
直方大직방대 不習无不利불습무불리

+1 익숙하지 않은 일일지라도 잘 풀릴 것이다.

1음 初六

[무왕이] 서리를 밟고 [출정하여], 단단한 얼음이 [얼 때] 도착하였다.⁴
履霜이상 堅冰至견빙지

+1 고통의 시간을 감내해야 후일 성취가 있으리라.

주제	무왕의 은나라 정벌
소재	무왕이 군사를 거느리고 황하의 드넓은 대지를 행군
중심 인물	군자[무왕]

무왕이 은나라를 정벌하고 천자의 자리에 오른 역사적 사실을 함축적으로 기술한 내용

용육 用六	주공이 난을 평정하고 오랜 세월 평화로움.
6음 上六	무왕의 사후, 주공의 동생들이 난을 일으킴.
5음 六五	무왕이 천자의 자리에 오름.
4음 六四	군사들이 충성을 다해 전쟁에 임함.
3음 六三	목야牧野에서 싸움.
2음 六二	황하의 넓은 유역을 행군함.
1음 初六	재차 출병해서 추운 겨울에 행군함.

1 이 말은 주나라 무왕이 탄 말이다. 원래 곤괘의 동물상징은 소[牛]인데, 소를 타고 전쟁을 하는 것은 어렵다. 그래서 빠른 이동 수단인 말을 탔다. 그런데 암말인 것은 곤괘가 여성성을 상징하기에 그런 것 같다.
2 이때 군자는 주나라 문왕이다.
3 숨겨진 고사를 알아보자. 이때 군자는 주나라의 무왕이다. 무왕이 은나라를 정벌하려고 암말을 타고 출정했다. 서남쪽에는 주나라 편이 있어 무왕과 함께 출정하고, 동북쪽은 적군이 무왕과 대치하고 있었다.
4 무왕이 서리를 밟고, 즉 춥기 시작할 때 출정하여 단단한 얼음이 어는 한겨울에 도착하는 상황을 묘사한다.
5 주나라 무왕이 군사를 거느리고 황하 유역에서 동쪽으로 가는데, 그 광활한 대지를 묘사하는 대목이다. 즉 땅이 곧고, 반듯하고, 크다.
6 이때 적은 은나라 주왕을 말한다. 주나라 무왕이 은나라를 공격하려고 하는데, 그 일이 가능하다는 뜻이다.
7 무왕을 따라 출정했던 사람이 큰 공을 세우지는 못했지만, 은나라를 정벌하였다.
8 어떤 사람이 전쟁 중에 적에게 사로잡혔으나 아군의 상황을 말하지 않았다. 그러니 허물은 없다. 하지만 사로잡혔으니 명예롭지는 못하다.
9 무왕이 은나라를 정벌하고 왕의 자리에 올랐다. 이때 황색 치마는 왕이 입은 옷을 말한다.
10 이때 용은 주나라 무왕이 죽은 후 그 뒤를 이은 어린 성왕이다.
11 숨겨진 고사를 알아보자. 주나라 무왕이 죽은 후 혼란한 틈을 타 주공의 두 동생이 난을 일으킨다. 이 난을 주공이 평정하는데, 그 싸움이 매우 힘들고 처참했다는 점을 묘사하고 있는 것이다.
12 주공이 두 동생의 난을 평정한 후 주나라는 안정되어 오랫동안 황금기를 맞는다.

3

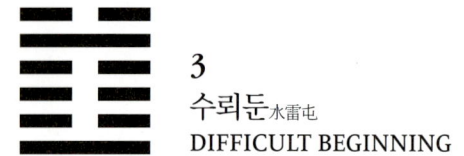

3 수뢰둔 水雷屯
DIFFICULT BEGINNING

주공이 난세를 평정하다

[이것은] 막혀서 나아가기 어려운 모습이다. [이는] 크게 형통하고, 이로운 점이다. 갈 곳이 있어도 가지 말라.¹ 제후²를 세우면 이롭다.³
屯둔 元亨원형 利貞이정 勿用有攸往물용유유왕 利建侯이건후

+2 아직은 때가 아니다. 기다려라! 곧 전화위복이 되리라.

6음 上六
말을 타고 [나아가는 것을 망설이며] 빙빙 돌고 있다. [혼인이 성사되지 않자] 매우 슬퍼서 눈물을 흘리며 울고 있다.
乘馬班如승마반여 泣血漣如읍혈련여
-1 일이 성사되지 않아 비통할 것이다. 이를 마음에 담아두지 말라.

5양 九五
살찐 고기를 쌓아두었다.⁹ 작은 일[에 대한] 점은 길하지만, 큰일[에 대한] 점은 흉하다.¹⁰
屯其膏둔기고 小貞吉소정길 大貞凶대정흉
-1 자신의 역량을 냉정하게 평가하라. 역량에 맞으면 좋으나 역량에 맞지 않으면 좋지 않을 것이다.

4음 六四
말을 타고 선회하며 신부를 구한다. [혼사로] 가면 길하고 더욱 이롭다.
乘馬班如승마반여 求婚媾구혼구 往吉왕길 无不利무불리
+1 좋은 신붓감이 기다리고 있으니 망설이지 말라.

3음 六三
사슴을 쫓는데⁶ 예기치 않게 [사슴이] 숲속으로 들어갔다. 군자⁷는 이를 보고 쫓는 것을 그만두어야 한다. [쫓아] 가면 곤란하다.⁸
卽鹿无虞즉록무우 惟入于林中유입우림중 君子幾군자기 不如舍불여사 往吝왕린
-1 도망간 것을 뒤쫓지 말라. 뒤쫓아 가는 것은 멈추는 것만 못하리라.

2음 六二
많은 사람들이 모여서 말을 타고 [신부의 집] 주위를 돌고 있다. 도적이 아니라 구혼자다. 여자가 정조를 지켜 시집가지 않다가 십년 만에 곧 시집간다.
屯如邅如둔여전여 乘馬班如승마반여 匪寇婚媾비구혼구 女子貞不字여자정부자 十年乃字십년내자
+1 곧 경사가 일어날 것이다. 긴 시간을 끌었던 일이 성사되리라.

1양 初九
큰 돌로 담장을 쌓는다.⁴ 거처할 곳을 묻는 점은 이롭다. 제후를 세우면 이롭다.⁵
磐桓반환 利居貞이거정 利建侯이건후
+1 장차 미래를 생각해서 미리 대비하는 것이 좋을 것이다.

주제	제후를 세우는 것, 혼인하는 것, 반역에 대한 경고	6음 上六	또 다른 한 형제의 혼사는 성사되지 않음.
소재	주공과 그의 형제들의 일	5양 九五	반역에 대해 재차 경고함.
중심 인물	주공과 그의 형제들	4음 六四	또 한 형제의 혼인도 잘 성사됨.
주공이 제후를 세워 왕실을 보호하는 것, 형제들의 혼인, 형제들의 반역에 대한 경고 등 몇 가지 사건을 기술한 내용		3음 六三	왕의 자리를 넘보는 형제에게 불가함을 경고함.
		2음 六二	한 형제의 혼인이 성사됨.
		1양 初九	제후를 세워 왕실 주위를 담장처럼 둘러싸도록 함.

1 주위의 모든 상황이 불리하다. 하고 싶은 일이 있더라도 아직은 추진하지 말라! 때를 기다려라. 앞으로 호전될 것이다.
2 큰 나라에 왕이 있다면, 그 큰 나라에 복속되어 있는 작은 나라의 통치자를 제후라 한다.
3 ☯ "제후를 세우면 이롭다." ☞ 윗사람[왕]이 직접 나서기보다는 아랫사람[제후]을 지원해서 그로 하여금 자신의 역할을 대행하도록 한다.
4 외적의 침입을 막기 위하여 왕실 주위를 단단히 방비하는 것이다.
5 주공이 제후를 세워 주나라 왕실을 보호하도록 하는 것이다.
6 이때 사슴은 왕의 자리를 뜻하고, 쫓는다는 것은 왕의 자리를 탐하는 것이다.
7 이때 군자는 주공의 두 동생을 가리킨다.
8 이 구절은 반란을 일으키면 오히려 당한다는 말이다.
9 ☯ "살찐 고기를 쌓아두었다." ☞ 군사를 훈련시키며 군량미를 비축한다. 반역을 위하여 준비하는 모습이다.
10 이때 큰일[大事]은 반역을 꾀하는 것이고, 반면 작은 일[小事]은 군사로 하여금 나라를 지키고 치안에 힘쓰는 것이다.

4 산수몽 山水蒙
INEXPERIENCED YOUTH

성왕이 고난을 뚫고 왕위에 오르다

[이것은] 어리석고 어두운 모습이다. [이는] 형통한다. 어리고 무지한 사람에게 내¹가 묻는 것이 아니라 어리고 무지한 사람이 내게 묻는다. 처음 점치면 [내가] 알려주고, 두세 번 점을 치면 욕되게 하는 것이니, 욕되게 하면 [내가] 알려주지 않는다. [이는] 이로운 점이다.

蒙몽 亨형 匪我求童蒙비아구동몽 童蒙求我동몽구아 初筮告초서고 再三瀆재삼독
瀆則不告독즉불고 利貞이정

+1 현재 어려움에 직면하여 앞이 보이지 않는다. 그래도 굳은 신념을 갖고 소신대로 나아가라.

6양 上九
몽매함에서 벗어나니 도적이 되면 불리하고, 도적을 막는 데는 이롭다.¹⁰
擊蒙격몽 不利爲寇불리위구 利禦寇이어구
0 어둡고 힘들었던 상황에서 벗어나리라. 그러니 앞으로 바른 길을 걸어라.

5음 六五
어리고 무지한 사람은 길하다.⁹
童蒙동몽 吉길
+2 도와주는 사람이 있어서 앞일은 성사될 것이다.

4음 六四
몽매한 사람이 곤경에 처해 있으니⁸ 어렵다.
困蒙곤몽 吝인
-1 현재 상황은 사람이 무지하여 사리를 분별하지 못하고 또 곤경에 처해 있는 모습이다.

3음 六三
여자를 맞아들이지 말라. 높은 지위에 있는 남자⁷를 보면 [그 여자가 그것에 현혹되어 자신의] 몸을 보존하지 못한다. 이롭지 않다.
勿用取女물용취녀 見金夫견금부 不有躬불유궁 无攸利무유리
-1 한순간의 선택이 인생을 좌우하므로 매우 신중히 하라.

2양 九二
몽매한 사람⁴을 [주공이] 포용하니⁵ 길하다. [성왕이] 아내를 맞아들여 길하다. 자식이 가정을 이룬다.⁶
包蒙吉포몽길 納婦吉납부길 子克家자극가
+2 주위에 좋은 일이 생기고 경사가 겹칠 것이다.

1음 初六
몽매함을 드러내니 [몽매함에] 갇혀 있는 사람²에게 이로워서 족쇄와 수갑을 벗는다. [하지만] 나간다면 어렵다.³
發蒙발몽 利用刑人이용형인 用說桎梏용탈질곡 以往吝이왕린
-1 현재 상황이 어려워 벗어나고자 하나 힘들 것이다. 그러니 때를 진중하게 기다려라!

Story-Telling 서사구조

주제	주공의 섭정과 성왕의 친정
소재	어린 성왕의 몽매함
중심 인물	동몽童蒙[성왕]

주공의 섭정에서 성왕의 친정에 이르는 일련의 과정에 대한 내용

6양 上九 — 성왕이 친정을 함.

↑

5음 六五 — 주공이 동생들의 난을 평정함.

↑

4음 六四 — 숙부들이 난을 일으켜 성왕이 곤경에 처함.

↑

3음 六三 — 높은 지위에 있는 성왕을 보고 그 지위에 눈이 먼 여자와 혼인을 하면 이로울 것이 없음.

↑

2양 九二 — 성왕이 그의 숙부인 주공의 보필을 받아 아내를 맞아들임.

↑

1음 初六 — 성왕이 아직 몽매하여 어려움.

---

1 여기서 '내'라는 나[我]는 당시 주나라 초기 점치는 일을 관장했던 관리를 말한다. 이것은 이런 구도로 되어 있다. 나[我]/점치는 관직에 있던 사람/상담자 vs. 어리고 무지한 사람[童蒙]/질문자/내담자. 이때 '/'은 '또는'을 뜻한다.
2 갇혀 있는 사람은 어린 성왕을 말한다.
3 ☻"나간다면 어렵다." ☞ 아직 어린 성왕이 몽매하여 어려운 상황이기 때문에 어떤 것을 실행하기 보다는 더 기다리는 것이 좋다.
4 이때 몽매한 사람은 성왕이다.
5 그의 숙부인 주공이 어린 성왕을 도와 섭정하고 있다.
6 주공의 조카인 성왕이 혼인하여 가정을 이룬다는 뜻이다.
7 높은 지위에 있는 남자는 성왕을 말한다.
8 이때 몽매한 사람은 어린 성왕인데, 그의 숙부들이 난을 일으켜 그가 현재 곤경에 처해 있다.
9 '어리고 무지한 사람[童蒙]'은 주나라의 어린 성왕이다. 이때 주공이 두 동생의 난을 평정했으므로 어린 성왕에게 이 일은 길한 것이 된다.
10 주나라 성왕이 어른이 되어 직접 나라를 통치하게 되는데, 백성을 괴롭히는 것이 아니라 백성을 지켜주면 이롭다. 백성을 괴롭히는 것은 백성의 도적이 되는 것이요, 도적을 막은 것은 백성을 돌보아 주는 일이다.

5
수천수 水天需
WAITING

나그네가 길을 가다

[이것은 위험에 가로막혀] 기다리는 모습이다. [이는] 나그네가 얻는 것이 있으니 크게 형통한다. [이 괘의] 점은 길하다. 큰 내를 건너면 이롭다.[1]
需수 有孚유부 光亨광형 貞吉정길 利涉大川이섭대천

+2 느긋하게 때를 기다리며 다음 일을 준비하라. 그러면 얻는 바가 있으리라.

6음
上六

[나그네가] 움집에 들어간다. 청하지도 않은 손님 세 사람이 찾아와 [나그네가] 그들을 예로써 대하니 마침내 길하다.
入于穴입우혈 有不速之客三人來유불속지객삼인래 終吉종지종길

+1 매사 최선을 대해 처신하라!

5양
九五

[나그네가] 술과 음식을 실컷 먹으니 [이것이 나온] 점은 길하다.
需于酒食수우주식 貞吉정길

+2 앞으로 상황이 매우 좋을 것이다.

4음
六四

[나그네가] 피투성이가 된 채 구덩이에서 나온다.[5]
需于血수우혈 出自穴출자혈

0 앞으로 흉한 일을 만나나 그것은 다 마음먹기에 달렸다.

3양
九三

[비가 계속 내려 나그네가] 진창에 빠지며 도적을 불러들인다.[4]
需于泥수우니 致寇至치구지

-2 설상가상이다.

2양
九二

[나그네가] 모래밭에서 젖으니 조금 실수는 있지만 종국에 가서는 길하다.[3]
需于沙수우사 小有言소유언 終吉종길

+1 작은 실수라도 되풀이하지 말라. 그래야 좋아질 것이다.

1양
初九

[나그네가] 교외에서 [비를 만나] 젖으나 그대로 가면 이로우며 허물이 없다.[2]
需于郊수우교 利用恒이용항 无咎무구

0 어려운 상황을 만나도 그대로 나아가야 한다.

주제	나그네가 길을 가다가 겪은 일	6음 上六	청하지 않은 손님을 접대함.
		↑	
소재	어느 나그네가 옷이 젖는 것	5양 九五	술과 음식을 배불리 먹음.
		↑	
중심 인물	나그네	4음 六四	피투성이가 되어 도망을 감.
		↑	
나그네가 길을 가면서 만난 일들을 기술한 내용		3양 九三	진흙탕에 빠져 설상가상으로 도적을 불러들임.
		↑	
		2양 九二	모래밭에 빠져 젖음.
		↑	
		1양 初九	교외에서 비를 만나 젖음.

1. ☯ "큰 내를 건너면 이롭다." ☞ 적극적으로 나서라! 난관을 극복할 수 있으리라. 이때 '큰 내[大川]'는 강江이다. 앞으로 다시 나올 '큰 내'도 모두 이와 같다.
2. 비는 종일 내리지 않는다.
3. 작은 실수를 할 수 있다. 조그마한 실수가 있어도 아무런 문제가 되질 않는다.
4. 참으로 어려운 상황과 환경에 처해 있으면서 동시에 재앙도 찾아오는 형국이다.
5. 앞으로 매우 흉하고 험한 일을 만나나 다행히 재난을 피하게 될 것이다.

6 천수송天水訟
CONFLICT

읍주가 송사를 벌이다

[이것은] 서로 다투는 모습이다. [이는] 송사에서 얻은 것이 있으나 두려워하고 경계한다. 중간은 길하나 끝은 흉하다. 대인¹을 보는 것이 이롭다. 큰 내를 건너면 이롭지 않다.²

訟송 有孚유부 窒惕질척 中吉終凶중길종흉 利見大人이견대인 不利涉大川불리섭대천

-1 지금 매사에 다툼이 생길 수 있으니 매우 조심하라. 다투지 말고 미리 타협하는 지혜를 발휘하라.

6양 上九
왕이 읍주에게 가죽으로 만든 허리띠를 하사하였는데 아침 내내 [왕이] 세 번이나 그것을 [도로] 빼앗았다.¹⁰
或錫之鞶帶혹석지반대 終朝三褫之종조삼치지
-1 기쁨도 한순간이요, 명예도 물거품과 같다.

5양 九五
[읍주의] 소송은 크게 길하다.⁹
訟元吉송원길
+3 장차 모든 일이 성취되리라.

4양 九四
[읍주가] 소송에 이기지 못하여 돌아와 보니 왕명이 바뀌었다. 안전을 묻는 점은 길하다.⁸
不克訟불극송 復卽命渝복즉명유 安貞吉안정길
+2 위기에 처하지만 장차 주위의 상황이 호전될 것이다.

3음 六三
[읍주가] 선조의 은덕을 닦는다. [이] 점은 위태로우나 마지막에는 길하다.⁵ 어떤 사람⁶이 왕의 일⁷에 참여하나 이루는 것은 없다.
食舊德식구덕 貞厲정려 終吉종길 或從王事혹종왕사 无成무성
0 현재 상황은 이루는 것이 없는 상황이다. 자만은 금물이다. 위태로운 상황이 올 수도 있으니, 각별히 조심하라.

2양 九二
[읍주가] 소송에 이기지 못해 돌아온 뒤 도망쳤다. [그래서] 그 고을 사람 삼백호에는 재앙이 없었다.⁴
不克訟불극송 歸而逋귀이포 其邑人三百戶기읍인삼백호 无眚무생
0 서로 다투나 자신과 주위 사람들의 재앙은 면할 것이다.

1음 初六
[읍주가] 송사를 오래지 않아 그만둔다.³ 조금 실수가 있으나 결국에는 길하다.
不永所事불영소사 小有言소유언 終吉종길
+1 승산이 없는 일은 빨리 그만두라.

길을 잃다 묻다 답을 얻다

주제   읍주의 송사

소재   송사

중심 인물   삼백호 고을의 읍주

읍주의 송사 과정을 기술한 내용

6양 上九 — 왕이 허리띠를 하사하였으나 빼앗아감.

5양 九五 — 읍주가 소송에서 크게 이김.

4양 九四 — 읍주가 소송에 이기지 못하나 무사함.

3음 六三 — 읍주가 선조의 덕을 닦으며 왕의 일을 좇음.

2양 九二 — 읍주가 소송에 져서 도망감.

1음 初六 — 읍주가 소송을 도중에 그만둠.

1   이때 '대인'은 송사에 도움을 줄 수 있는 윗사람을 말한다. 맥락으로 보면 3음에 등장하는 왕일 것이다.
2   송사에서 이긴다 해도 결국 흉할 것이다.
3   소송의 결과가 이롭지 않음을 알고 소송을 그만둔다는 뜻이다.
4   이 고을을 다스렸던 읍주邑主가 마을 사람들로부터 소송을 당했다. 이 소송에서 읍주가 져서 그는 도망쳤고, 마을 사람들은 해를 입지 않았다.
5   위태로운 것은 소송에서 졌기 때문이요, 길한 것은 왕의 일을 따르기 때문이다.
6   어떤 사람은 읍주를 말한다.
7   왕의 일은 왕이 주관하는 송사를 말한다.
8   소송에 패해도 무사하다는 뜻이다. 즉 소송에 졌으나 무사한 상황이다.
9   읍주가 이전의 소송에서 졌지만 왕명이 바뀌어 이번에는 읍주가 소송에서 크게 이긴 것을 말한다.
10   읍주邑主가 소송에서 크게 이겨 왕이 허리띠를 하사하였으나 그의 공덕을 의심하여 다시 빼앗아 갔다는 뜻이다. 소송에 이긴 기쁨도 잠시 뿐이요, 읍주의 명예도 다 물거품이다.

7

지수사 地水師
ARMY

장인이 전쟁에 참가하다

[이것은] 군대의 모습이다. 군대를 통솔하는 사람[1]에 대한 점을 치니 길하다. 허물이 없다.[2]

師사 貞丈人吉정장인길 无咎무구

+1 — 남을 포용하는 자세로 협력을 구하며 일을 진행하라.

6음 / 上六
대군[6]이 [하늘의] 명을 받아 나라를 열고 가업을 이어받는다. 소인[7]은 소용이 없다.[8]
大君有命대군유명 開國承家개국승가 小人勿用소인물용
+1 — 높은 사람들에게는 명예와 재물이 넉넉해지나 소인들에게는 아무런 소득이 없을 것이다.

5음 / 六五
들에서 사냥을 해서 짐승을 잡았다. 왕의 명령을 집행하니 이롭고 허물은 없다. 지휘관은 군대를 통솔하고, 부관은 수레에 시체를 실으니, [이것의] 점은 흉하다.
田有禽전유금 利執言이집언 无咎무구 長子帥師장자솔사 弟子輿尸제자여시 貞凶정흉
-2 — 얻는 것도 있지만 잃는 것이 더 크다.

4음 / 六四
군대가 좋은 위치에 주둔하니 허물이 없다.
師左次사좌차 无咎무구
0 — 현재 상황이 지리적으로 유리하고, 시간적으로도 하늘이 돕고 있다.

3음 / 六三
군대가 혹 수레에 시체를 실을 수 있으니[5] 흉하다.
師或輿尸사혹여시 凶흉
-2 — 신중하고, 거듭 신중하라. 마음먹은 일이 상처만 남기고 끝날 수도 있다!

2양 / 九二
장수가 [군대의] 한가운데에서 [지휘하고] 있으니 길하여 허물이 없다. 왕이 세 번 명령을 내렸다.[4]
在師中재사중 吉无咎길무구 王三錫命왕삼석명
+1 — 자신의 위치를 자각하며 자신의 본분을 다하라!

1음 / 初六
군대가 기율에 따라 출정했다. [군대가 기율을] 지키지 않으면 흉하다.[3]
師出以律사출이률 否臧凶부장흉
-2 — 법과 질서를 따르며 이를 잘 지켜라.

주제	전쟁	

| **소재** | 군대 |

| **중심 인물** | 장인丈人 군대의 총사령관 |

장인이 군대를 이끌고 출정하여 싸워 이기는 과정을 기술한 내용

- 6음 上六 — 전쟁에 승리하여 제후가 됨.
- 5음 六五 — 포로를 사로잡고 왕의 명령을 집행함.
- 4음 六四 — 군대가 유리한 지형에 주둔함.
- 3음 六三 — 군대가 출정하여 많은 사람들이 죽음.
- 2양 九二 — 왕이 여러 차례 출병을 명령함.
- 1음 初六 — 출병하는 데 군율의 중요성을 강조함.

1 군대의 총사령관을 말한다.
2 많은 사람들의 지도자가 되어 그들을 포용하고 넓은 아량으로 모든 일을 처리해 나아가는 모습이다.
3 군대는 엄한 군율이 필수적이다. 군율이 서지 않으면 군대는 패한다. 이와 같이 자신에게도 엄격하라. 그렇지 않으면 낭패를 볼 것이다.
4 지도자가 제자리에 있으면서 제 할 일을 다하는 국면이다.
5 군대가 싸움에서 많은 사람들이 죽었다는 뜻이다.
6 대군大君은 군주에 대한 존칭이다. 여기서 대군은 제후를 말한다.
7 소인小人은 신분이나 지위가 낮은 사람을 말한다. 여기서는 사졸士卒을 뜻한다.
8 전쟁이 끝나고 논공행상을 하는 것이다. 전쟁에서 공을 세운 사람들이 있다. 그들 중에서 어떤 사람에게는 왕이 영토를 나누어준다. 나라를 연다는 것은 제후로 봉해져 제후국을 연다는 것이다. 어떤 사람에게는 대부로 봉해져 고을을 받기도 한다. 가업을 이어받는다는 것은 이를 말한다. 그러나 소인인 사졸들에게는 돌아갈 것이 없다.

8
수지비 水地比
HOLDING TOGETHER

신하가 왕을 보필하다

[이것은] 서로 친밀한 모습이다. [이는] 길하다. 원래 점이 아주 훌륭하다. 오랜 기일이 걸리는 [일에 대한] 점은 허물이 없다. [신하로 복종하려 하지 않고 조회하러 오지도 않아] 복속당하지 않았던 제후의 나라도 오는데 뒤에 오는 사람은 흉하다.[1]
比비 吉길 原筮元원서원 永貞无咎영정무구 不寧方來불녕방래 後夫凶후부흉

+2 자신을 도와줄 훌륭한 보필자를 얻어 결실을 보리라. 그러나 협력하지 않는 사람은 좋지 않을 것이다.

6음 上六
[신하가] 왕을 보필하다가 머리가 없어졌다.[9] 흉하다.
比之无首비지무수 凶흉
-1 현재 형국이 좋지 않을 것이다.

5양 九五
[신하가] 왕을 잘 보필한다. 왕이 세 방향[7]에서 사냥감을 몰았는데, 앞쪽으로 마주 오는 짐승을 놓아주었다. 고을사람들이 [짐승을 놓아주는 것을 보고도] 놀라지 않으니 길하다.[8]
顯比현비 王用三驅왕용삼구 失前禽실전금 邑人不誡읍인불계 吉길
+2 상황판단을 잘하고 처신하라. 그러면 앞날이 좋을 것이다.

4음 六四
[신하가] 밖에서 왕을 보필하니 [이것의] 점은 길하다.[6]
外比之외비지 貞吉정길
+1 상황이 좋다.

3음 六三
[신하가] 왕을 보필하는데, 사람[4]이 아니다.[5]
比之匪人비지비인
-2 상황이 나쁠 것이다.

2음 六二
[신하가 조정] 안에서 왕을 보필한다.[3] [이것의] 점은 길하다.
比之自內비지자내 貞吉정길
+2 상황이 좋을 것이다.

1음 初六
포로를 사로잡으니, 왕을 보필함에 허물이 없다. 포로가 가지고 있었던 것을 빼앗은 재물이 동이[2]에 가득하다. 마지막에 뜻밖의 환난이 있지만 길하다.
有孚유부 比之无咎비지무구 有孚盈缶유부영부 終來有它吉종래유타길
+2 장차 큰 공을 세우고, 얻는 바가 클 것이다. 한때 위기가 닥치나 별 문제가 되지 않는다.

주제	왕을 보필함	6음 上六	왕을 보필하다가 머리가 잘림.
소재	보필하는 것	5양 九五	사냥을 가서 왕을 잘 보필함.
중심 인물	왕	4음 六四	조정 밖에서 왕을 보필함.
왕을 보필하는 것에 대한 내용		3음 六三	왕을 보필할 사람이 그릇됨.
		2음 六二	조정 안에서 왕을 보필함.
		1음 初六	포로를 사로잡고 노획한 보물이 동이에 가득함.

1. 현재 상황은 천하를 얻은 제왕과 같고, 훌륭한 보필자도 많다. 왕이 이들과 함께 힘을 합쳐 일하면 큰 성취가 있을 것이다. 다만, 화합하지 못하는 사람은 좋지 않다.
2. 동이는 형체가 둥글고 아가리가 넓으며 양옆에 손잡이가 있는 질그릇이다.
3. 왕과 신하의 협력이 잘되고 있다.
4. 왕에게 해를 끼치는 사람을 말한다.
5. 왕과 신하의 협력이 좋지 않다.
6. 조정 밖에서도 왕과 신하의 협력이 좋다.
7. 이때 세 방향은 왼쪽, 오른쪽, 뒤쪽을 말한다.
8. 이것은 사냥을 할 때 사방에서 퇴로를 완전히 막아 놓고 짐승을 잡는 것이 아니라 일부 살 길을 열어두고 사냥하는 모습을 보여준다. 왕을 등진 채 달아나는 짐승은 활을 쏘아 잡고, 앞쪽으로 달려오는 짐승은 놓아준다. 여기서 더 나아가 왕을 배신하고 떠나는 자들은 징벌하고 왕에게로 와 충성을 하는 사람은 왕이 친애한다는 뜻이다. 고을 사람들이 놀라지 않는 것은 그들이 왕의 그러한 통치술을 잘 알고 있기 때문이다. 이것은 신하, 왕, 고을 사람들과 같이 하나의 연대 속에 있는 사람들에게는 이 효가 길하지만, 그 밖에 일반 소인이나 법과 기준을 무시하며 왕같이 구는 사람에게는 흉하다.
9. 머리가 잘리는 화를 당한다. 이것이 나오면 조심하고 또 조심하라. 좋지 않다.

9

9
풍천소축/風天小畜
SLIGHTLY ACCUMULATING

농민 부부의 삶을 보다

	[이것은] 조금씩 쌓여가고 모여지는 모습이다. [이는] 형통한다. 주나라의 서쪽[1] 교외로부터 구름은 짙은데 비는 오지 않는다.[2] 小畜소축 亨형 密雲不雨밀운불우 自我西郊자아서교	+1	아직 때가 아니니 기다려라. 곧 때가 오게 되리라.

6양 上九		이미 비도 내렸고 또한 하늘도 갰으니, 이제 수레에 실을 수 있다. 부인에 대한 점은 위태롭다.[5] 달은 이미 보름인데 군자[6]가 먼 길을 떠나니 흉하다.[7] 旣雨旣處기우기처 尙德載상덕재 婦貞厲부정려 月幾望월기망 君子征凶군자정흉	0	일을 추진할 경우에는 때를 잘 맞추라. 그렇지 않으면 어그러질 수 있다.
5양 九五		[농작물을 약탈하려던] 도적을 사로잡아 단단히 묶었으니, 그 이웃과 함께 복을 받는다. 有孚攣如유부련여 富以其鄰부이기린	+1	더불어 얻는 것이 있으며 기쁨은 배가 될 것이다.
4음 六四		[농작물을 약탈하려던] 도적을 사로잡았다. 근심은 없어졌으나 경계해야 허물이 없다. 有孚유부 血去惕出혈거척출 无咎무구	0	현재를 경계하라. 자신을 단단히 지켜라.
3양 九三		[수확한 농작물을 수레에 싣고 오는데] 수레에서 바퀴살이 떨어져 나가니 부부가 반목한다.[4] 輿說輻여탈복 夫妻反目부처반목	-1	현재 상황은 좋지 않다.
2양 九二		[소나 말 등이] 끄는 수레에 [농민이 수확한 농작물을 가득] 싣고 돌아오니 길하다. 牽復吉견복길	+2	장차 수확물이 풍성할 것이다.
1양 初九		[농사일을 다 마치고 논밭] 길에서 돌아오니[3] 그것이 무슨 허물이 되겠는가? 길하다. 復自道복자도 何其咎하기구 吉길	+1	맡은 일을 잘 마칠 것이다.

주제	농사일	
소재	농사	
중심 인물	부부 농민	

어느 농민의 농사일에 대한 내용

6양 上九 — 부인이 수레에 실은 농작물을 약탈당해 군자가 도적을 잡으려함.

5양 九五 — 도적을 단단히 묶고 이웃과 함께 기뻐함.

4음 六四 — 수확한 농작물을 약탈하려는 도적을 사로잡음.

3양 九三 — 수레의 바퀴살이 떨어져나가 부부가 반목함.

2양 九二 — 농작물을 수레에 싣고 끌면서 돌아옴.

1양 初九 — 논밭 길에서 무사히 돌아옴.

1 당시 은나라는 동쪽에 있었고, 주나라는 서쪽에 있었다.
2 농부가 단비를 기다리고 있다. 곧 비가 내릴 것이다.
3 어느 농민이 하루 농사일을 다 마치고 무사히 집으로 돌아온다.
4 부부가 서로 원망하는 형국을 말한다.
5 부인이 싣고 가던 농작물을 도적에게 약탈당했다.
6 이때 군자는 그 지역을 다스리는 대부大夫인 읍주일 것이다.
7 달이 보름을 지난 후 남자들이 집을 떠나 먼 길을 가는 것은 여자들에게 당연히 이롭지 않다. 보름이 지나니 밤에 달빛이 약해지기 때문이다. 여기서 먼 길을 가는 것은 군자가 약탈한 도적을 잡으러 가는 길이다. 현재 상황은 부인이 농작물을 약탈당하듯이 위태로운 상황이다.

10

10
천택리 天澤履
CONDUCT

무왕이 은나라 정벌에 나서다

호랑이¹ 꼬리를 밟았지만 사람을 물지 않는다.² [이는] 형통한다.
履虎尾이호미 不咥人부질인 亨형

+1   자신의 고집을 꺾고 자신 보다 나은 사람의 뜻을 따르라. 그러면 좋다.

6양 上九	[무왕이 일을] 살펴서 행하고 주도면밀하게 고려하고, 그가 돌아오니 크게 길하다.¹² 視履考祥시리고상 其旋元吉기선원길	+2 뜻한 바를 이루고 금의환향한다.
5양 九五	[무왕이 일을] 시원하게 처리하지만, [이것의] 점은 위태롭다.¹¹ 夬履쾌리 貞厲정려	0 좋을 때 자만하지 말라! 현 상황은 위태롭다.
4양 九四	[은나라 유민들이] 호랑이 꼬리를 밟아 두려워하나 마지막에는 길하다.¹⁰ 履虎尾이호미 愬愬終吉색색종길	+1 호랑이 꼬리를 밟아 두려워하는 상황이다. 두려운 줄 알면 호랑이 밥이 되지는 않을 것이고, 재앙도 면하리라.
3음 六三	[무왕이 탄탄대로를 가고 있으니] 눈먼 사람이 볼 수 있고, 절름발이가 걸을 수 있다.⁷ 호랑이 꼬리를 밟아 호랑이가 사람을 물으니 흉하다.⁸ 무인이 대군이 된다.⁹ 眇能視묘능시 跛能履파능리 履虎尾이호미 咥人凶질인흉 武人爲于大君무인위우대군	-2 겁 없이 덤벼들었다가 위험을 자초하리라.
2양 九二	[무왕이] 밟는 길이 탄탄대로이니, 숨어서 힘을 비축해 두었던 사람⁵에 대한 점은 길하다.⁶ 履道坦坦이도탄탄 幽人貞吉유인정길	+2 상황이 더욱 좋다.
1양 初九	[무왕이] 평소대로 실천하니³ 가더라도 허물은 없다.⁴ 素履소리 往无咎왕무구	0 평소의 생각대로 하면 일을 이룰 수 있을 것이다.

주제	무왕의 은나라 정벌	
소재	호랑이 꼬리를 밟는 것	
중심인물	무인武人[무왕]	

무왕의 은나라 정벌에 대한 내용

- 6양 上九 — 은의 혼란을 수습한 후 개선함.
- 5양 九五 — 은을 평정한 후 모든 것을 잘 처리함.
- 4양 九四 — 은의 유민들이 귀속함.
- 3음 六三 — 대군이 됨.
- 2양 九二 — 행군하는 것이 거리낌 없음.
- 1양 初九 — 무왕이 평소의 뜻을 행하여 출정함.

1 호랑이는 주나라 무왕을 말한다.
2 무왕이 처음 은나라 정벌에 나서지만, 아직 천명은 은나라에 있다고 무왕은 믿고 주나라로 돌아갔다. 이때 은나라 주왕은 아무런 해를 입지 않았다. 호랑이 꼬리를 밟아 위험을 자초하였지만, 이렇다 할 해는 입지 않았다.
3 무왕이 아버지의 유업대로 은나라를 정벌하겠다는 뜻을 이어간다.
4 무왕이 출정하면 은나라를 정벌할 수 있다는 말이다.
5 숨어서 힘을 비축해 두었던 사람은 주나라 무왕이다.
6 무왕의 출정은 갇힌 호랑이가 산을 만난 격이다.
7 눈먼 사람과 절름발이는 은나라의 제후국 또는 그 나라의 신하와 군사들을 비유한다.
8 현재 상황은 호랑이 꼬리를 밟아 호랑이가 사람을 무는 형국이다. 겁 없이 덤볐다가는 화를 자초한다. 상황이 좋지 않다.
9 이것의 고사를 알아보자. 이것은 주나라 무왕이 은나라 군사를 물리치고 왕에 오르는 것을 묘사하고 있다. 은나라 제후국의 신하와 군사들이 무왕과 싸우다 궤멸하였다. 호랑이와 무인은 모두 주나라 무왕을 말한다.
10 은나라를 정벌할 즈음 은의 유민들이 무왕의 심기를 건드려 두려워하나 마침내 그들이 주나라의 백성이 되니 무왕의 환대를 받는다.
11 무왕이 은나라를 정벌하고 모든 것을 잘 행한다.
12 전쟁에서 이기고 돌아와 개선하는 주나라 무왕을 묘사하고 있다.

11

지천태 地天泰
GOING WELL

제을이 문왕에게 딸을 시집보내다

[이것은] 천하가 태평한 모습이다. [이는] 잃는 것은 적고 얻는 것은 크다.¹ 길하고 형통한다.

泰태 小往大來소왕대래 吉亨길형

+2 좋은 상황이다. 배가 돛을 달고 순풍에 항해하는 것처럼 앞일이 좋으리라.

6음 上六 성이 구덩이로 무너졌다.⁷ [고을에서] 군대를 출병하지 말라[고 명령을 내린다].⁸ [이것의] 점은 어렵다.
城復于隍성복우황 勿用師물용사 自邑告命자읍고명 貞吝정린
-1 어려운 상황이다. 삼가는 것이 좋다.

5음 六五 제을⁶이 딸을 [주나라 문왕에게] 시집보내는데 복이 있으니 크게 길하다.
帝乙歸妹제을귀매 以祉元吉이지원길
+3 복이 충만한 상황이다. 일은 성사되고 크게 길하리라.

4음 六四 잘난 체 하다가 이웃과 함께 재난을 당하였다. 경계하지 않아 [재물을] 빼앗긴다.⁵
翩翩편편 不富以其隣불부이기린 不戒以孚불계이부
-1 재난을 당하는 상황이다. 잘난 체 하지 말고 경계를 단단히 하라. 그렇지 않으면 화를 당할 것이다.

3양 九三 평평하기만 하고 기울지 않는 것은 없으며, 가기만 하고 되돌아오지 않는 것은 없다. 어려움을 묻는 점에는 허물이 없다. [혼행을 가는 도중에] 빼앗긴 것을 근심하지 말라. 먹는 것에는 복이 있다.⁴
无平不陂무평불피 无往不復무왕불복 艱貞无咎간정무구 勿恤其孚물휼기부 于食有福우식유복
0 어려움을 넘기면 곧 평탄해 질 것이다. 큰 허물은 없다.

2양 九二 [제을의 딸들이 혼행 중에] 큰 박을 [허리에] 묶고 강을 건너니 물에 빠지지 않으며 죽지도 않는다. 가는 도중에 도움을 받는다.³
包荒포황 用馮河용빙하 不遐遺불하유 朋亡붕망 得尚于中行득상우중행
+1 어려움에 직면하나 충분히 극복하리라.

1양 初九 띠 풀을 뽑을 때에는 뿌리째 뽑아야 하니 먼 길을 가면 길하다.²
拔茅茹以其彙발모여이기휘 征吉정길
+2 경사스럽고 좋은 일이 일어날 것이다.

주제	제을이 딸을 시집보내는 것	6음 上六	언니와 동생이 시집에서 쫓겨나 친정으로 돌아옴.
소재	제을이 딸을 문왕에게 시집보내는 것	5음 六五	혼행을 마치고 시집을 가서 복이 있음.
중심 인물	제을帝乙	4음 六四	방심하여 경계하지 않아 재물을 빼앗김.
은나라와 주나라의 관계를 기술한 내용		3양 九三	혼행 도중 재난을 당함.
		2양 九二	혼행 도중 강을 만나 큰 박을 묶고 강을 건넘.
		1양 初九	언니와 그 여동생을 함께 시집보냄.

1 은나라 군주인 제을이 딸들을 주나라 문왕에게 시집을 보내니, 잃는 것은 거의 없고 얻는 것이 많다.
2 여기서 띠와 뿌리는 제을의 딸을 비유한 것이다. 제을이 딸을 주나라 문왕에게 시집을 보내는데, 딸의 여동생도 함께 보냈다. 먼 길을 간다는 것은 시집을 보내는 것을 말한다.
3 숨겨진 고사를 알아보자. 제을의 딸들이 문왕에게 시집을 가는 도중 강을 건너게 되었는데 허리에 큰 박을 묶고 강을 무사히 건넜다.
4 자연의 법칙을 따르라. 가면 돌아오게 되어 있고, 돌아오면 다시 떠나게 된다.
5 제을의 딸들이 혼행 중 일행이 방심하여 재물을 빼앗겼다.
6 제을帝乙은 은나라 마지막 왕인 주紂의 아버지다.
7 주나라 문왕에게 시집간 딸들이 무슨 연고인지 쫓겨나 친정인 은나라로 돌아왔다. 이것은 성이 무너지는 것과 같은 큰 충격이다.
8 은나라가 군사를 일으켜 바로 주나라를 치려고 하였으나 제을이 출병을 막았다. 그 후 두 나라의 관계는 악화되었다.

12 천지비 天地否 STAGNATION

제을의 딸들이 친정으로 쫓겨 오다

막혀야 할 것은 그 사람¹이 아니다. 군자²의 점에는 이롭지 않다. 잃는 것은 크고 얻는 것은 적다.³
否之匪人비지비인 不利君子貞불리군자정 大往小來대왕소래

-1 현재 상황은 서로 막혀 있다. 때를 기다리며 막힌 시기를 잘 넘겨라.

6양 上九
[은나라와 주나라가] 잠깐 막혔다. 먼저 막히나 뒤는 기쁘다.¹²
傾否경비 先否後喜선비후희
+1 막힌 것이 곧 해결될 것이다.

5양 九五
막힌 것을 두려워하니 대인은 길하다.¹¹ 주나라가 망한다, 주나라가 망한다. 하지만 무성한 뽕나무에 묶어둔 것처럼 안정되고 견고하다.
休否휴비 大人吉대인길 其亡其亡기망기망 繫于苞桑계우포상
+1 현재 견고한 상황이다. 이상과 현실은 서로 어긋나나 앞으로 좋아진다.

4양 九四
[주나라를 치라는 제을의] 명령이 있으니 허물은 없다.⁹ 누가 복을 주겠는가?¹⁰
有命无咎유명무구 疇離祉주리지
0 일촉즉발의 위태로운 형국을 만나 다시 안정되고 큰 허물은 없게 될 것이다.

3음 六三
[제을이] 수치스러움을 [마음에] 품는다.⁸
包羞포수
0 장차 치욕을 당해 수치스러울 것이다.

2음 六二
[문왕이] 경계하는 마음을 품고 있다. 소인⁵은 길하지만, 대인⁶은 형통하지 않는다.⁷
包承포승 小人吉소인길 大人否亨대인비형
0 경계를 게을리 하지 말라. 그래야 좋아질 수 있다.

1음 初六
띠 풀을 뽑을 때는 뿌리째 뽑아야 한다.⁴ [이것의] 점은 길하고 형통한다.
拔茅茹以其彙발모여이기휘 貞吉정길 亨형
+1 좋지 않은 요소는 사전에 제거해두어야 나중을 기약할 수 있다.

주제	은나라와 주나라의 관계	6양 上九	두 나라 사이가 잠깐 막혔지만 곧 정상이 됨.
소재	문왕에게 시집간 제을의 딸들이 친정으로 쫓겨 온 것	5양 九五	제을이 두 나라 관계가 막힐 것을 두려워함.
중심 인물	대인大人[제을]	4양 九四	제을이 주를 치라는 명을 내림.
은나라와 주나라의 외교관계가 막히는 것을 기술한 내용		3음 六三	제을이 수치스러운 마음을 품고 있음.
		2음 六二	문왕이 경계하는 마음을 품고 있음.
		1음 初六	문왕이 제을의 딸들을 친정으로 쫓아 보냄.

1 그 사람은 주나라 문왕이다. 문왕이 막혀야 할 사람이 아닌데, 결혼 동맹의 파기로 막혀 버렸다.
2 군자는 주나라 문왕을 말한다.
3 은나라와 주나라의 결혼 동맹이 제을의 딸들이 친정으로 돌아옴으로써 깨졌다. 그러니 문왕과 제을 모두 얻는 것 보다는 잃은 것이 크다.
4 주나라 문왕이 자신에게 시집온 제을의 딸들을 친정으로 쫓아보낸다는 뜻이다.
5 이때 소인은 신분과 지위가 낮은 사람이다.
6 이때 대인은 신분과 지위가 높은 사람이다.
7 문왕의 입장에서 기술한 것이다. 여기서 소인은 주나라 문왕을 말하고, 대인은 은나라 제을을 말한다. 그 당시 주나라는 은나라의 제후국이었다. 이 시국을 보면 문왕은 길하고, 제을은 막힌다.
8 제을의 입장에서 기술한 것이다. 이것은 딸들이 친정으로 쫓겨 온 것에 대한 제을의 심리 상태다.
9 당시 은나라가 제후국인 주나라를 치라고 명령을 내렸으니 허물은 없다.
10 하지만 누가 제을의 명령을 받들어 주나라를 칠 수 있겠는가?
11 대인은 은나라 제을이다. 대인은 길하다는 것은 제을이 비록 주나라를 정벌하겠다고 명령을 내렸으나 두 나라의 관계가 악화될까 두려워서 감행하지 못하니 길하다는 뜻이다.
12 두 나라의 관계가 결혼 동맹의 파기로 한순간 약화되었지만 곧 좋은 관계로 호전된다.

13 천화동인 天火同人 COMMUNITY

많은 사람들이 모여서 적을 방어하다

많은 사람들이 들판에 [모이니] 형통한다. 큰 내를 건너면 이롭다. 군자의 점은 이롭다.[1]
同人于野동인우야 亨형 利涉大川이섭대천 利君子貞이군자정

+2 　서로 협력하여 일을 처리하면 만사형통하리라.

6양 上九	많은 사람들이 교외에서 모이니 뉘우침이 없다.[7] 同人于郊동인우교 无悔무회	0	온갖 시련을 이겨내고 마침내 뜻을 이룬다. 후회할 일은 없으리라.
5양 九五	많은 사람들이 모여 먼저 대성통곡하다가 뒤에는 웃는다. 원병이 적을 이겨서 서로 만나게 된다.[6] 同人先號咷而後笑동인선호도이후소 大師克相遇대사극상우	0	울고 웃는 상황이다. 안 좋은 상황은 곧 반전되리라.
4양 九四	[적이] 성벽을 타고 올라왔으나 [아직 성이] 함락되지 않았다. [이때 적을] 공격하면 길하다. 乘其墉승기용 弗克불극 攻吉공길	+1	포기는 이르다. 최후의 일각까지 최선을 다하라. 그러면 전화위복된다.
3양 九三	[출병하여] 풀숲에 복병을 [숨겨두었으나], [그 중 어느 군졸이] 높은 언덕에 올라 [적에게 들켜 크게 패하니] 삼년 동안 일어나지 못한다.[5] 伏戎于莽복융우망 升其高陵승기고릉 三歲不興삼세불흥	-1	피해가 커서 회복하는 데 시간이 걸릴 것이다.
2음 六二	종묘에 많은 사람들[이 모인다.] 어렵다.[4] 同人于宗동인우종 吝린	-1	전쟁을 앞두고 있는 어려운 형국이다.
1양 初九	왕문[2]에 많은 사람들[이 모인다.] 허물이 없다.[3] 同人于門동인우문 无咎무구	0	뜻이 맞는 사람들끼리 의기투합하여 전의를 불태우고 있다. 앞날에 허물은 없다.

Story-Telling 서사구조

주제	적의 침입에 대한 방어 전쟁	6양 上九	교외에서 승전의 제사를 올림.
소재	많은 사람들을 모으는 것	5양 九五	성이 함락되었으나 원병이 와서 적을 물리침.
중심 인물	군자[왕]	4양 九四	성이 함락될 상황에서도 끝까지 분투함.
		3양 九三	복병을 숨겨두고 기습공격을 노렸으나 오히려 타격을 입음.
군자[왕]가 적의 침입을 받아 이를 방어하여 싸움에서 승리하는 내용		2음 六二	백성을 종묘에 모아 놓고 출정을 고함.
		1양 初九	백성들을 왕문王門에 모아 놓고 적의 침략 사실을 알림.

1 군자는 여기서 국가를 통치하는 왕을 말한다. 사람들이 들에서 모여 적의 침입을 대비하고 있다.
2 왕문王門은 궁궐에 있는 문이다. 국가에 국난이 있을 때 왕이 백성들을 왕문에 불러 모으는 일이 있었다.
3 적이 쳐들어오자 왕이 백성들에게 그 사실을 알린다.
4 종묘는 수도의 중심이기 때문에 이곳을 지키지 못하면 퇴로를 잃는다. 적이 침입하자 왕이 사람들을 종묘에 모아놓고 조상에게 제사를 드린다. 이제 출정이다. 앞으로의 전쟁이 힘들 것이다.
5 치밀하지 못한 수는 통하지 않는다.
6 성이 적에게 함락되었는데, 그때 이를 구원하려고 주력 군대인 원병들이 와 적을 물리치고 서로 만난다.
7 전쟁에서 승리하고 승리를 자축하며 하늘에 감사의 제사를 지낸다.

『역경』 텍스트

14 화천대유 火天大有
ABUNDANCE

농민들이 풍년을 맞다

[이것은] 대풍년이다. [이는] 크게 형통한다.
大有대유 元亨원형

+2 하고자 하는 일이 거의 뜻대로 이루어질 것이다.

6양 / 上九
[풍년이 들어] 하늘이 스스로 도우니,⁴ 길하고 더욱 이롭다.
自天祐之자천우지 吉无不利길무불리
+2 좋은 상황이다.

5음 / 六五
[농작물을 약탈하려는] 도적을 [잡아] 단단히 묶었는데 [도적의] 기세가 등등하지만 길하다.³
厥孚交如威如궐부교여위여 吉길
+1 재난에 미리 대비하라. 그래야 피해를 면할 것이다.

4양 / 九四
[농사를 짓는데] 절름발이를 배제하니, 허물은 없다.
匪其彭비기팽 无咎무구
0 사람을 적재적소에 부려라. 하는 일에 적합하지 않은 사람은 과감하게 배제하라.

3양 / 九三
신하는 왕에게서 큰 대접을 받으나 소인²은 [큰 대접을] 받을 수 없다.
公用亨于天子공용형우천자 小人不克소인불극
+1 장차 좋은 일이 있을 것이다. 그러나 소인의 위치에 있는 사람은 이룰 수 없을 것이다.

2양 / 九二
큰 수레에 [농작물을 가득] 싣고 갈 곳이 있으니,¹ 허물이 없다.
大車以載대거이재 有攸往유유왕 无咎무구
+1 수확한 농작물을 가득 싣고 집으로 돌아가는 모습이니 약탈의 위험이 있으나 허물은 없을 것이다.

1양 / 初九
[농민들이 농사를 지으면서] 서로 해를 끼치는 것이 없다. 허물이 아니다. 어려움에 처해도 허물은 없다.
无交害무교해 匪咎비구 艱則无咎간즉무구
0 서로 피해를 주지 않고, 서로 도움을 주고받는다.

주제	농민들이 대풍년을 맞이함	6양 上九	풍년이 든 것을 하늘의 도움으로 여김.
소재	대풍년	5음 六五	농작물을 약탈하려는 도적을 사로잡음.
중심 인물	왕	4양 九四	농사일에 적합하지 않는 사람은 배제함.
농민들의 농사가 대풍년을 맞이하여 왕이 신하에게 향연을 베푸는 내용		3양 九三	천자가 군신들에게 향연을 베풂.
		2양 九二	수확물을 큰 수레에 실음.
		1양 初九	농민들이 서로 해를 끼치지 않음.

1 농민이 농작물을 큰 수레에 가득 싣고 집으로 돌아가는 상황이다.
2 여기서 소인은 농민이다. 이것은 풍년이 들어 왕이 신하들을 모아놓고 잔치를 베푸는데 농민들은 잔치에 참석하지 못하는 것을 묘사한다.
3 도적을 사로잡아 약탈당한 것이 없다.
4 풍년이 든 것은 하늘이 내린 복이다.

군자의 겸손에 반하다

15 지산겸 地山謙
HUMILITY

[이것은] 자신을 낮추는 모습이다. [이는] 형통한다. 군자¹에게는 좋은 결과가 있다.
謙겸 亨형 君子有終군자유종

+2 익은 벼가 고개를 숙이듯이 더욱 겸손해야 하리라. 그러면 모든 일이 잘 풀릴 것이다.

6음 上六
명성이 있으나 겸손하며, 군대를 일으키니 이롭다. 주변 국가를 정벌한다.⁴
鳴謙명겸 利用行師이용행사 征邑國정읍국
+1 장차 일을 벌이면 사람들이 도와주어 잘 풀릴 것이다.

5음 六五
[적의 침입으로] 내 이웃과 함께 재난을 당하였으니, [적을] 정벌하면 이롭다. 더욱 이롭다.
不富以其隣불부이기린 利用侵伐이용침벌 无不利무불리
+1 적의 침입에 대해 응징해도 좋을 것이다.

4음 六四
더욱 이롭다. [남에게] 덕과 은혜를 베푸나 겸손하다.
无不利무불리 撝謙휘겸
+1 자신을 드러내지 않고 남에게 베푸는 모습이다.

3양 九三
공로가 있으나 겸손하다. 군자는 좋은 결과가 있고, 길하다.
勞謙노겸 君子有終군자유종 吉길
+1 공로를 자랑하지 말라. 겸손이 미덕이다.

2음 六二
명성이 있으면서도 겸손하다. [이것의] 점은 길하다.
鳴謙명겸 貞吉정길
+2 명성이 있다고 교만하지 말고 자신을 낮추라. 그러면 더욱 빛날 것이다.

1음 初六
겸손하고 또 겸손하다.² 군자가 큰 내를 건너면 이롭고,³ 길하다.
謙謙겸겸 君子用涉大川군자용섭대천 吉길
+2 어려움이 있더라도 이를 잘 넘길 것이다.

주제	군자의 겸손함	
소재	겸손함	
중심 인물	군자	

군자의 인품이 겸손한 것을 기술한 내용

- 6음 上六 — 군사를 일으켜 정벌함.
- 5음 六五 — 이웃과 재난을 당함.
- 4음 六四 — 사람에게 베풀며 겸손함.
- 3양 九三 — 공로가 있으나 겸손함.
- 2음 六二 — 명성이 있으나 겸손함.
- 1음 初六 — 군자가 큰 내를 건넘.

1 이때 군자는 지위와 신분이 높으며 겸손한 인품을 소유한 사람을 말한다. 구체적으로 누구인지는 알 수 없다.
2 자신을 낮추고 교만하지 말라.
3 어떤 일을 하더라도 화를 당하지 않는다.
4 군자가 군사를 일으켜 적을 정벌하는 상황이다.

16 뇌지예雷地豫
JOYFUL MOVING UP

제후가 방탕하게 살다

[이것은] 즐거워하는 모습이다. 제후를 세우고 군대를 일으켜도 이롭다.¹
豫예 利建侯行師이건후행사

+1 　어떤 일이든 적극적으로 나서면 일이 잘 풀릴 것이다.

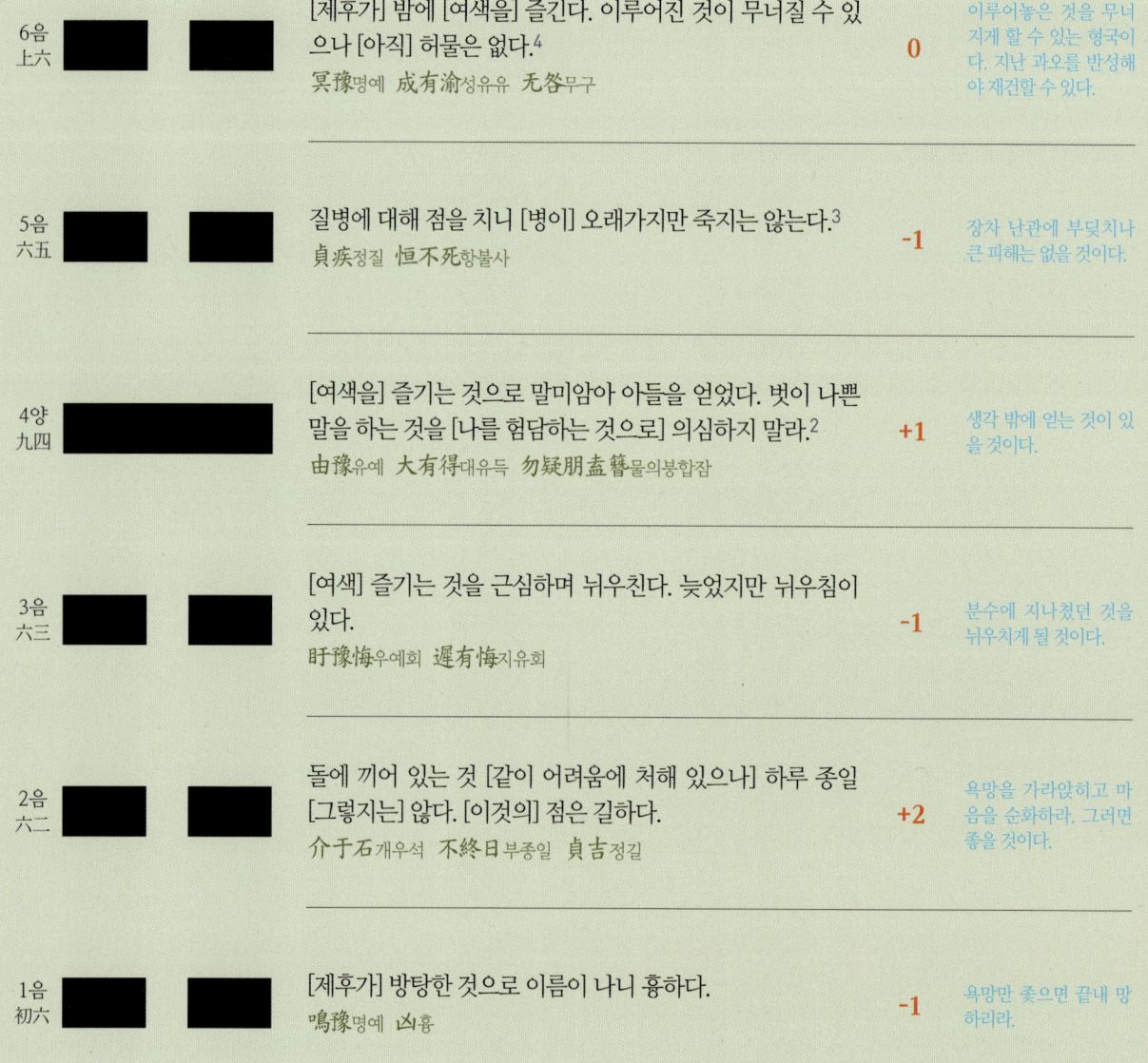

6음 上六 — [제후가] 밤에 [여색을] 즐긴다. 이루어진 것이 무너질 수 있으나 [아직] 허물은 없다.⁴
冥豫명예 成有渝성유유 无咎무구
0 — 이루어놓은 것을 무너지게 할 수 있는 형국이다. 지난 과오를 반성해야 재건할 수 있다.

5음 六五 — 질병에 대해 점을 치니 [병이] 오래가지만 죽지는 않는다.³
貞疾정질 恒不死항불사
-1 — 장차 난관에 부딪치나 큰 피해는 없을 것이다.

4양 九四 — [여색을] 즐기는 것으로 말미암아 아들을 얻었다. 벗이 나쁜 말을 하는 것을 [나를 험담하는 것으로] 의심하지 말라.²
由豫유예 大有得대유득 勿疑朋盍簪물의붕합잠
+1 — 생각 밖에 얻는 것이 있을 것이다.

3음 六三 — [여색] 즐기는 것을 근심하며 뉘우친다. 늦었지만 뉘우침이 있다.
盱豫悔우예회 遲有悔지유회
-1 — 분수에 지나쳤던 것을 뉘우치게 될 것이다.

2음 六二 — 돌에 끼어 있는 것 [같이 어려움에 처해 있으나] 하루 종일 [그렇지는] 않다. [이것의] 점은 길하다.
介于石개우석 不終日부종일 貞吉정길
+2 — 욕망을 가라앉히고 마음을 순화하라. 그러면 좋을 것이다.

1음 初六 — [제후가] 방탕한 것으로 이름이 나니 흉하다.
鳴豫명예 凶흉
-1 — 욕망만 좇으면 끝내 망하리라.

주제	여색을 즐기는 방탕한 제후를 응징하는 것	
소재	여색을 즐기는 방탕한 제후	
중심 인물	주공	

주공이 여색을 즐기는 방탕한 제후를 응징하는 내용

- 6음 上六 : 주공이 여색을 즐기는 제후를 응징함.
- 5음 六五 : 과도하게 여색을 즐겨 병듦.
- 4양 九四 : 여색을 즐기는 것으로 인하여 아들을 얻음.
- 3음 六三 : 여색을 즐기는 것을 근심하여 뉘우침.
- 2음 六二 : 하루 종일 여색을 즐기지는 않음.
- 1음 初六 : 방탕한 제후가 한낮에 여색을 즐김.

1 주나라 주공이 여색을 즐기는 방탕한 제후를 치기 위해 제후를 세우고 군사를 일으켜도 좋다는 말이다.
2 약간의 실수가 있었으나 이로 인해 욕을 먹을 일은 없다.
3 방탕한 제후가 여색을 지나치게 즐겨 병이 생긴 형국이다.
4 주공이 군사를 일으켜 방탕한 제후를 혼내 주는데, 응징만 했을 뿐 제후의 지위는 박탈하지 않았다.

17 택뢰수澤雷隨 FOLLOWING

뒤쫓아 가서 포로를 잡다

[이것은] 뒤따라가는 모습이다. [이는] 크게 형통한다. 이로운 점이고 허물은 없다.
隨수 元亨원형 利貞이정 无咎무구

+2 지금은 자신이 혼자 나설 때가 아니라 남을 따라야 유리하다. 상황은 좋다.

6음 上六
[은나라 주왕이 문왕을] 구금했다가 [마침내] 그를 풀어주었다. 왕이 서산[10]에서 제사를 지낸다.[11]
拘係之구계지 乃從維之내종유지 王用亨于西山왕용형우서산
0 어려움에 처해도 그 어려움에서 벗어날 수 있을 것이다.

5양 九五
가나라[8] 사람을 포로로 잡았다.[9] 길하다.
孚于嘉부우가 吉길
+2 일의 상황은 종료되며 유종의 미를 거둘 것이다.

4양 九四
[도망가는 적을] 쫓아가면 덫이 있으니 점이 흉하다.[6] 길에서 [도망가는 적을] 사로잡아 맹세를 받으니 무슨 허물이 있겠는가?[7]
隨有獲수유획 貞凶정흉 有孚在道유부재도 以明이명 何咎하구
0 일이 쉽게 이루어지지 않을 것이다. 함정에 빠질 수 있으니 조심하라.

3음 六三
어른은 잡고 어린아이는 놓친다.[3] 뒤따라가서 찾으면 잡는다.[4] 거처를 묻는 점에 이롭다.[5]
係丈夫계장부 失小子실소자 隨有求得수유구득 利居貞이거정
+1 장차 얻는 바가 있을 것이다. 방심하면 큰 것은 얻지만 작은 것은 잃어버릴 것이다.

2음 六二
어린아이는 잡고 어른은 놓친다.[2]
係小子계소자 失丈夫실장부
-1 이것은 작은 것을 얻고 큰 것은 잃어버리는 형국이다.

1양 初九
관사에 사고가 있었으나, 점은 길하다. 문밖을 나가면 모두 공이 있다.[1]
官有渝관유유 貞吉정길 出門交有功출문교유공
+2 어떤 문제가 발생해도 크게 손해 볼 일은 없을 것이다.

주제	문왕이 유리羑里에 구금되었다가 풀려남
소재	도망간 가嘉나라의 포로를 뒤쫓아 잡는 것
중심 인물	왕[문왕]

문왕이 유리에 구금되었다가 돌아온 내용

- 6음 上六 — 문왕이 유리에 갇혔다가 풀려남.
- 5양 九五 — 가나라 사람을 포로로 잡음.
- 4양 九四 — 뒤쫓는 것을 경계해야 소득이 있음.
- 3음 六三 — 어른은 잡고 어린아이는 놓침.
- 2음 六二 — 어린아이는 잡고 어른은 놓침.
- 1양 初九 — 적이 관사에 침입하지만 붙잡음.

1 가나라 사람이 관사에 침입하였으나, 모두 잡는 공을 세운다.
2 가나라 포로를 잡아서 묶어놓았는데 어린아이는 묶여있지만 어른은 놓쳤다.
3 가나라 포로를 잡아서 어른은 묶어놓았는데 그렇지 않은 어린아이는 도망갔다. 이것은 큰 것을 얻고 작은 것은 잃어버린 상황이다.
4 어린 아이는 뒤쫓아 가면 쉽게 잡을 수 있다.
5 적의 행방을 알아 적을 사로잡을 수 있으니 이롭다는 뜻이다.
6 현재 부주의하면 함정에 빠질 수 있다.
7 그럼에도 얻는 바가 있으니 큰 허물은 없다.
8 가嘉나라에서 '가'는 '나라 이름[國名]'이다.
9 상황이 잘 마무리되었다.
10 주나라의 수도 호경鎬京의 서쪽에 있었던 산으로 기산岐山을 말한다.
11 이 구절은 주나라 문왕이 은나라의 주왕에 의해 유리羑里에 구금되어 있다가 풀려나 주나라로 돌아와 기산에서 제사를 지내는 것을 묘사한 것이다.

『역경』텍스트

18 산풍고 山風蠱
DECAY IN COMFORT

무왕이 아버지의 일을 계승하다

[이것은] 안락함 속에서 부패하는 모습이다. [이는] 크게 형통한다. 큰 내를 건너면 이롭다. 갑일의 삼일 전 갑일의 삼일 후[에 건너야 한다.]¹
蠱고 元亨원형 利涉大川이섭대천 先甲三日선갑삼일 後甲三日후갑삼일

+1 모든 것이 안일함에 빠져 부패해가고 있는 상황이다. 새로운 돌파구가 필요하다. 썩은 부분이 있으면 과감히 도려내고 새로운 도전을 해야 하리라.

효	효사	점수	풀이
6양 上九	왕과 제후를 섬기지 않으니, 그 고사가 고상하다.⁶ 不事王侯불사왕후 高尙其事고상기사	0	상황 판단을 정확히 해라. 그래야 흉함을 피할 수 있다.
5음 六五	아버지⁵의 일을 계승하니, 명예가 있다. 幹父之蠱간부지고 用譽용예	+2	하고자 하는 일은 마침내 이루게 되리라.
4음 六四	아버지의 일을 더욱 빛나게 하려 한다. 가면 어려움을 만난다.⁴ 裕父之蠱유부지고 往見吝왕견린	-1	지나친 의욕으로 나서면 낭패를 볼 수도 있다.
3양 九三	아버지의 일을 계승하니 조금 뉘우침은 있으나 큰 허물은 없다. 幹父之蠱간부지고 小有悔소유회 无大咎무대구	0	현재 추진하는 일이 다소 위험이 따르나 이룰 수는 있을 것이다.
2양 九二	어머니의 일을 계승하나, 점[에 묻는 일]은 불가능하다.³ 幹母之蠱간모지고 不可貞불가정	0	당연히 해야 할 일을 제쳐두고 엉뚱한 일을 하면 성취할 수 없을 것이다.
1음 初六	아버지의 일을 계승하니 아들은 효자다.² 허물이 없다. 위태롭지만 마지막에 길하다. 幹父之蠱간부지고 有子考유자고 无咎무구 厲終吉여종길	+1	현재 추진하는 일이 위태롭지만 끝내 성공하리라.

주제	무왕의 은나라 정벌
소재	무왕이 아버지의 일을 계승하는 것
중심 인물	왕[무왕]

무왕이 은나라를 정벌하는 내용

- 6양 上九 — 백이와 숙제는 무왕을 섬기지 않음.
- 5음 六五 — 문왕의 유업을 잘 받들어 은을 정벌함.
- 4음 六四 — 문왕의 유업을 더욱 빛나게 하려 함.
- 3양 九三 — 문왕의 유업을 잘 받들어 출병함.
- 2양 九二 — 어머니의 일을 받드는 것은 불가함.
- 1음 初六 — 무왕은 문왕의 유업을 받드는 효자임.

1 음력의 경우이다. 십간인 천간天干은 갑甲·을乙·병丙·정丁·무戊·기己·경庚·신辛·임壬·계癸이다. 이 순서에서 갑일甲日의 삼일 전은 신일辛日이며, 삼일 후는 정일丁日이다. 이 날들이 출정의 길일이라는 뜻이다. 주나라 무왕이 그의 아버지인 문왕을 뜻을 이어받아 은나라를 치려고 한다.
2 아버지는 주나라의 문왕이고, 아들은 그의 아들로 나중에 무왕이 된다.
3 주나라 무왕이 아버지의 유업을 놓아두고, 어머니의 일을 계승한다는 것은 불가능하다는 뜻이다.
4 주나라 무왕이 출병하여 은나라를 정벌하려 하지만 어려움이 따른다.
5 아버지는 여기서 주나라 문왕이다.
6 백이伯夷와 숙제叔齊가 주나라의 무왕을 섬기지 않고 수양산에 들어가 고사리를 캐먹으며 연명한 일을 가리킨다. 백이와 숙제가 지조를 지키려다 굶어죽은 형국이다.

『역경』 텍스트

19 지택림 地澤臨
APPROACHING

성왕이 백성을 덕으로 다스리다

[이것은] 다가서는 모습이다. [이는] 크게 형통하고 이로운 점이다. 팔월이 되면 흉하다.¹ +1   때의 변동에 따라 자신도 변해야 산다.

臨임 元亨利貞원형리정 至于八月有[凶]지우팔월유흉

6음 / 上六
후덕하게 [백성들을] 다스리니, 길하며 허물은 없다.
敦臨돈림 吉无咎길무구
+1
인정을 후하게 베풀어 사람을 대해야 만사가 순조로울 것이다.

5음 / 六五
지혜롭게 [백성들을] 다스리는 것은 대군³의 마땅함이니 길하다.
知臨지림 大君之宜대군지의 吉길
+2
지도자가 지혜로우면 나라는 흥한다. 반대로 지도자가 어리석으면 나라는 망한다.

4음 / 六四
친히 [백성들을] 다스리니 허물은 없다.
至臨지림 无咎무구
0
직접 해야 허물이 없는 형국이다.

3음 / 六三
강압으로 [백성들을] 다스리면 이로울 것이 없다.² 머지않아 그들을 너그럽게 대하면 허물은 없다.
甘臨감림 无攸利무유리 旣憂之기우지 无咎무구
0
만사를 순조롭게 처리하라. 그래야 허물이 없다.

2양 / 九二
사람들의 마음을 감동시켜 백성들을 [온화하게] 다스린다. [이는] 길하고 더욱 이롭다.
咸臨함림 吉无不利길무불리
+2
사람들의 마음을 감동시켜 이렇게 다스리면 모든 사람들이 다 우러러 볼 것이다.

1양 / 初九
사람들의 마음을 감동시켜 백성들을 다스린다. 점은 길하다.
咸臨함림 貞吉정길
+2
진실함 마음으로 사람들을 대하며, 그들을 감화시켜라.

주제	성왕이 백성을 잘 다스리는 것
소재	성왕이 백성에 임하는 것
중심인물	대군[성왕]

성왕이 백성을 잘 다스리는 내용

효		내용
6음	上六	인정을 후하게 베풀어 백성을 다스림.
5음	六五	지혜로 백성을 다스림.
4음	六四	친히 백성을 다스림.
3음	六三	강압으로 백성을 다스림.
2양	九二	온화하게 백성을 다스림.
1양	初九	감화로 백성을 다스림.

1 주나라 성왕 당시 팔월에 흉이 있었다 한다. 그 흉이 무엇인지 구체적인 기록은 없다. 음력 팔월은 양기가 꺾기기 시작하고 음기가 커지는 시기이다. 양기가 성할 때 좋은 운을 만나지만, 음기로 바뀌면 시운도 바뀔 수 있다.
2 힘으로 다스리면 사람들의 마음은 떠난다. 당장 허물은 없지만 장차 이롭지 않다.
3 이때 대군은 왕에 대한 존칭이다.

20 풍지관 風地觀
LOOKING DOWN

주공이 백성을 살펴보다

[이것은] 살펴보는 모습이다. [제사를 지내는데] 술을 땅에 뿌렸으나 제물을 [아직] 올리지는 않았다.¹ 덩치가 큰 포로가 있어 제물로 올린다.²

觀관 盥而不薦관이불천 有孚顒若유부옹약

-1 땅위에 바람이 불고 먼지가 일고 있다. 어수선한 때이니 마음을 냉철하게 하여 제사를 지내는 마음으로 주변을 깊이 살펴야 하리라.

효		효사	점	해설
6양 上九	▬▬▬	다른 나라의 백관과 백성을 살펴보니, 군자에게는 허물이 없다.⁹ 觀其生관기생 君子无咎군자무구	0	타인의 성공과 실패를 거울로 삼아 자신은 더욱 분발하라.
5양 九五	▬▬▬	내가 백관과 백성을 살펴보니, 군자는 허물이 없다.⁸ 觀我生관아생 君子无咎군자무구	0	사람을 잘 골라 써라. 그래야 허물이 없을 것이다.
4음 六四	▬ ▬	주나라의 찬란함을 살펴보고, 왕⁶의 귀한 손님이 되는 것이 이롭다.⁷ 觀國之光관국지광 利用賓于王이용빈우왕	+1	장차 빈객이 되어 융숭한 대접을 받을 것이다.
3음 六三	▬ ▬	내가 백관과 백성을 살펴보니, [왕이] 등용하기도 하고 물리치기도 한다.⁵ 觀我生관아생 進退진퇴	0	지도자는 사람들을 능력과 적성에 맞게 적재적소에 배치하여 나라를 경영할 수 있어야 한다. 그래야 실수를 최소화할 수 있다.
2음 六二	▬ ▬	엿보니, 여자의 점에는 이롭다.⁴ 闚觀규관 利女貞이녀정	0	규방에 갇혀 사는 여자와 같이 시야가 좁은 사람에게는 유리하나 큰 세상에서 일을 하고자 하는 사람에게는 이로울 것이 없다.
1음 初六	▬ ▬	어리게 살피니, 소인은 허물이 없으나 군자는 곤란하다.³ 童觀동관 小人无咎소인무구 君子吝군자린	0	시야가 좁고 생각이 얕으면 큰일을 도모할 수 없다. 그러니 시야는 넓게 생각은 깊게 하라.

주제	주공이 나라를 찬란하게 발전시키는 것	
소재	주공이 백성을 살피는 것	
중심 인물	군자[주공]	

주공이 나라를 찬란하게 발전시키는 내용

- 6양 上九 : 다른 나라의 백관과 백성을 살핌.
- 5양 九五 : 백관과 백성을 살펴보니 허물이 없음.
- 4음 六四 : 제후들이 주나라 문물의 찬란함을 살피고 왕의 빈객이 됨.
- 3음 六三 : 군자가 백관과 백성을 살펴서 등용하고 물리침.
- 2음 六二 : 좁게 엿보는 것 같은 행위를 함.
- 1음 初六 : 어설프게 살피는 것은 군자가 할 일이 아님.

1 당시 제사는 먼저 땅에 술을 뿌려 땅의 신을 영접하고 그 다음에 제물을 올렸다고 한다.
2 주나라 주공이 나라를 위해 하늘에 제사를 지내는 것을 묘사한 것이다. 제물로 올릴 덩치가 큰 포로가 있다는 것은 앞으로 수확할 것이 있다는 것을 말해 준다.
3 어리게 살핀다는 것은 보는 것이 얕다는 뜻이다. 이때 소인은 백성이고 대인은 왕인 주공이다. 어리게 보는 것은 소인이나 하는 일이지 대인의 일은 아니다. 대인은 국왕으로 나라와 백성을 살피는 일을 해야 한다.
4 엿본다는 것은 문틈이나 구멍으로 보는 것을 말하며, 보는 것이 좁다는 뜻이다. 여자가 규방에 갇혀 있으면서 세상을 좁게 보는 것을 말한다.
5 나我는 주나라 초기 점을 치는 관리를 말하고, 그의 눈으로 본 주공이 나라를 통치하는 모습을 묘사하는 구절이다.
6 이때 왕은 주나라 성왕을 말한다.
7 제후가 주나라의 찬란한 문물을 보고 왕의 귀한 손님이 되어 대접을 받는 상황이다. 현재 왕의 빈객이 되어 융숭한 대접을 받는 형국이다. 왕의 빈객이 되는 것은 왕이 자신을 어떻게 대우하는지를 알 수 있는 좋은 기회이고, 그의 신하가 되어야 할지 아니면 떠나야 할지를 결정하는데 좋은 체험이 된다.
8 나我는 주나라 초기 점을 치는 관리를 말하고, 군자는 주나라 주공이다. 나의 입장에서 세상을 보는 것을 기술하고 있다. 현재 주공이 백관과 백성을 잘 살펴, 그들을 알맞게 부리고, 주공이 올바른 정치를 펼치고 있다.
9 주공이 다른 나라와 비교하여 나라를 다스리는 것을 말한다. 군자는 이때 주공이다. 주공이 다른 제후 나라의 백관과 백성과 자신의 백관과 백성을 비교해서 살펴보며, 좋은 점과 나쁜 점을 취사선택하며 정치를 펼치고 있다.

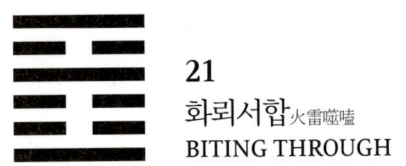

21 화뢰서합 火雷噬嗑
BITING THROUGH

노예가 고기를 씹다

[이것은] 깨물고 씹는 모습이다. [이는] 형통한다. [처형당하는 것 보다는] 감옥에 가는 것이 이롭다.

噬嗑서합 亨형 利用獄이용옥

+1 현재 기세는 매우 강렬하다. 비록 앞에 장애물이 버티고 있지만, 음식을 잘게 부수어 씹어 먹을 기세로 나아가면 예상 밖의 성과를 얻게 되리라.

6양 上九
[노예가] 목에 [형틀인] 칼7을 쓰니 귀가 잘려나간다. 흉하다.8
何校滅耳하교멸이 凶흉
-2 장차 위태로움이 찾아와 화를 당할 것이다. 더욱 조심하라.

5음 六五
[노예가] 육포를 씹다가 황색의 구리를 얻는다.5 [이것의] 점은 위태로우나 허물은 없다.6
噬乾肉서건육 得黃金득황금 貞厲정려 无咎무구
0 잠시 예기치 않은 일로 상황이 어려움에 처할 수 있다. 그러나 그 위태로움으로 화를 당하지는 않을 것이다.

4양 九四
[노예가] 뼈를 추리지 않은 육포를 먹다가 구리 화살촉을 씹는다. 어려움에 대하여 치는 점은 이롭고 길하다.4
噬乾胏서간자 得金矢득금시 利艱貞이간정 吉길
+2 두 가지가 동시에 가능하니 앞으로 전망은 밝다.

3음 六三
[노예가] 육포를 씹다가 독을 만난다. 조금 어려우나 허물은 없다.3
噬腊肉遇毒서석육우독 小吝소린 无咎무구
0 일이 잘 되어 나아가다가 예상 밖의 복병을 만나는 형국이다. 그러나 그렇게 심각한 것은 아니다.

2음 六二
[노예가] 고기를 [훔쳐] 먹다가 코가 잘려나간다.2 허물은 없다.
噬膚滅鼻서부멸비 无咎무구
0 입의 즐거움을 찾다가 육신의 고통을 당한다. 그러니 조심하라.

1양 初九
[노예의] 발에 씌운 형구가 두 다리를 상하게 한다.1 허물이 없다.
履校滅趾구교멸지 无咎무구
0 장차 매우 힘든 상황이 찾아 올 것이다. 하지만 지난 실수를 다시 하지 않는다면 허물은 없을 것이다.

주제	노예가 고기를 먹다가 감옥으로 끌려가는 것	
소재	노예가 고기를 먹는 것	
중심 인물	어느 노예	

노예가 고기를 먹다가 감옥으로 끌려가는 내용

효	내용
6양 上九	형틀을 지고 귀가 잘려나감.
5음 六五	마른고기를 먹다가 황색의 구리를 얻음.
4양 九四	뼈가 있는 마른고기를 먹다가 구리 화살촉을 얻음.
3음 六三	마른고기를 먹다가 독을 먹음.
2음 六二	고기를 먹다가 코가 잘려나감.
1양 初九	족쇄를 끌다가 발이 잘려나감.

1 노예가 족쇄를 끌며 발이 잘려나가는 형벌을 받는다. 이는 죽음보다는 가벼운 벌이다.
2 목숨은 건졌다. 사형보다는 낫다.
3 몸에 해로운 독을 삼켰다. 그러나 그것이 치명적인 것은 아니다.
4 잠시 의외의 어려움에 직면한다. 그러나 구리 화살촉도 얻고 육포도 그대로 먹을 수 있다.
5 원문에는 황금으로 되어 있으나 이때 이것은 오늘날의 황금과 다르다.
6 마른 고기를 씹다가 이물질이 나왔다. 이를 삼키는 것은 위태로워 삼키지 않았으니 아무런 일도 일어나지 않았다.
7 이때 칼이란 옛날 중죄인에게 씌우던 형구로 기름한 널빤지의 한끝을 목이 들어갈 만하게 도려내어 죄인의 목에 끼우고 양쪽에서 나무못인 비녀장을 지르게 되어 있는 것이다.
8 노예가 형틀을 지고 감옥으로 끌려가는 모습니다.

신랑이 화려하게 꾸미다

22 산화비 山火賁 GRACE

[이것은] 아름답게 꾸미는 모습이다. [이는] 형통한다. 갈 곳이 있으면 조금 이롭다.
賁비 亨형 小利有攸往소리유유왕

+1 해가 서산에 기울듯이 현재 전성기를 지나 내리막길이다. 그러니 큰 일을 추진하기 보다는 눈앞의 작은 일부터 처리하면 좋은 결과가 있으리라.

6양 / 上九 — [신부가] 흰색으로 아름답게 꾸몄다.4 허물은 없다.
白賁백비 无咎무구
0 — 경사를 잘 마무리 할 것이다.

5음 / 六五 — [신부가] 살 집을 꾸몄다. 폐백이 소박하고 예물도 적다. 어렵지만 마지막에는 길하다.
賁于丘園비우구원 束帛戔戔속백잔잔 吝인 終吉종길
+1 — 경사에 다소 어려움이 있을 수 있으나 잘 풀릴 것이다.

4음 / 六四 — [신랑은] 화려하게 꾸몄고, [타고 갈] 백마도 눈처럼 희다.3 도적이 아니라 혼인하러 가는 사람이다.
賁如皤如비여파여 白馬翰如백마한여 匪寇婚媾비구혼구
+1 — 기뻐할 일이 있을 것이다.

3양 / 九三 — [신랑이 혼인하러 가는데] 화려하게 꾸며 윤기가 나는 듯하다. 오랜 기간이 걸리는 [일에 대한] 점은 길하다.2
賁如濡如비여유여 永貞吉영정길
+2 — 앞날의 전망이 좋을 것이다.

2음 / 六二 — [혼인하러 가는데 따라가는 사람들도] 그 수염도 꾸민다.
賁其須비기수
+1 — 경사스러운 일을 함께 나누고 있다. 그러니 기쁨이 배가 된다.

1양 / 初九 — 신랑이 [꽃신 등을 신어] 발을 아름답게 꾸몄으니, [혼인하러 가는데] 수레를 버리고 걸어서 간다.1
賁其趾비기지 舍車而徒사거이도
+1 — 좋은 날이 계속되리라.

주제	신랑이 신부 집으로 혼인하러 가는 것
소재	어느 신랑이 꾸민 것
중심 인물	어느 신랑

신랑이 신부 집으로 혼인하러 가는 내용

- 6양 上九 : 혼사를 무사히 치름.
- 5음 六五 : 폐백이 보잘것없어 다소 문제가 발생함.
- 4음 六四 : 신랑이 화려하게 꾸밈.
- 3양 九三 : 신랑이 화려하고 윤기가 남.
- 2음 六二 : 여러 사람이 함께 따라감.
- 1양 初九 : 발을 꾸미고 걸어서 감.

1. 멋지게 꾸미고 신랑이 신부 집으로 혼인하러 가는 상황이다.
2. 혼인하여 오랜 세월 행복을 누릴 것이다.
3. 경사로 기쁜 상황을 말하고 있다.
4. 신부가 흰 분을 발라 화장한 것이다. 혼사가 잘 치러졌다. 그러니 허물은 없다.

23 산지박 山地剝
SPLITTING APART

수레를 만들며 자신은 박탈되다

[이것은] 떨어져 나가는 모습이다. [이는] 갈 곳이 있으면 이롭지 않다.¹
剝박 不利有攸往불리유유왕

−1 | 현재 어려운 상황에 처해 있으니 조용히 앞날을 준비해야 하리라.

효	효사	점수	풀이
6양 上九	큰 과실은 [있어도] 먹지 않는다.⁷ 군자는 수레를 얻지만 소인은 오두막마저 무너진다.⁸ 碩果不食석과불식 君子得輿군자득여 小人剝廬소인박려	−1	일한 대가를 원하지 않으며, 신분과 지위가 높은 군자에게는 유리하고, 신분과 지위가 낮은 소인에게는 불리할 것이다.
5음 六五	활을 쏘아 물고기를 맞추어 궁중에 사는 사람에게 총애를 받으니, 더욱 이롭다.⁶ 貫魚관어 以宮人寵이궁인총 无不利무불리	+1	물고기도 잡고 총애도 받으니 일석이조의 형국이다.
4음 六四	수레의 차체를 깎아서 [앉을] 자리를 만드나, 흉하다.⁵ 剝牀以膚박상이부 凶흉	−2	일이 끝나도 자신에게 돌아올 혜택은 없을 것이다.
3음 六三	수레의 몸체를 만드니, 허물은 없다.⁴ 剝之박지 无咎무구	0	추진하던 일이 거의 완성되었다. 그러니 크게 허물은 없다.
2음 六二	수레의 차체를 깎아서 수레의 판을 만든다. [이 일에 대한] 꿈을 점치니, 흉하다.³ 剝牀以辨박상이변 蔑貞멸정 凶흉	−2	장차 갈수록 일이 꼬일 수 있다.
1음 初六	수레의 차체를 깎아서 수레의 바퀴를 만든다. [이 일에 대한] 꿈을 점치니, 흉하다.² 剝牀以足박상이족 蔑貞멸정 凶흉	−2	장차 원하지 않는 일을 하게 되어 일이 꼬일 것이다.

주제	군자가 소인을 불러들여 수레를 만드는 것	6양 上九	군자는 수레를 얻고, 소인은 초가를 무너뜨림.
소재	소인이 군자의 수레를 만드는 것	5음 六五	활을 쏘아 물고기를 잡아 왕의 총애를 받음.
중심 인물	소인	4음 六四	수레의 좌석을 만듦.
궁중에 불려가 자신의 집은 돌보지 못하고 군자의 수레를 만드는 내용		3음 六三	수레의 몸체를 만듦.
		2음 六二	수레의 판을 만듦.
		1음 初六	수레의 바퀴를 만듦.

1 이 구절은 소인이 궁중에 불려가 군자의 수레를 만들게 된 것이다. 그러니 그는 자신의 집안을 돌보지 못하게 되고, 원하지 않은 일을 하는 것이다.
2 이 일은 자신이 원하는 것이 아니어서 꿈에서도 지긋지긋하다.
3 이 일은 역시 원하지 않은 일이다.
4 이제 수레를 다 만들었다는 말이다.
5 그 이유는 상구上九, 즉 육양에 있다. 그곳을 보라.
6 이 구절은 궁중에 불려가 수레를 만든 소인이 수레를 다 만든 후 왕이 치하하는 자리에서 활을 쏘아 물고기도 맞추고, 왕의 총애를 받으니 좋다는 뜻이다.
7 큰 과실은 수레를 만든 것에 대하여 왕이 치하한 내용이다. ☯ "큰 과실은 [있어도] 먹지 않는다." ☞ 왕이 소인에게 수레를 만든 것에 대한 치하를 소인이 사양했다는 뜻이다.
8 이 구절은 군자인 왕은 수레를 얻었지만, 소인은 수레를 만드느라 집을 돌보지 못해 그 집마저 무너지게 되었다는 뜻이다.

24
지뢰복 地雷復
RESTARTING POINT

출정했던 장수가 돌아오다

[이것은] 원래 자리로 되돌아오는 모습이다. [이는] 형통한다. 나아가고 들어가는 것에 거리낌이 없다. [지원군인] 벗이 오니 허물이 없다. 그 길로 되돌아오는데 칠 일이면 [원래 자리로] 돌아온다. 갈 곳이 있으면 이롭다.¹

復복 亨형 出入无疾출입무질 朋來无咎붕래무구 反復其道반복기도 七日來復칠일래복 利有攸往이유유왕

+1 원병도 오고, 다시 펼쳐 나갈 시기가 도래하고 있다. 잘 준비해서 나아가라.

6음 上六
[장수가 출정하였다가] 길을 잃고 돌아오니 흉하며 재앙이 있다. 출병하였으나 결국 크게 패하여 왕에게도 영향을 미쳐 흉하다. 십 년이 되어도 정벌하지 못한다.⁷
迷復미복 凶흉 有災眚유재생 用行師용행사 終有大敗종유대패 以其國君凶이기국군흉 至于十年不克征지우십년불극정
-2 장차 방향감을 상실하고 크게 혼란스러울 것이다.

5음 六五
[출정 중에] 급하게 돌아오니, 뉘우침은 없다.⁶
敦復돈복 无悔무회
0 장차 예상치 않은 문제가 발생할 것이다. 그러나 큰 문제는 되지 않는다.

4음 六四
[출정 중에] 중도에서 혼자 돌아온다.⁵
中行獨復중행독복
-1 상황이 좋지 않다.

3음 六三
[장수가 출정하였다가 싸움에 패하여] 눈살을 찌푸리며 돌아온다. 위태롭지만 허물은 없다.⁴
頻復빈복 厲无咎여무구
0 앞길이 막혀 험하다. 물러나는 것이 좋으리라.

2음 六二
[장수가 출정하였다가 승리하여] 기뻐하며 돌아온다. 길하다.
休復휴복 吉길
+2 일이 반드시 이루어질 것이다.

1양 初九
멀리 가지 않고 되돌아온다.² 큰 뉘우침은 없다. 매우 길하다.³
不遠復불원복 无祗悔무지회 元吉원길
+3 앞길이 뻥 뚫려 있다. 장차 크게 성취하리라.

길을 잃다 묻다 답을 얻다

주제	출정하였다가 돌아오는 것	6음 上六	길을 잃고 대패하여 돌아옴.
소재	돌아오는 것	5음 六五	급하게 돌아옴.
중심 인물	어느 장수	4음 六四	중도에서 홀로 돌아옴.
		3음 六三	찡그리며 돌아옴.
어느 장수가 군사를 거느리고 출정하였다가 돌아오는 내용		2음 六二	기뻐하면서 돌아옴.
		1양 初九	멀리 가지 않고 돌아옴.

1. 한 장수가 출정하였다가 돌아오는 것을 기술한 것이다.
2. 멀리 가지 않고 되돌아온다는 뜻은 출정하여 바로 승리하여 돌아온다는 의미다.
3. ☯ "큰 뉘우침은 없다. 매우 길하다." ☞ 출정하여 승리하였다.
4. 싸움에 져서 위태로워졌지만 아무런 문제가 없게 되었다.
5. 장수가 출정하였다가 중도에서 홀로 군사를 거느리고 돌아온다. 서로 마음이 맞지 않았거나 다른 사람들과 호흡을 맞추지 못하고 혼자 떨어지게 된 것이다.
6. 장수가 중도에서 홀로 군사를 거느리고 돌아오는데, 급하게 돌아오는 것은 무슨 일이 일어났기 때문이다. 그러나 돌아왔으므로 큰 문제는 없다.
7. 오랜 기간 동안 회복하지 못할 치명적인 피해를 입었다.

25
천뢰무망 天雷无妄
INNOCENCE

도리에 어긋남이 없이 살다

[이것은] 진실 되어 거짓됨이 없는 모습이다. [이는] 크게 형통하니 점이 이롭다. 하는 일이 바르지 않다면 재앙이 있다.¹ 갈 곳이 있으면 이롭지 않다.²

无妄무망 元亨원형 利貞이정 其匪正有眚기비정유생 不利有攸往불리유유왕

+2 순리에 맡겨놓고 바르게 노력하면 성공하리라.

6양 上九 — 망령되게 행동하지 말라. 재앙이 있다. 이로울 바 없다.
无妄行무망행 有眚유생 无攸利무유리
0 도리에 어긋나지 말라. 만약 도리에 어긋나면 재앙이 따를 것이다.

5양 九五 — 바라지 않았던 병이다. 약을 쓰지 않아도 병이 낫는다.⁵
无妄之疾무망지질 勿藥有喜물약유희
0 부주의의 원인을 제거하면 일은 해결될 것이다.

4양 九四 — 점[에 묻고자 하는 일]이 가능하다.⁴ 허물은 없다.
可貞가정 无咎무구
0 장차 잃어버린 것을 찾게 될 것이다. 그러니 허물은 없다.

3음 六三 — 바란 적이 없던 재앙이다. 어떤 사람이 소를 길가에 묶어두었는데 지나가던 사람이 소를 끌고 갔다. [이는] 고을 사람의 재앙이다.
无妄之災무망지재 或繫之牛혹계지우 行人之得행인지득 邑人之災읍인지재
-1 장차 재앙이 있을 것이다. 조심하라.

2음 六二 — 밭을 갈며 수확을 생각하지 않고, 땅을 개간하며 [미리] 그 땅을 어디에 쓸까 생각하지 않는다.³ 갈 곳이 있으면 이롭다.
不耕穫불경확 不菑畬불치여 則利有攸往즉리유유왕
+1 미리 계산하지 말고 도리에 맞게 살아라. 그러면 얻는 것이 있으리라.

1양 初九 — 도리에 어긋남이 없으니, 가면 길하다.
无妄무망 往吉왕길
+2 정도를 가라. 그러면 좋을 것이다.

주제	도리에 어긋남이 없이 행할 것	
소재	도리에 어긋남이 없는 것	
중심 인물	고을사람	

고을사람이 도리에 어긋남이 없이 행할 때는 좋으나, 도리에 어긋났을 경우에는 이롭지 않음을 기술한 내용

- 6양 上九 — 도리에 어긋나게 행동함을 경고함.
- 5양 九五 — 소를 잃고 병이 남.
- 4양 九四 — 잃어버린 소를 도로 찾음.
- 3음 六三 — 매어둔 소를 소홀히 하여 잃어버림.
- 2음 六二 — 미리 이득을 바라고 일하지 않음.
- 1양 初九 — 도리에 어긋남이 없이 행함.

1 하는 일이 터무니없고 도리에 어긋나면 재앙이 따를 것이다.
2 지금은 적극적으로 나설 때가 아니다. 억지 부리면 낭패를 본다.
3 미리 이익만을 바라지 않는다. 그러면 일을 그르치게 된다.
4 잃어버린 소를 찾을 수 있는 상황이다.
5 소를 잃고 생긴 병이니 소를 찾으면 병은 당연히 낫는다.

26
산천대축 山天大畜
GREAT ACCUMULATION

어떤 사람이 가축을 기르다

[이것은] 크게 축적하는 모습이다. [이는] 이로운 점이다. [가축을 기르는 일 때문에] 집에서 먹지 않아도 길하다. 큰 내를 건너면 이롭다.[1]
大畜대축 利貞이정 不家食불가식 吉길 利涉大川이섭대천

+2 자신의 뜻을 펼쳐보라. 어려움을 만나도 정면 돌파하라.

6양 / 上九 — 하늘의 복을 받으니 형통한다.
何天之衢하천지구 亨형
+1 하늘의 복을 받고 일은 번창할 것이다.

5음 / 六五 — 거세한 돼지를 우리에 가두니, 길하다.[6]
豶豕之牙분시지아 吉길
+1 앞일을 예견하고 미리 조치해 두면 좋을 것이다.

4음 / 六四 — 송아지가 뿔 보호대를 하고 있다.[5] 크게 길하다.
童牛之牿동우지곡 元吉원길
+2 앞을 미리 내다보고 준비해 두는 것이 좋을 것이다.

3양 / 九三 — 좋은 말들을 교배시킨다. 어려움을 묻는 점은 이롭다. 날마다 수레를 타고 가축을 지키는 것을 연습하니, 갈 곳이 있으면 이롭다.[4]
良馬逐양마축 利艱貞이간정 日閑輿衛일한여위 利有攸往이유유왕
+1 어려운 일이 있어도 그대로 추진하면 좋다. 문제될 것이 없고 일은 번창한다.

2양 / 九二 — 수레의 바퀴살이 떨어져 나간다.[3]
輿說輹여탈복
-1 위태롭다. 조심하라.

1양 / 初九 — 위태로움이 있으니 멈추는 것이 이롭다.[2]
有厲유려 利已이이
-1 장차 위태로운 일을 만나니 멈추는 것이 좋을 것이다.

주제	목축	
소재	가축을 기르는 일	
중심 인물	목축하는 사람	

목축하는 사람이 가축을 기르는 일에 대한 내용

6양 上九	하늘의 복을 받아 목축이 잘됨.
5음 六五	거세한 돼지를 우리에 가둠.
4음 六四	송아지의 뿔에 보호대를 함.
3양 九三	말을 교배시키고, 가축을 지키는 것을 연습함.
2양 九二	수레의 바퀴살이 떨어져나감.
1양 初九	위태로움을 만나서 가는 것을 멈춤.

1 가축을 기르면 가축을 돌보느라 밖에서 식사한다. ☯ "큰 내를 건너면 이롭다." ☞ 가축을 몰고 멀리 가면 이롭다.
2 목축을 하는 사람이 위태로움을 만났다.
3 목축하는 사람의 수레에서 바퀴살이 떨어져나간 것을 묘사한다.
4 ☯ "갈 곳이 있으면 이롭다." ☞ 가축을 몰고 멀리 가서 목축해도 좋다.
5 송아지는 뿔이 처음 생겨나면 뿔로 받기를 좋아한다. 그대로 방치하면 사람도 다치고 송아지 뿔도 상한다. 송아지에게 미리 보호대를 해주면 좋다.
6 거세한 돼지를 그대로 놔두면, 변고가 생기기 때문에 안전하게 우리에 넣는다.

『역경』 텍스트

정당한 방법으로 먹을 것을 구하다

27 산뢰이 山雷頤 NOURISHMENT

[이것은] 먹는 모습이다. [이것의] 점은 길하다. 먹을 것을 살펴보고, 식량을 스스로 구한다.
頤이 貞吉정길 觀頤관이 自求口實자구구실

+1 스스로 먹고 사는 문제를 해결해야 좋을 것이다.

6양 上九
올바른 방법을 따라 먹을 것을 해결하니, 위태롭지만 길하다. 큰 내를 건너면 이롭다.5
由頤유이 厲吉여길 利涉大川이섭대천
+1 어려움을 만나지만 잘 돌파한다.

5음 六五
황무지를 개간하니, 거주지에 대한 점은 길하다. 큰 내를 건너서는 안 된다.4
拂經불경 居貞吉거정길 不可涉大川불가섭대천
+1 현재 일에 최선을 다하는 것이 좋지 위험을 무릅쓰고 새로운 모험을 걸지 말라.

4음 六四
먹고 사는 문제를 해결하니 길하다. 호랑이가 노려보며 먹을 것을 빼앗으려 한다.3 허물은 없다.
顚頤吉전이길 虎視眈眈호시탐탐 其欲逐逐기욕축축 无咎무구
+1 적이 나를 호시탐탐 노리고 있으니 경계하고 조심해야 하리라.

3음 六三
그릇되게 먹을 것을 해결하니, [이것의] 점은 흉하다. 십년이 지나도 어떤 일을 할 수 없다. 이로울 바 없다.
拂頤불이 貞凶정흉 十年勿用십년물용 无攸利무유리
-1 정당하지 않은 방법으로 일을 해결하니 장차 큰 치욕을 당하게 되리라.

2음 六二
먹을 것을 해결하기 위해 언덕에 있는 황무지를 개간한다. 먹을 것을 위해 멀리 나아가면 흉하다.2
顚頤전이 拂經于丘불경우구 頤征이정 凶흉
-2 정당하게 문제를 해결하도록 노력하라.

1양 初九
너의 영험한 거북을 버려두고, 내가 [남이] 먹는 것을 본다.1 흉하다.
舍爾靈龜사이영귀 觀我朶頤관아타이 凶흉
-2 자신의 것을 놔두고 남의 것을 탐내지 말라.

주제	올바른 방법으로 먹을 것을 해결하는 것
소재	먹을 것
중심 인물	나[자기 자신]

내가 바른 방법으로 먹을 것을 해결하는 것에 대한 내용

- 6양 上九: 정당하게 먹을 것을 해결함.
- 5음 六五: 한 곳에 정착하여 황무지를 개간함.
- 4음 六四: 식량을 약탈당할 것을 경계함.
- 3음 六三: 먹을 것을 해결하는 방법이 그릇됨.
- 2음 六二: 먹을 것을 해결하기 위해 언덕에 황무지를 개간함.
- 1양 初九: 남이 먹는 것을 탐냄.

1 자신이 귀한 것을 가지고 있는데 그것을 놓아두고, 남의 음식을 탐내고 있다.
2 ☯ "먹을 것을 위해 멀리 나아가면 흉하다." 먹을 것을 얻기 위해 남의 식량을 약탈하면 안 된다.
3 이때 호랑이는 적의 메타포비유장치다. 적이 호시탐탐 식량을 약탈하려고 한다. 그러니 경계가 필요하다.
4 ☯ "큰 내를 건너서는 안 된다." ☞ 먹을 것을 해결하기 위해 한 곳에 거주하는 것이 좋지 멀리 떠나는 것은 좋지 않다.
5 ☯ "큰 내를 건너면 이롭다." ☞ 어려움을 만나지만 정면 돌파하라!

28 택풍대과 澤風大過
EXCESS

주왕이 크게 잘못되다

[이것은] 크게 지나치는 모습이다. 대들보¹가 굽었다. 갈 곳이 있으니 이롭고, 형통하다.²

大過대과 棟橈동요 利有攸往이유유왕 亨형

+1 현재 자신이 크게 힘들어하는 상황에 처해 있다. 그렇지만 강인하게 버티면 악운은 물러가고 좋아질 것이다.

6음 上六 — 물을 건너다가 이마까지 빠졌으니 흉하다.¹⁰ 허물은 없다.¹¹
過涉滅頂과섭멸정 凶흉 无咎무구
0 — 선업[좋은 일의 행위]을 쌓으면 경사가 오고, 악업[나쁜 짓을 쌓으면 재앙이 올 것이다.

5양 九五 — 마른 버드나무에 꽃이 피고, 늙은 여자가 젊은 남편을 얻는다.⁹ 허물도 없고 명예도 없다.
枯楊生華고양생화 老婦得其士夫노부득기사부 无咎无譽무구무예
0 — 영광도 욕됨도 없이 그저 그렇다.

4양 九四 — 대들보가 높이 솟았다.⁷ 길하다. 뜻밖의 환난이 있으면 어렵다.⁸
棟隆동륭 吉길 有它유타 吝인
+1 — 현재 상황은 좋지만 예상치 못한 어려움도 따른다. 그러니 만반의 준비를 해두어라.

3양 九三 — 대들보가 굽었다.⁶ 흉하다.
棟橈동요 凶흉
-1 — 좋지 않은 상황이다. 장차 큰 해를 입을 것이다.

2양 九二 — 마른 버드나무에 새잎이 돋고, 늙은 사내가 어린 처를 얻었다.⁴ 더욱 이롭다.⁵
枯楊生稊고양생제 老夫得其女妻노부득기녀처 无不利무불리
+1 — 현재 어부지리의 시기이다. 상황이 좋다.

1음 初六 — 흰 띠 풀로 짠 자리를 깔았으니, 허물이 없다.³
藉用白茅자용백모 无咎무구
0 — 좋은 때가 오고 있다. 그대로 밀고 나가라.

주제	은나라의 멸망	
소재	주왕의 크게 그릇됨	
중심 인물	노부老夫[은나라의 마지막 왕인 주紂]	

주왕이 은나라를 망친 내용

6음 上六	주왕의 잘못으로 은이 멸망함.
5양 九五	은은 현재 늙은 여자가 젊은 남편을 얻은 상황임.
4양 九四	주는 융성하여 은을 정벌할 기회가 옴.
3양 九三	은이 무너지고 있음.
2양 九二	늙은 주왕이 젊은 달기를 총애하여 나라를 망침.
1음 初六	은을 정복할 때가 되었으니 은을 쳐도 무방함.

1 이때 대들보는 기울어가는 은나라를 말한다.
2 은나라가 멸망의 길로 접어들었다. 그러니 주나라가 은나라를 정벌해도 좋다.
3 은나라는 흰 색을 숭상했다. 그러므로 '흰 띠 풀로 짠 자리'는 은나라를 상징한다. '깔았다'는 것은 깔아뭉개듯이 주나라가 은나라를 쳐도 허물은 없다는 말이다.
4 늙은 은나라 주왕이 젊은 여자 달기를 아내로 맞아 그녀를 총애하며 나라를 망치고 있다.
5 바로 이때 주나라가 은나라를 칠 수 있는 좋은 때다.
6 은나라가 멸망의 길로 접어들었다.
7 이때 대들보는 주나라다. 주나라가 융성하여 은나라를 정벌할 기회가 왔다.
8 은나라를 정벌할 수 있는 좋은 기회가 왔는데, 무왕의 죽음이나 제후들의 반란 등 예상 밖의 환란이 생기면 정벌의 문제는 어렵게 될 수도 있다.
9 은나라가 망해가는 상황을 비유적으로 표현하고 있다. 마른 버드나무에 꽃이 피는 일, 늙은 여자가 젊은 남편을 얻는 일은 그리 기뻐할 일이도 아니고 자칫하면 구설수만 된다.
10 은나라 주왕이 정치를 잘못하여 나라가 망했으니 흉하다는 것이다.
11 이 구절은 주나라의 입장이다. 주나라는 은나라를 멸망시켰으니 아무런 허물이 없다. 불선不善을 쌓은 집은 은나라이고, 선업善業을 쌓은 집은 주나라이다.

29 중수감 重水坎 ABYSS

군사들이 감옥에 갇히다

[이것은] 위험이 겹쳐 있는 모습이다.[1] 포로를 잡아 마음을 바꾸게 하니, 형통한다. 가면 상이 있다.[2]
習坎습감 有孚維心유부유심 亨형 行有尚행유상

+1 현재 위험 속에 빠져 있다. 그러나 때가 오면 격류를 헤쳐 나갈 수 있을 것이다. 위험 속에서도 구원은 자란다.

6음 上六 [은나라 패잔병을] 밧줄로 단단히 묶어 감옥에 잡아두었다. 삼년이 지나도 풀려나지 못한다. 흉하다.
係用徽纆계용휘묵 寘于叢棘치우총극 三歲不得삼세부득 凶흉
-2 정신과 육체를 옥죄는 상황이다. 당분간 이런 상황이 계속될 것이다.

5양 九五 구덩이는 가득 차지 않았는데 작은 언덕이 이미 평평해졌다.[6] 허물은 없다.
坎不盈감불영 祗既平지기평 无咎무구
0 다소 고생은 하지만 일은 마무리될 것이다.

4음 六四 술을 담는 술병과 밥그릇, 이 두 가지는 [모두] 장군[4]을 썼다. [이것들을 지하 구덩이 위에 나 있는] 창문으로 들어가도록 마련했다.[5] 결국에는 허물이 없다.
樽酒簋준주궤 貳用缶이용부 納約自牖납약자유 終无咎종무구
0 여러 가지로 궁지에 몰리나 생명에는 지장이 없을 것이다.

3음 六三 [주나라 군사들이] 구덩이에 도달하니 구덩이가 위험하고 또 깊다. 구덩이 속에 들어가니 또 구덩이가 있다. 들어가지 말라.
來之坎내지감 坎險且枕감험차침 入于坎窞입우감담 勿用물용
-1 갈수록 태산이다. 첩첩산중이요 점점 어려울 것이다.

2양 九二 구덩이 속에 위험이 있다. 구하면 조금 얻는다.[3]
坎有險감유험 求小得구소득
0 위험을 감수하고 결행하면 약간의 얻음이 있을 것이다.

1음 初六 구덩이가 겹쳐 있다. 구덩이 속에 들어가니 또 구덩이가 있다. 흉하다.
習坎습감 入于坎窞입우감담 凶흉
-2 장차 위험한 일에 빠진다. 더욱 어려울 것이다.

주제	주나라의 군사들이 은나라의 패잔병들을 생포하는 것	
소재	구덩이	
중심 인물	주나라의 군사들	

주나라의 군사들이 구덩이 속으로 숨어들어간 은나라 군사들을 잡아 감옥에 가두는 내용

6음 上六	포로를 감옥에 가두어놓고 오랫동안 풀어주지 않음.
5양 九五	작은 언덕으로 구덩이를 메워 패잔병을 생포함.
4음 六四	포로를 감옥에 가두고 창을 통하여 술과 밥을 들여보냄.
3음 六三	또 다른 구덩이 속에 들어가니 구덩이가 위험하고 깊어 들어가지 못함.
2양 九二	위험한 구덩이 속에 들어가 몇 명의 패잔병을 생포함.
1음 初六	은의 패잔병을 잡기 위해 한 구덩이 속에 들어가니 또 구덩이가 있음.

1. 원문은 습감習坎이다. 이때 습감習坎은 위와 아래가 물[☵]이라는 뜻이고, 습習은 겹친다는 뜻이다. 따라서 위아래로 물이 겹쳐 있다. 여기서 물은 위험 이나 구덩이라는 뜻을 동시에 머금고 있다.
2. 주나라 군사들이 은나라 군사들을 생포하고, 그들이 투항도 하였다. 이로 인하여 주나라 군사들은 상을 받는다.
3. 주나라 군사들이 위험한 구덩이 속에 들어가 은나라의 패잔병 소수를 잡았다.
4. 장군缶은 물·술·간장 등을 담아 옮길 때 쓰는 오지그릇 또는 나무로 만든 그릇을 말한다. 지하 구덩이 감옥에 있는 사람에게 먹을 것을 전달하기 위하여 쓰였다.
5. 생포된 은나라 패잔병들이 구덩이를 파서 만든 감옥에 갇혀 있으면서 음식물을 받아먹으며 목숨을 부지하고 있다.
6. 주나라 군사들이 작은 언덕의 흙을 이용하여 구덩이를 메우고 있다. 이것은 구덩이 속에 들어가 있는 은나라 패잔병을 잡기 위한 것이다. 아직 구덩이는 가득 차지 않았지만, 언덕은 이미 평평해졌다. 결국 은의 패잔병을 사로잡았다.

문왕이 가나라를 무너뜨리다

30 중화리 重火離
CLINGING FLAME

[이것은] 두 개의 태양이 위아래로 붙어있는 모습이다. [이는] 이로운 점이다. 형통한다. 암소를 기르면 길하다.[1]

離이 利貞이정 亨형 畜牝牛축빈우 吉길

+1   현재 태양이 한여름 같이 강하게 내리쬐고 있다. 뜨거운 정열과 왕성한 의욕이 불타오르듯이 좋은 때이다. 미래를 위해 암소를 기르듯이 잘 준비하고 신중하게 대처해야 하리라.

6양 / 上九
왕이 출정하여 가나라 왕을 참수하고 적을 포로로 잡았다.[6] 허물은 없다.
王用出征왕용출정 有嘉折首유가절수 獲匪其醜획비기추 无咎무구
0   과감하게 일을 추진하면 성취하는 바가 있을 것이며 허물은 없을 것이다.

5음 / 六五
눈물을 줄줄 흘리며 슬퍼하고 탄식하지만,[5] [곧 보복해서 반전될 것이니] 길하다.
出涕沱若출체타약 戚嗟若척차약 吉길
+1   마냥 슬퍼하기는 이르다. 전의를 가다듬고 반전을 꾀하라.

4양 / 九四
[적이 갑자기] 돌진하듯이 쳐들어와 불태우고 죽이고 내던진다.
突如其來如돌여기래여 焚如死如棄如분여사여기여
-2   적의 침입에 일방적으로 당하고 있는 모습이다. 현실이 참담할 것이다.

3양 / 九三
해가 기우는데 적이 침입하니, 부[4]를 치지 않고 소리만 지른다. 늙은이는 탄식하니, 흉하다.
日昃之離일측지리 不鼓缶而歌불고부이가 則大耋之嗟즉대질지차 凶흉
-2   현재 적이 쳐들어왔는데도 무방비의 상태이며 어찌할 바를 모르는 형국이다.

2음 / 六二
[태양 주위에] 적황색 기운이 돌았다.[3] 가장 길하다.
黃離황리 元吉원길
+3   태양이 광채를 내보내는 상황이다. 가장 좋은 상황이다.

1양 / 初九
[많은 적이 쳐들어오는] 발자국 소리가 어지럽다.[2] 이를 경계하니, 허물은 없다.
履錯然이착연 敬之경지 无咎무구
0   위험이 도래하고 있으나 잘 경계하면 허물은 없을 것이다.

Story-Telling 서사구조

주제	문왕이 가나라를 멸망시키는 것
소재	주나라가 가나라로부터 재난을 당하는 것
중심 인물	왕[문왕]

주나라 문왕이 가나라를 멸망시키는 역사적인 사건에 대한 내용

- 6양 上九 — 문왕이 출정하여 드디어 가나라를 정벌함.
- 5음 六五 — 적이 물러간 후의 처참한 상황.
- 4양 九四 — 적이 쳐들어와 만행을 저지름.
- 3양 九三 — 적의 침입을 받은 상황.
- 2음 六二 — 태양이 적황색의 광채를 냄.
- 1양 初九 — 가나라의 침입을 받음.

1 ☯ "암소를 기르면 길하다." ☞ 승전의 제사를 올릴 때 암소를 길러 희생으로 이용했다고 한다.
2 지금 가나라 병사들이 쳐들어오고 있다.
3 정오로 태양이 한가운데 떴는데, 거기에서 상서로운 기운이 나는 것을 말한다.
4 원래 부缶는 그릇의 일종인데, 옛날에는 이것을 악기로도 썼다 한다. 적이 쳐들어오는데 방비는 없는 상황이다.
5 적이 물러간 뒤의 처참한 모습이다.
6 주나라 문왕이 출정하여 가嘉나라 왕의 목을 베었다. 이로써 가나라가 멸망했다.

『역경』 텍스트

31 택산함澤山咸
MUTUAL ATTRACTION

남녀가 성적으로 결합하다

[이것은] 남녀가 서로 교감하는 모습이다. [이는] 형통하며, 이로운 점이다. 여자를 얻으면 길하다.
咸함 亨형 利貞이정 取女吉취녀길

+1 현재 남녀가 서로 감응하며 교감을 주고받는 형국이다. 서로 좋은 인연을 맺고 결혼은 성사되리라.

6음 / 上六
[남자가] 여자 얼굴의 볼과 입에 가볍게 입맞춤한다.⁶
咸其輔頰舌함기보협설
+1 폭풍은 지나가고 평온해졌다. 일은 이미 완성되었다.

5양 / 九五
[남자가] 여자의 등살을 어루만진다. 뉘우침은 없다.⁵
咸其脢함기매 无悔무회
0 장차 모든 일이 순조롭게 끝날 것이다.

4양 / 九四
[이것의] 점은 길하고 뉘우침이 없어진다. 끊임없이 왕래하니, 여자가 남자의 생각을 따른다.⁴
貞吉悔亡정길회망 憧憧往來동동왕래 朋從爾思붕종이사
+1 서로 마음이 통하고 일은 성사될 것이다.

3양 / 九三
[남자가] 여자의 허벅다리를 어루만지며 여자의 살을 잡는다.³ 가면 어렵다.
咸其股함기고 執其隨집기수 往吝왕린
-1 현재 숨이 막히는 지경이니 어떤 일을 착수해서는 안 된다. 진정하고 다음을 생각하라.

2음 / 六二
[남자가] 여자의 장딴지를 어루만지니 흉하다. 머무르면 길하다.²
咸其腓함기비 凶흉 居吉거길
0 바로 그만두면 처음에는 흉하지만 나중에는 길하게 된다.

1음 / 初六
[남자가] 여자의 엄지발가락을 어루만진다.¹
咸其拇함기무
+1 서로 교감하게 되리라.

주제	남녀의 성적 교감
소재	여자를 어루만지는 것
중심 인물	여자

장가들고 시집간 남녀의 성적 교감에 대한 내용

- 6음 上六 — 얼굴에 입맞춤함.
- 5양 九五 — 성적 교감 후 등을 어루만짐.
- 4양 九四 — 성적으로 교류함.
- 3양 九三 — 허벅다리를 어루만짐.
- 2음 六二 — 장딴지를 어루만짐.
- 1음 初六 — 엄지발가락을 어루만짐.

1 이 구절은 남자가 여자의 엄지발가락을 어루만져주는 상황인데, 성적 교감의 시작이라 좋다.
2 교감 중에 남자가 쓸데없는 곳을 만져주고 있다.
3 성적 교감이 더욱 깊어져 갈수록 황홀경으로 들어가니 여자가 숨이 막힐 지경이다.
4 남녀가 서로 완벽하게 성적 교감을 주고받는 형국이라 좋다.
5 남녀가 성적 교감을 다 느껴서 아무런 생각도 없고 뉘우침도 없는 형국이다.
6 이제 모든 폭풍은 지나가고 평온한 상태에서 마무리하니 서로 흡족해 한다.

32 뇌풍항雷風恒 DURATION

남편이 사냥을 떠나다

[이것은] 오래도록 변치 않는 모습이다. [이는] 형통한다. 허물이 없으며, 이로운 점이다. 갈 곳이 있으면 이롭다.
恒항 亨형 无咎무구 利貞이정 利有攸往이유유왕

+1 한결같은 마음으로 마음과 행동을 유지하라. 그러면 좋은 결실이 있을 것이다. 일을 착수해도 좋을 것이다.

6음 上六
오랫동안 천둥이 치고 비가 내렸다. [사냥꾼이 사냥을 나가지 못하니] 흉하다.
振恒진항 凶흉

-1 현재 상황이 좋지 않다. 그러니 아무것도 얻지 못할 것이다.

5음 六五
사냥꾼이 사냥을 하면 항상 잡는 것이 있다. 점을 치면, 부인은 길하고 남편은 흉하다.[1]
恒其德항기덕 貞정 婦人吉부인길 夫子凶부자흉

0 장차 얻는 것이 있을 것이다. 부인은 좋지만 남편은 그렇지 않은 형국이다.

4양 九四
사냥을 해도 사냥감을 잡는 것이 없다.
田无禽전무금

-1 아무리 추구해도 얻는 것이 없을 것이다.

3양 九三
[사냥을 해서] 항상 잡을 수 있는 것은 아니다. 사냥꾼이 [아무 것도 잡지 못한] 수치스러움을 지니고 있다. [이것의] 점은 어렵다.
不恒其德불항기덕 或承之羞혹승지수 貞吝정린

-1 모든 것이 마음먹은 대로 되지는 않는다. 이를 부끄럽게 여기지는 말라.

2양 九二
[사냥용 함정을 완성해 놓았으니] 뉘우침이 없어진다.
悔亡회망

0 장차 얻는 바가 있을 것이다. 그러나 크게 바라지는 말라.

1음 初六
[사냥꾼이 짐승을 잡기 위해] 함정을 파 놓은 것이 오래되었다. [이것의] 점은 흉하다. 이로울 것이 없다.
浚恒준항 貞凶정흉 无攸利무유리

-1 구하고자 하는 것이 지나치면 얻을 수 없을 것이다.

주제	사냥	
소재	사냥 중에 짐승을 잡는 것과 못 잡는 것	
중심 인물	남편[사냥꾼]	

사냥꾼의 사냥에 대한 내용

- 6음 上六 — 날씨가 나빠서 사냥을 할 수 없음.
- 5음 六五 — 사냥에서 잡는 것이 있음.
- 4양 九四 — 사냥을 해도 잡은 것이 없음.
- 3양 九三 — 아무것도 잡지 못해 수치스러운 마음을 가짐.
- 2양 九二 — 함정이 완성됨.
- 1음 初六 — 함정을 판 것이 오래되어 짐승을 잡을 수 없음.

---

1 부인은 사냥꾼이 잡은 짐승으로 배불리 먹을 수 있어서 좋고, 남편은 상육上六 즉 6음처럼 늘 사냥을 성공할 수 있는 것이 아니라 걱정이 앞선다.

33
천산돈 天山遯
WITHDRAWAL

도망가는 적을 사로잡다

[이것은] 물러나는 모습이다. [이는] 형통한다. 조금 이로운 점이다.
遯돈 亨형 小利貞소리정

+1 현재 한발 물러서서 관망하는 것이 좋다.

6양 上九
[가나라 병사들이] 나는 듯이 도망쳤다. 더욱 이롭다.[5]
肥遯비돈 无不利무불리
+1 현재 뒤로 물러나도 좋은 상황이다.

5양 九五
[가나라 병사들이] 잘 도망쳤다. [이것의] 점은 길하다.[4]
嘉遯가돈 貞吉정길
+1 어떤 사안으로 도피를 해도 무사하리라.

4양 九四
[가나라 병사들이] 잘 도망갔다. 군자는 길하나 소인은 그렇지 않다.[3]
好遯호돈 君子吉군자길 小人否소인비
0 장차 난감한 일이 일어난다. 상급자는 좋고 하급자는 좋지 않다.

3양 九三
도망가는 [가나라 병사들을] 묶어두니 병이 들어 위태롭다. [이들이 나중에 문제를 일으키지 않도록] 남자 노예와 여자 노예로 삼으면 길하다.[2]
係遯계돈 有疾厲유질려 畜臣妾吉축신첩길
+1 장차 얻는 바가 있을 것이다.

2음 六二
황소 가죽 끈을 써서 [가나라 병사들을] 묶어두었다. 도저히 벗어날 수 없다.
執之用黃牛之革집지용황우지혁 莫之勝說막지승탈
0 현재 정신적으로 또는 육체적으로 무언가에 얽혀있는 형국이다.

1음 初六
[가나라 병사들이] 꽁무니를 빼고 도망가니 위태롭다. 갈 곳이 있어도 가지 말라.[1]
遯尾厲돈미려 勿用有攸往물용유유왕
-1 장차 갈 곳이 있더라도 가지 말라. 위기에 봉착할 것이다.

주제	전쟁에 패해 도망가는 적을 사로잡는 것
소재	적이 도망가는 것
중심 인물	군자[문왕]

문왕의 사졸들이 도망가는 적을 사로잡는 내용

- 6양 / 上九 : 나는 듯 도망감.
- 5양 / 九五 : 흔적 없이 도망감.
- 4양 / 九四 : 적이 줄행랑을 침.
- 3양 / 九三 : 적을 묶어두니 매우 고통스러워함.
- 2음 / 六二 : 적을 사로잡아 황소 가죽으로 묶어둠.
- 1음 / 初六 : 적이 도망감.

1 주나라에 크게 패한 가ᅟ나라 병사들은 도망가지 말고 투항하는 것이 좋다.
2 포로를 잡아 노예로 삼는 상황이다.
3 포로들이 도망쳤으니, 군자가 길한 것은 싸움이 끝났기 때문이요, 소인이 그렇지 않은 것은 도망간 포로들을 찾아서 잡아야하기 때문이다. 이때 군자는 높은 신분과 지위에 있는 사람이고, 소인은 낮은 신분과 지위에 있는 사람이다.
4 이 구절은 가나라 병사들의 입장에서 기술한 것이다. 적의 추격을 받았지만 잡히지 않고 무사히 도망갔다.
5 이 구절은 가나라 병사들의 입장에서 기술한 것이다. 적의 추격을 따돌리고, 나는 듯이 도망쳤다.

34 뇌천대장 雷天大壯
STRONGNESS

[이것은] 아주 왕성한 모습이다. [이는] 이로운 점이다.
大壯대장 利貞이정

+1   운세가 왕성한 때이다. 그러나 이를 과신하거나 맹신하면 다칠 것이다.

왕해가 양을 잃어버리다

6음 上六
숫양이 울타리를 받아 물러설 수도 나아갈 수도 없으니, 이로울 것이 없다.[9] 어려움은 길하다.[10]
羝羊觸藩저양촉번 不能退불능퇴 不能遂불능수 无攸利무유리 艱則吉간즉길

+1   현재의 어려움은 큰 문제가 되지 않을 것이다.

5음 六五
역나라[7]에서 [기르던] 양을 잃어버렸다. 뉘우침은 없다.[8]
喪羊于易상양우이 无悔무회

0   귀중한 것을 잃어버렸다. 그러나 상심할 필요는 없다. 큰 불행으로 나아가지는 않을 것이다.

4양 九四
[이것의] 점은 길하고 뉘우침은 없다. 울타리가 부수어졌는데 [숫양을] 매어놓지 않으면, [숫양이] 큰 수레의 바퀴살을 부순다.[6]
貞吉정길 悔亡회망 藩決不羸번결불리 壯于大輿之輹장우대여지복

+1   장차 문제가 생길 곳을 미리 대비하여 대처하라.

3양 九三
소인은 힘을 쓰고 군자는 망을 사용한다.[4] [이것의] 점은 위태롭다.[5] 숫양이 머리로 울타리를 들이받아 그 뿔을 묶어둔다.
小人用壯소인용장 君子用罔군자용망 貞厲정려 羝羊觸藩저양촉번 羸其角이기각

-1   미리 재난의 불씨를 제거하라. 그렇지 않으면 재난은 더욱 커질 것이다.

2양 九二
[이것의] 점은 길하다.[3]
貞吉정길

+1   장차 얻는 바가 있을 것이다.

1양 初九
발을 다쳤으니 정벌하면 흉하다.[1] 양을 잡았다.[2]
壯于趾장우지 征凶정흉 有孚유부

-1   장차 어려운 상황과 맞닥뜨리니 할 일이 있어도 자제하라.

주제	양을 잃어버린 것	6음 上六	양을 잃고 진퇴양난에 빠짐.
소재	양	5음 六五	역易나라에서 양을 잃어버림.
중심 인물	군자[은나라의 선왕 왕해]	4양 九四	날뛰는 양을 생포하여 매어둠.
왕해가 유역有易이라는 나라에서 기르던 양을 잃어버린 고사에 대한 내용		3양 九三	소인은 힘을 써서 양을 잡으려하고, 군자는 망을 사용하여 양을 생포함.
		2양 九二	양을 생포함.
		1양 初九	발을 다쳐 양을 생포하는 것이 어려울 수 있음.

1 발을 다쳤다는 것은 은나라 선왕 왕해王亥가 양을 사로잡다가 발을 다쳤다는 뜻이다. 정벌하면 흉하다는 말은 발을 다쳤으니 양을 잡으러 간다면 잡기 어렵다는 뜻이다. 현재 다소 결함이 생겨 어려움을 겪는다. 그러나 소득은 있다.
2 양을 잡았다는 것은 발을 다쳤음에도 결국 양을 잡게 되었다는 뜻이다.
3 마침내 왕해가 양을 생포하여 좋은 상황이다.
4 이때 소인은 일반 백성을 말하고, 군자는 벼슬자리에 있는 사람을 말한다. 이 구절은 소인은 힘으로 양을 잡으려 하고, 군자는 힘을 쓰지 않고 머리를 써서 양을 잡는 모습을 묘사한다.
5 위태롭다는 뜻은 양을 생포하는 일이 위험하다는 것이다.
6 숫양을 생포하여 뿔을 매어 놓은 상황이다. 재난의 불씨를 미리 제거한다.
7 역易은 나라이름이다. 원래 유역有易이라는 나라를 말한다.
8 뉘우침은 없다는 말은 양을 잃어버린 것이 결과적으로 불행으로 이어지지는 않았다는 말이다.
9 이는 진퇴양난에 빠진 모습이다. 왕해王亥가 역나라에서 기르던 양을 잃고 어찌할 수 없는 상황에 놓여 있음을 이 구절은 묘사한다.
10 ☯ "어려움은 길하다." ☞ 비록 왕해王亥가 지금 어려움에 처해있으나 그것으로 인해 죽음에까지 이르지는 않는다.

35 화지진 火地晋 PROGRESS

강후가 적을 공격하다

[이것은] 해가 땅위로 떠오르는 모습이다. 강후[1]가 다른 나라와 싸워서 빼앗은 말이 많아 [이를] 왕에게 바쳤다. 하루에 [전투에서] 세 번이나 이겼다.[2]

晋진 康侯用錫馬蕃庶강후용석마번서　晝日三接주일삼접

+2 해가 지상으로 떠오르듯이 운세가 강성하다. 일을 적극적으로 추진해도 좋을 것이다.

6양 上九 강력한 군대를 앞세워 읍을 정벌한다. 위태롭지만 길하고 허물은 없다. [이것의] 점은 [상황이] 어렵다.[6]
晋其角진기각　維用伐邑유용벌읍　厲吉无咎여길무구　貞吝정린
+1 어려움을 만나지만 돌파해야 한다.

5음 六五 뉘우침이 없어진다. 승리를 놓쳤다고 근심하지 말라. 가면 길하니 아주 이롭다.[5]
悔亡회망　失得勿恤실득물휼　往吉왕길　无不利무불리
+2 근심할 필요 없다. 곧 만회할 것이다.

4양 九四 적을 공격하는데 [담대하지 못하고 담력이 작은] 들쥐와 같이 [공격] 한다. [이것의] 점은 위태롭다.
晋如鼫鼠진여석서　貞厲정려
-2 약삭빠르게 굴면 될 일도 안 된다!

3음 六三 무리를 이끌고 적을 공격하니, 뉘우침이 없어진다.[4]
衆允중윤　悔亡회망
-1 현재 거리낌 없이 나아가는 모습이니 후회할 일이 없어질 것이다.

2음 六二 적을 공격하고 압박한다. [이것의] 점은 길하다. 왕의 어머니[3]로부터 큰 복을 받는다.
晋如愁如진여수여　貞吉정길　受玆介福于其王母수자개복우기왕모
+1 장차 윗사람으로부터 공로를 인정받고 큰 상을 받을 것이다.

1음 初六 적을 공격하여 쳐부순다. [이것의] 점은 길하다. 빼앗은 것은 없으나 허물은 없다.
晋如摧如진여최여　貞吉정길　罔孚裕망부유　无咎무구
0 성취하는 것도 있으나 설사 얻는 것이 없다하더라도 탈은 없을 것이다.

주제	강후가 적을 공격하는 것	6양 上九	강력한 군대를 앞세워 속읍을 정벌함.
소재	전쟁에서 적을 공격하는 것	5음 六五	승리를 놓쳤으나 근심하지 않음.
중심 인물	강후[무왕의 동생]	4양 九四	적을 공격하는 것이 들쥐와 같이 소심함.
강후가 적을 공격하는 고사에 대한 내용		3음 六三	무리를 이끌고 적을 공격함.
		2음 六二	적을 공격하여 압박함.
		1음 初六	적을 공격하여 쳐부숨.

1 강후康侯는 주나라 무왕의 동생이다.
2 강후가 왕명을 받들어 하루에 세 번 싸워 이겼는데, 적으로부터 빼앗은 말이 많아 이것들을 왕에게 바쳤다.
3 여기서 왕의 어머니는 강후의 할머니로 문왕의 어머니인 태임太任을 가리킨다.
4 강후가 군사를 이끌고 진격하여 적을 공격하는 모습이다.
5 강후가 승리를 아쉽게 놓친 상황이다.
6 공격하는 군대가 강력하지만 적의 저항도 만만치 않다는 말이다. 하지만 파죽지세로 밀고 나아가라.

36 지화명이 地火明夷
SINKING SUN

명이가 서쪽으로 떨어지다

[이것은] 해가 땅속으로 들어가 어두워지는 모습이다. 어려움을 묻는 점에는 이롭다.

明夷명이 利艱貞이간정

+1 현실은 어렵고 답답하지만 장차 좋아질 것이다.

6음 上六
해가 지고 어둡다. 처음 [새가] 하늘로 올라갔다가 후에 땅으로 들어갔다.14
不明晦불명회 初登于天초등우천 後入于地후입우지
−1 아무리 노력해도 일은 허망하게 끝날 것이다.

5음 六五
기자11가 명이12를 얻었다.13 이로운 점이다.
箕子之明夷기자지명이 利貞이정
+1 최후의 일각까지 최선을 다하라.

4음 六四
왼쪽 동굴로 들어가 명이를 잡았다.9 문 앞뜰을 나갈 때 조심해야 한다.10
入于左腹입우좌복 獲明夷획명이 之心于出門庭지심우출문정
0 조심하고 또 조심하라.

3양 九三
명이라는 새7가 남쪽 사냥에서 [적의] 큰 우두머리를 잡았다. [잡으면서] 급하게 일을 처리해서는 안 된다.8
明夷于南狩명이우남수 得其大首득기대수 不可疾貞불가질정
+1 좋은 일이 있다하더라도 방심해서는 안 된다.

2음 六二
명이라는 새6가 왼쪽 넓적다리를 다쳤는데, 타고 피신하는 말은 튼튼하다. 길하다.
明夷명이 夷于左股이우좌고 用拯馬壯용증마장 吉길
+1 장차 자신의 생명을 잘 보전하고, 안전하게 몸을 피할 곳을 찾을 것이다.

1양 初九
명이1라는 새2가 날아가며 그 날개를 늘어뜨린다. 군자가3 가는데 삼일 동안 먹지 못했다. 갈 곳이 있으니, 주인4에게 잘못이 있다.5
明夷于飛명이우비 垂其翼수기익 君子于行군자우행 三日不食삼일불식 有攸往유유왕 主人有言주인유언
−1 해는 저물고 갈 길은 멀다. 그만큼 어려운 상황이다.

주제	기자가 기울어져가는 은나라를 일으켜 세우려고 안간힘을 쏟는 것	6음 上六	은이 멸망함.
소재	은나라	5음 六五	기자가 기울어져가는 은을 일으켜 세우려고 안간힘을 쏟음.
중심 인물	군자[기자 은나라 마지막 왕인 주왕의 숙부]	4음 六四	기자가 은을 일으켜 세우기 위해 막다른 궁지에까지 들어감.
기자가 기울어져가는 은나라를 일으켜 세우려고 안간힘을 쏟는 내용		3양 九三	기자가 정벌에서 적의 우두머리를 잡음.
		2음 六二	기자가 주왕의 폭정을 피해 말을 타고 무사히 피신함.
		1양 初九	기자가 주왕의 곁을 떠난 것은 주왕의 잘못임.

1 이때 명이는 기울어져 가는 은나라를 말한다.
2 명이라는 새는 기자를 말한다.
3 여기서 군자는 기자를 말한다.
4 이때 주인은 은나라 마지막 왕인 주왕이다.
5 이것의 고사를 알아보자. 기자가 기울어져 가는 은나라를 일으켜 세우려고 안간힘을 쓰고 있다. 현재 은나라는 기울어가고, 기자가 그의 폭정으로 주왕의 곁을 떠나가는 상황이다.
6 이때 명이라는 새는 은나라 기자를 말한다. 기자가 은나라 주왕의 폭정을 피해 피신하는데, 조금 다쳤지만 타고 가는 말은 튼튼하여 무사히 피신하였다.
7 명이라는 새는 기자를 말한다.
8 기자가 남으로 정벌을 떠나 적의 우두머리를 잡았다. 그러나 이것으로 좋은 일이 일어날 수는 있으나 급하게 서두르면 안 된다.
9 ☯ "왼쪽 동굴로 들어가 명이를 잡았다." ☞ 기자가 은나라를 일으켜 세우기 위해 최후의 몸부림을 치고 있다. 이때 명이는 기울어져가는 은나라다.
10 기자가 막다른 궁지에 몰려 있다.
11 기자箕子는 은나라 마지막 왕인 주왕의 숙부다.
12 여기서 명이明夷는 태양새로 고서에서는 황금새로도 불린다. 중국 고대인들은 황금새를 태양으로 여기고 옥토끼를 달로 여겼다. 따라서 명이는 태양을 상징한다. 그런데 여기서 명이는 기울어져가는 은나라를 비유한다. 상황이 악화일로에 있지만 최후의 상황까지 최선을 다하라. 그러면 상황은 반전된다.
13 기자가 멸망 직전의 은나라를 위하여 온갖 힘을 쏟고 있다. 새를 잡았다는 것이 은나라의 재건을 위하여 기자가 애쓰는 것을 비유적으로 표현한 것이다.
14 주왕은 죽고 은나라는 멸망했다는 뜻이다. ☯ "하늘로 올라갔다." ☞ 주왕이 죽었다. ☯ "땅으로 들어갔다." ☞ 은나라가 망했다. 상황이 어둡고 암울하다.

37 풍화가인 風火家人 FAMILY

여자가 집안에서 살림하다

[이것은] 가족의 가정생활을 나타내는 것이다. 여자에 관한 점에서는 이롭다.¹
家人가인 利女貞이녀정

+1 집에 불을 피워 온기가 나오도록 작은 일부터 정성을 드려라.

6양 上九 도적을 잡았는데 [도적의] 기세가 등등하나, 끝내 길하다.⁴
有孚威如유부위여 終吉종길
+2 한순간 어렵고 힘들지만, 오히려 얻는 것이 있을 것이다.

5양 九五 왕이 집에 왔으니, 근심하지 말라. 길하다.
王假有家왕가유가 勿恤물휼 吉길
+2 집에 왕과 같은 귀인이 찾아 올 것이다. 장차 광영이 있을 것이다.

4음 六四 집안이 행복해진다.³ 매우 길하다.
富家부가 大吉대길
+3 가족 모두 건강하고 하는 일마다 술술 풀릴 것이다.

3양 九三 집안사람들이 슬피 운다. 뉘우치고 위태롭지만 길하다. 부녀자가 웃고 있지만 마지막에는 어렵다.
家人嗃嗃가인학학 悔厲吉회려길 婦子嘻嘻부자희희 終吝종린
-1 가정에는 좋은 일과 안 좋은 일이 끊임없이 일어나며 인생에 희비가 교차한다.

2음 六二 잃을 것이 없다. 집안에서 음식을 해서 사람에게 준다. [이것의] 점은 길하다.²
无攸遂무유수 在中饋재중궤 貞吉정길
+1 자신의 직분에 충실 하라. 그러면 가족들이 배가 부를 것이다.

1양 初九 가정을 [잘] 다스리니 후회할 일이 없어진다.
閑有家한유가 悔亡회망
0 항상 미리 대비하라. 그래야 뉘우침이 없다.

주제	여자의 가정생활	6양 上九	가정에 침입한 도적을 잡음.
소재	집안사람의 가정생활	5양 九五	왕이 집을 방문함.
중심 인물	여자	4음 六四	행복한 가정을 영위함.
여자가 가정을 잘 꾸려나가는 내용		3양 九三	나쁜 일은 근심하다가 좋아지고, 좋은 일은 좋아하다가 어려워짐.
		2음 六二	음식을 하여 가족에게 먹임.
		1양 初九	가정을 잘 관리함.

1 집안에서 어머니의 마음으로 차분하게 집안일부터 잘 정비해 두는 것이 좋다.
2 여자가 집에서 음식을 만들어 가족에게 먹여주는 상황이다.
3 현재 가정이 행복하다.
4 가정에 침입한 도적을 잡았는데, 그가 화를 내며 기세가 등등했으나 마침내 그를 복종시켰다.

38
화택규 火澤睽
ANIMOSITY

나그네가 길을 가다 여러 일을 목격하다

[이것은] 서로 등지는 모습이다. [이는] 작은 일¹에 길하다.²

睽규 小事吉소사길

0 안팎으로 서로 갈등을 빚고 있으니 큰일은 성사되기 어렵다.

6양 / 上九
나그네가 홀로 가다가, 돼지를 실어 나르는 것을 보았다. 귀신과 같이 괴상한 형상을 한 사람들¹²이 수레 한 대에 가득 타고 있는 것을 보았다. [이들이] 먼저 나그네에게 활을 쏘려고 당겼다가 나중에 나그네에게 겨눈 화살을 내려놓는다. [알고 보니 그들은] 도적이 아니라 혼인을 하러 가는 사람들이었다. 가다가 비를 만나나 길하다.¹³

睽孤규고 見豕負塗견시부도 載鬼一車재귀일거 先張之弧선장지호 後說之弧후탈지호 匪寇婚媾비구혼구 往遇雨則吉왕우우즉길

+1 앞날의 전조가 좋을 것이다.

5음 / 六五
뉘우침이 없어진다. 종묘에 가서 고기를 먹는다. 가더라도 무슨 허물이 있겠는가?¹¹

悔亡회망 厥宗噬膚궐종서부 往何咎왕하구

0 어떤 일을 해도 허물은 없을 것이다.

4양 / 九四
나그네가 홀로 가다가 큰 사내를 만났다. [그런데 나그네와 사내가] 함께 사로잡혔다.⁹ 위태롭지만 허물은 없다.¹⁰

睽孤규고 遇元夫우원부 交孚교부 厲여 无咎무구

0 예기치 않은 일을 만나리라. 잠시 위험에 직면하나 곧 벗어날 것이다.

3음 / 六三
[어떤 사람이] 수레를 끌고 가는 것을 보았다. 소는 [수레를 힘들게] 끈다. 그 사람은 이마에 죄명을 새겨 넣었고,⁶ 코를 베는 형벌⁷을 받았다. 처음에 [수레를 끌고 가는 것이] 좋지 않았지만 나중에 [수레를 끌고 가니] 결과는 좋았다.⁸

見輿曳견여예 其牛掣기우체 其人天且劓기인천차의 无初有終무초유종

+1 처음에는 힘들고 고통스럽지만 나중에는 마침내 이루게 될 것이다.

2양 / 九二
[나그네가 투숙하려고 하는데] 골목에서 여관집 주인을 만난다.⁵ 허물이 없다.

遇主于巷우주우항 无咎무구

0 현재 일은 잘 풀릴 것이다.

1양 / 初九
뉘우침이 없어진다. 잃어버린 말을 뒤쫓지 말라.³ 스스로 돌아온다. 나쁜 사람을 만났으나 허물은 없다.⁴

悔亡회망 喪馬勿逐상마물축 自復자복 見惡人견악인 无咎무구

0 안 좋은 일이 생겨도 그리 신경 쓰지 말라. 후회할 일과 허물은 없으리라.

Story-Telling 서사구조

주제	나그네가 길에서 겪은 일
소재	나그네
중심 인물	어느 나그네

나그네가 길을 가면서 목격한 것과 겪은 일들에 대한 내용

- 6양 上九 — 혼인하러 가는 광경을 목격함.
- 5음 六五 — 종묘에 가서 고기를 먹음.
- 4양 九四 — 큰 사내를 만나 그와 함께 사로잡힘.
- 3음 六三 — 소와 사람이 힘들게 수레를 끌고 가는 것을 목격함.
- 2양 九二 — 여관의 집주인을 만남.
- 1양 初九 — 길을 떠나면서 말을 잃고 나쁜 사람을 만남.

1 이때 작은 일은 나그네가 길을 떠나는 것을 말한다.
2 나그네의 앞길이 길하다는 뜻이다.
3 나그네가 길을 떠나면서 타고 간 말을 잃어버렸다.
4 나그네가 길을 가다가 나쁜 사람을 만났으나 아무런 문제도 일어나지 않았다.
5 때에 맞게 일이 풀리는 상황이다.
6 이는 묵형墨刑을 말한다. 묵형이란 고대 중국에서 이마나 팔뚝에 죄목의 글자를 새겨 넣는 형벌이다.
7 이는 의형劓刑을 말한다. 또는 의벽劓辟이라고도 한다. 이것은 중국 고대 오형五刑 중 하나이다. 오형에는 묵형, 의형 외에 발의 뒤꿈치를 자르는 월형刖刑, 목을 치는 참수형, 생식기를 자르는 궁형宮刑이 있었다.
8 나그네가 길을 가다가 목격한 내용이다. 죄수가 처음에는 흉함을 만났으나 흉운凶運은 이제 지나가고 길함으로 바뀐다.
9 예기치 않은 일을 만나나 곧 벗어나게 되리라. 현재 상황이 이와 같다.
10 ☯ "위태롭지만 허물은 없다." ☞ 나그네가 죄가 없어서 풀려났다.
11 죄가 없어 나그네는 풀려났다. ☯ "종묘에 가서 고기를 먹는다." ☞ 조상의 은덕으로 무사했고, 조상을 모신 사당에서 고기도 얻어먹는다.
12 얼굴에 분장을 한 사람들을 말한다.
13 나그네가 길을 가다가 비를 만나도 아무 일도 일어나지 않는다. 혼인하러 가는 모습도 보았으니 이는 좋은 징조를 암시한다.

39 수산건 水山蹇 OBSTRUCTION

무왕의 출병길이 험난하다

[이것은] 산 위에 물이 덮여있듯이 어려운 모습이다. 서남쪽은 이롭고 동북쪽은 이롭지 않다.[1] [제후들은] 대인[2]을 만나보는 것이 이롭다. 점은 길하다.
蹇건 利西南이서남 不利東北불리동북 利見大人이견대인 貞吉정길

0 — 현재는 매우 어려운 상태이니 조용히 사태를 관망하고 때를 기다려야 한다.

6음 上六 — 갈 때는 어려웠으나 올 때는 얻는 것이 있다.[7] 길하다. 대인[8]을 만나는 것이 이롭다.[9]
往蹇來碩왕건래석 吉길 利見大人이견대인
+1 — 도움을 줄 사람을 만나는 것이 좋을 것이다.

5양 九五 — 크게 험난했으나 벗들이 온다.[6]
大蹇朋來대건붕래
+1 — 처음에는 어려웠지만 동조하는 사람들이 많이 생겨난다.

4음 六四 — 갈 때는 어려우나 올 때는 수레를 타고 온다.
往蹇來連왕건래연
+1 — 일의 처음은 어려웠지만 금의환향하게 되리라.

3양 九三 — 갈 때는 어려우나 올 때는 좋다.[5]
往蹇來反왕건래반
+1 — 일의 시작은 어렵지만 일을 이룬 후에는 좋을 것이다.

2음 六二 — 왕과 신하가 어렵고 또 어렵다. 자신으로 말미암은 것이 아니다.[4]
王臣蹇蹇왕신건건 匪躬之故비궁지고
−1 — 장차 난감한 일에 부딪치기는 하지만 자신의 문제가 아니다. 상황이 더 어려워질 것이다.

1음 初六 — 갈 때는 어려우나 올 때는 편안하다.[3]
往蹇來譽왕건래예
+1 — 시작은 힘들지만 일을 이룬 뒤에는 편안하리라.

주제	무왕의 은나라 정벌	
소재	출병할 때의 어려움	
중심 인물	대인[무왕]	

무왕이 은나라를 정벌하기 위해 출병하고 또 정벌한 후 돌아오는 내용

효	내용
6음 上六	돌아올 때는 얻는 것이 있음.
5양 九五	많은 제후들이 복속하여 옴.
4음 六四	돌아올 때는 수레를 타고 옴.
3양 九三	돌아올 때는 매우 좋음.
2음 六二	매우 어려운 일을 만났으나 자신들로부터 연유한 것이 아님.
1음 初六	출병할 때는 어려웠지만 정벌한 후 돌아올 때는 편안함.

1 주나라 무왕에게 서남쪽은 우방이 있는 곳이며, 동북쪽은 적군이 있는 곳이다.
2 이때 대인은 무왕을 말한다.
3 무왕이 출병할 때는 어려웠고, 정벌하고 돌아올 때는 편안했다.
4 이때 어려운 것은 왕과 신하에서 오는 것이 아니라 외부에서 오는 어려움이다.
5 은나라를 정벌하러 갈 때는 어려웠으나, 정벌하고 올 때는 좋다는 말이다.
6 벗들이 온다는 말은 주나라 무왕에게 많은 은나라 제후국의 백성이 귀화해 온다는 뜻이다.
7 갈 때는 출병하여 행군하므로 어려웠으나, 올 때는 얻은 것이 있다는 뜻이다.
8 여기서 대인은 주나라 무왕이다.
9 일을 시작할 때는 어렵지만 이룬 뒤에는 얻는 것도 많다.

『역경』 텍스트

40 뇌수해 雷水解 DISSOLUTION

사냥으로 잡은 여우를 풀어주다

[이것은] 풀리는 모습이다. [이는] 서남쪽¹이 이롭다. 갈 곳이 없다면 돌아오는 것이 길하다. 갈 곳이 있다면 일찍 가는 것이 길하다.
解해 利西南이서남 无所往무소왕 其來復吉기래복길 有攸往유유왕 夙吉숙길

+2　천지가 새 봄이 되었다. 목적을 갖고 움직이면 잘 풀릴 것이다.

6음 上六　공⁵이 높은 성벽 위에서 매에게 활을 쏘아 매를 잡았다. 더욱 이롭다.
公用射隼于高墉之上공용석준우고용지상　獲之획지　无不利무불리
+1　원하는 것을 바로 얻을 것이다.

5음 六五　군자가 여우를 묶었다가 풀어주었다. 길하다. 잡은 여우는 소인이 가져갔다.⁴
君子維有解군자유유해　吉길　有孚于小人유부우소인
+2　은혜를 베푸니 혜택을 볼 것이다.

4양 九四　[말을 타고 돌아와] 여우를 잡은 망을 풀어 벗기는데, 벗들이 와서 잡은 것을 도와준다.
解而拇해이무　朋至붕지　斯孚사부
+2　현재 얻는 것도 있고 도와주는 이도 있을 것이다.

3음 六三　[여우를 담은 망을] 지고 말을 탔으니, 도적을 불러들인다.³ 점은 어렵다.
負且乘부차승　致寇至치구지　貞吝정린
-1　행동과 처신을 바르게 해야 화를 면할 수 있다.

2양 九二　사냥을 해서 여우 세 마리를 잡았고, 황색 화살을 얻었다. 점은 길하라.
田獲三狐전획삼호　得黃矢득황시　貞吉정길
+1　장차 목표한 바를 이루고 소득도 있을 것이다.

1음 初六　허물이 없다.²
无咎무구
0　처한 위치를 정확히 파악하고 올바른 행동을 하라.

Story-Telling 서사구조

주제	사냥
소재	사냥하여 잡은 여우를 풀어주는 것
중심 인물	군자[공公]

군자가 사냥을 하여 여우를 잡고 매를 잡은 내용

- 6음 上六 — 공이 활을 쏘아 매를 잡음.
- 5음 六五 — 군자가 잡은 여우를 풀어주었는데 소인이 가져감.
- 4양 九四 — 여우를 담은 망을 벗기는데 벗이 와서 도와줌.
- 3음 六三 — 여우를 담은 망을 지고 말을 타니 도적을 불러들임.
- 2양 九二 — 사냥하여 여우 세 마리를 잡고 황색 화살을 얻음.
- 1음 初六 — 갈 곳이 없으면 돌아오고, 갈 곳이 있으면 일찍 가니 허물이 없음.

1. 서남쪽은 주나라와 친한 나라들이 있는 곳이다.
2. 사냥을 갈 때는 서남쪽으로 가고, 사냥하러 갈 곳이 없다면 돌아온다. 갈 곳이 있다면 일찍 간다. 이와 같이 해야 허물이 없다.
3. 도적이 진귀한 물건인 줄 알고 이를 빼앗으려 한다.
4. 이때 군자는 벼슬자리에 있는 사람이고, 소인은 일반 백성이다. 사냥에서 잡은 여우 세 마리를 군자가 풀어주었다. 이를 소인이 가져갔다. 군자는 은혜를 베풀고 소인은 그 혜택을 받는다.
5. 공公은 신분이 높은 사람에게 붙여주는 경칭이다. 그러므로 아래 군자와 같은 인물이다.

『역경』 텍스트

41 산택손 山澤損 DECREASE

제사에서 제물을 덜어내다

[이것은] 덜어내는 모습이다. 포로를 잡았다. 크게 길하여 허물이 없다.[1] 일을 처리할 수 있다.[2] 갈 곳이 있으면 이롭다.[3] [어떤 사람이] 밥 두 그릇을 보내주니 제사를 지낼 수 있다.[4]

損손 有孚유부 元吉원길 无咎무구 可貞가정 利有攸往이유유왕 曷之用二簋갈지용이궤 可用享가용향

+2 상대를 위하여 양보하라. 그리고 계획한 바를 실행에 옮겨라. 현재 상황이 좋다.

6양 上九
[제사를 지내며] 덜지도 더하지도 않으니[11] 허물은 없다. 점은 길하다. 갈 곳이 있으니 이롭고,[12] 가족이 없는 노예를 얻는다.
弗損益之불손익지 无咎무구 貞吉정길 利攸有往이유유왕 得臣无家득신무가
+2 얻는 바가 아주 크고 앞 일은 좋을 것이다.

5음 六五
어떤 사람이 [제물을] 보내주었다. [그 제물은] 십붕[8]의 값이 있는 거북[9]으로 거절할 수 없었다. 크게 길하다.[10]
或益之혹익지 十朋之龜弗克違십붕지귀불극위 元吉원길
+2 조상을 잘 모시면 재물도 늘어나고 만사가 형통하리라.

4음 六四
병의 병세가 호전되도록 [하고], 빨리 병이 낫도록 하니[7] 허물은 없다.
損其疾손기질 使遄有喜사천유희 无咎무구
0 병세가 나아지고 병이 낫도록 정성을 들이고 있다. 그러니 허물은 없을 것이다.

3음 六三
세 사람이 [같이] 가면 한 사람을 잃게 되고, 한 사람이 가면 [그는] 그의 벗을 얻는다.[6]
三人行삼인행 則損一人즉손일 一人行일인행 則得其友즉득기우
0 여러 사람이 함께 일을 추구하면 내부 분열이 생겨 사람이 떨어져 나간다. 혼자 일을 추구하면 뜻을 같이 하는 사람이 생겨 동참하게 된다.

2양 九二
이로운 점이다. 멀리 떠나면 흉하다.[5] [제사에 쓸 제물을] 덜어내지 않고 [제사에 쓸] 제물을 더한다.
利貞이정 征凶정흉 弗損益之불손익지
+1 남을 정벌하려고 하면 해를 입을 것이고, 조상에 관계되는 일에는 정성을 쏟아야 한다. 그래야 이로울 것이다.

1양 初九
제사를 지내는 일에는 빨리 가 보아야 허물이 없다. [제사에 쓰는 물품을] 헤아려 그것을 덜어낸다.
已事遄往이사천왕 无咎무구 酌損之작손지
0 조상에 관계되는 일은 신속히 처리하라. 그래야 허물이 없을 것이다.

주제 제사를 지내는 것	6양 上九	제사에 제물을 덜지도 더하지도 않으며 노예도 얻음.
소재 덜어내는 것	5음 六五	십붕의 값이 있는 거북을 제물로 보내줌.
중심 인물 분명하지 않음	4음 六四	병세가 호전되도록 하고 병이 빨리 낫도록 함.
제사를 지내는 일에 대한 내용	3음 六三	제사를 지내러 가는데 두 사람이 가면 좋음.
	2양 九二	제물을 덜어내지 말고 더해주어야 좋음.
	1양 初九	제사를 지내는 일은 빨리 가야 제사의 물품을 헤아려 덜어낼 수 있음.

1 ☯"크게 길하여 허물이 없다." ☞ 포로를 사로잡았기 때문이다.
2 ☯"일을 처리할 수 있다." ☞ 사로잡은 포로를 제물로 하여 제사를 지내도 좋다.
3 ☯"갈 곳이 있으면 이롭다." ☞ 어떤 사람이 밥 두 그릇을 보내주어 제사를 지낼 수 있다.
4 이것은 현재 자신의 것을 덜어내어 남에게 희생하는 모습이다. 그렇게 하면 반드시 이에 상응한 대가를 받을 것이다.
5 ☯"멀리 떠나면 흉하다." ☞ 제사지내는 일은 이롭지만, 남을 치기 위하여 떠나는 일은 흉하다.
6 제사를 지내러 가는데, 세 사람이 같이 가게 되면 의견이 나뉘어져 의견이 맞지 않는 한 사람은 고립되고, 한 사람이 가면 외로워 동행을 만나 그 벗을 얻게 된다.
7 병이 호전되고 병이 빨리 낫도록 제의를 올렸다는 뜻이다.
8 십붕+朋은 주나라 때의 화폐로 조개[貝]를 화폐로 사용했는데 십패+貝를 일붕一朋이라 하였다. 따라서 십붕은 그것의 열배인 백패百貝가 된다.
9 거북은 여기서 값비싼 물건이다. 이것은 아주 값비싼 제물을 뜻한다. 제사를 지내는데, 어떤 사람이 제물로 거북을 보내 온 것이다.
10 조상께 제사를 올리는데 값비싼 제물을 올린다.
11 조상께 제사를 지내면서 매우 신중하다는 뜻이다.
12 갈 곳이 있으면 이로운 것은 노예를 얻을 수 있기 때문이다.

42
풍뢰익 風雷益
INCREASE

주공이 여러 가지 일을 처리하다

[이것은] 더욱 커지는 모습이다. 갈 곳이 있으면 이롭다. 큰 내를 건너면 이롭다.¹
益익 利有攸往이유유왕 利涉大川이섭대천

+2 현재 자신의 힘이 더욱 커진다. 그러니 어떤 일이든 적극적으로 도모하라.

6양 上九
그들¹⁸을 도와줄 사람이 없다. 어떤 사람들이 그들을 공격한다. [난을 일으킨] 마음을 멈추고 [난을 일으키려는 마음을] 항구적으로 갖지 말라. 흉하다.¹⁹
莫益之막익지 或擊之혹격지 立心勿恒입심물항 凶흉

-2 장차 그릇된 마음을 먹지 말라. 말로가 험하리라.

5양 九五
포로가 내 마음을 따르니, 추궁하지 말라. 크게 길하다. 포로가 나¹⁷의 덕에 순종한다.
有孚惠心유부혜심 勿問물문 元吉원길 有孚유부 惠我德혜아덕

+2 큰 덕으로 남을 대하라. 그러면 많은 사람들이 따른다.

4음 六四
중행¹⁴이 주공¹⁵에게 알리니 주공이 따른다. 은나라를 도와서 도읍을 옮기는 것이 이롭다.¹⁶
中行告公從중행고공종 利用爲依遷國이용위의천국

+1 장차 곤경에 빠진 자가 도움을 청하면 아낌없이 도와주라. 그러면 이로울 것이다.

3음 六三
주공이 [은나라의] 흉한 일을 도와주니 허물이 없다. 포로를 사로잡았다.¹⁰ 중행¹¹이 규¹²를 가지고 주공에게 알려왔다.¹³
益之用凶事익지용흉사 无咎무구 有孚유부 中行告公用圭중행고공용규

+1 남을 배려하고 그들 도와주라. 그러면 얻는 바가 많을 것이다.

2음 六二
어떤 사람이³ 나⁴에게 십붕⁵의 값이 있는 거북을 내려주니, 어길 수 없다.⁶ 오랜 기간이 걸리는 [일에 대한] 점은 길하다.⁷ 왕⁸이 상제에게 제사를 올리니 길하다.⁹
或益之혹익지 十朋之龜弗克違십붕지귀불극위 永貞吉영정길 王用享于帝왕용향우제 吉길

+2 바른 길로 가라. 그래야 좋을 것이다.

1양 初九
큰 건물을 지으면 이롭다.² 크게 길하다. 허물이 없다.
利用爲大作이용위대작 元吉원길 无咎무구

+3 큰일을 할 때이다. 주저 없이 도모하라.

Story-Telling 서사구조

주제	주공의 업적	
소재	주공이 도와준 여러 가지 일	
중심 인물	공公[주공]	
주공의 업적에 대한 내용		

- 6양 上九 — 주공 동생들이 일으킨 난의 실패함.
- 5양 九五 — 포로를 덕으로 감화함.
- 4음 六四 — 은의 천도를 도와줌.
- 3음 六三 — 은의 흉사를 도와줌.
- 2음 六二 — 문왕이 성왕에게 천명을 내림.
- 1양 初九 — 낙읍을 세워 경영함.

1 주공의 동쪽 정벌을 기술한 것이다.
2 주공이 동쪽 정벌에 성공한 후 낙읍洛邑을 세운 것을 말한다.
3 이때 어떤 사람은 주나라 문왕을 말한다.
4 나는 주나라 성왕이다.
5 41번괘 육오六五, 즉 5음에도 나온다. 십붕十朋은 주나라 때의 화폐로 조개[貝]를 화폐로 사용했는데 십패十貝를 일붕一朋이라 하였다. 따라서 십붕은 그 것의 열배인 백패百貝가 된다.
6 주나라 문왕이 성왕에게 천명을 내리는 것을 보배로운 거북으로 상징해서 말하고 있다.
7 주공이 두 동생이 일으킨 난을 평정하는데, 무려 삼년이나 걸렸다. 이때 오랜 기간은 난의 평정 기간을 말한다.
8 이때 왕은 주나라 성왕이다.
9 주공이 두 동생의 난을 평정한 후 성왕이 상제에게 감사의 제사를 지냈다. 장차 난리는 평정되고 당분간 화평시대가 계속 될 것이다.
10 주공이 은나라 흉사를 도와주면서 포획한 포로를 말한다.
11 중행中行은 사람 이름으로 은나라 미자개微子開의 동생인 중연中衍을 가리킨다.
12 이때 규圭는 규珪로 옥으로 만든 물건의 이름이다. 이 규를 다른 말로 홀笏이라 한다. 이것은 신하가 임금을 만날 때 의관을 정제하고 손에 쥐던 패를 말한다.
13 중행이 주공에게 도움을 요청한 것을 말한다.
14 중행中行은 사람 이름으로 은나라 미자개微子開의 동생인 중연中衍을 가리킨다.
15 주공은 주나라의 왕이다.
16 3음·4음의 숨겨진 고사를 알아보자. 중행의 형인 미자개는 본래 은나라에 있었으나 송군宋君으로 봉해지자 은에서 송으로 도읍을 옮긴다. 이때 흉사를 만나자 미자개는 동생 중연을 주공에게 보내서 도움을 요청하였고, 주공은 이를 도와주었다.
17 이때 나는 주공이다.
18 주공에게 반란을 일으킨 그의 두 동생 숙선叔鮮과 숙탁叔度 그리고 은나라 무경武庚을 말한다.
19 ☻ "흉하다." ☞ 무경과 숙선은 죽음을 당하고 숙탁은 추방되었다.

43 택천쾌 澤天夬
RESOLUTION

적의 침입에 도망간 군자가 처형되다

[이것은] 결단하는 모습이다. [싸움에서 이기고] 왕정에 개선¹하였는데, 포로들이 울부짖는다. 위태롭다고 고을로부터 소식이 왔다.² 적에게 나아가 싸우면 이롭지 않다. 갈 곳이 있으면 이롭다.³

夬쾌 揚于王庭양우왕정 孚號부호 有厲告自邑유려고자읍 不利卽戎불리즉융 利有攸往이유유왕

0 — 결단하라, 그러면 이롭다. 함부로 나서지 말고 몸을 피하여 위험한 시기를 잘 넘겨라.

6음 上六
[군자의] 울부짖는 소리가 없으나,⁹ 결국에는 흉하다.¹⁰
无號무호 終有凶종유흉
-2 — 모든 것이 흉하게 끝나리라.

5양 九五
산양이 가는 도중에 빨리 빨리 뛰고 달리니,⁸ 허물은 없다.
莧陸夬夬中行현륙쾌쾌중행 无咎무구
0 — 마음은 무겁고 일은 급한 상황이다. 그렇지만 죄를 빌러 가는 길이니 허물은 없다.

4양 九四
볼기에 [곤장을 맞아] 피부와 살이 떨어져나갈 것 같아 군자가 [한밤중에 적의 침입을 받고 혼자 도망친 점을 왕에게 알리려고] 가는 것을 망설인다. 양을 끌고 가면 뉘우침이 없어진다.⁶ 듣는 말은 참된 말이 아니다.⁷
臀无膚둔무부 其行次且기행차저 牽羊悔亡견양회망 聞言不信문언불신
-1 — 현재 일을 그르치고 진퇴양난에 빠져 있으니 해결책을 결단하라.

3양 九三
[군자가] 광대뼈를 다쳤으니 흉하다.⁴ 군자가 급히 혼자 [도망] 가다가 비를 만나 옷이 젖는다. 불쾌하지만 허물은 없다.⁵
壯于頄장우구 有凶유흉 君子夬夬獨行군자쾌쾌독행 遇雨若濡우우약유 有慍유온 无咎무구
0 — 장차 일을 피하려다 재난을 당하지만, 일시적으로 어려움을 면한다.

2양 九二
[군자가] 두려워서 울부짖는다. 한밤중에 적이 쳐들어왔으나 근심하지 말라.
惕號척호 莫夜有戎막야유융 勿恤물휼
0 — 예상 밖의 일을 당해 두려워한다. 하지만 아직 우환이 되기에는 충분하지 않으므로 근심할 필요는 없다.

1양 初九
[군자가] 발가락을 다쳤으니, [전쟁하러] 가면 이기지 못하고 허물이 된다.
壯于前趾장우전지 往不勝왕불승 爲咎위구
0 — 중대한 결함을 안고 일을 도모하지 말라.

주제	적의 침입을 받고 도망간 군자의 종말	6음 上六	군자가 처형당함.
소재	어느 군자가 급히 혼자 도망가는 것	5양 九五	군자가 청죄하러 감.
중심 인물	군자	4양 九四	군자가 왕에게 청죄하러 가는 것을 망설임.
군자가 적의 침입을 받고 도주하여 결국 처형되는 내용		3양 九三	군자는 얼굴을 다치고 급히 혼자 도주함.
		2양 九二	한밤에 적이 침입함.
		1양 初九	군자가 발가락을 다침.

1 개선凱旋이란 싸움에서 이기고 돌아오는 것을 말한다.
2 적군이 고을에 침입하여 보복하고 있다는 뜻이다.
3 ☞ "갈 곳이 있으면 이롭다." ☞ 현재 매우 위험한 상황에 처해 있으니 전쟁으로 해결하는 것 이외의 다른 방법을 강구하라.
4 군자가 한밤중에 적의 침입을 받아 얼굴을 다쳤다.
5 ☞ "불쾌하지만 허물은 없다." ☞ 무사히 도망갔다.
6 ☞ "양을 끌고 가면 뉘우침이 없어진다." ☞ 양을 끌고 가서 왕에게 바치며 도망친 자신의 죄를 물으라고 청하면 뉘우침은 없어진다.
7 ☞ "듣는 말은 참된 말이 아니다." ☞ 군자 자신의 처벌에 대한 소문은 어디까지나 소문일 뿐이다.
8 군자가 왕에게 빨리 가서 자신의 죄를 청하려는 모습을 그린다.
9 군자가 자신의 죄를 왕에게 청하는데 울부짖는 소리가 없다는 뜻이다.
10 군자가 마침내 죽임을 당한다. 전쟁을 피해 도망친 죗값을 받는다.

44 천풍구 天風姤
MEETING TOGETHER

주왕과 달기가 나라를 망치다

[이것은] 서로 만나는 모습이다. 여자¹가 다쳤다. 장가들지 말라.²
姤구 女壯여장 勿用取女물용취녀

-1 장차 불운을 만나게 될 것이다.

효		효사	점	풀이
6양 上九		짐승의 뿔¹⁴을 만나니 어렵다.¹⁵ 허물은 없다.¹⁶ 姤其角구기각 吝인 无咎무구	0	피할 수 없는 어려운 상황을 만나 점차 힘들어지지만 끝내 허물은 없을 것이다.
5양 九五		기로 박을 가렸다.¹² [주나라의 무왕이] 상나라¹³를 친다. [상나라가 망한 것은] 하늘에서 나온 것이다. 以杞包瓜이기포과 含章함장 有隕自天유운자천	0	장차 작은 것에 집착하다 큰 것을 놓치는 형국이다.
4양 九四		[고기가 있어야 할] 물통 속에 물고기가 없다.¹¹ 흉함이 일어난다. 包无魚포무어 起凶기흉	-2	장차 모든 것이 무너질 것이다.
3양 九三		[신하들이] 볼기에 곤장을 맞을 것 같아 가는 것을 망설인다.¹⁰ 위태롭지만 큰 허물은 없다. 臀无膚둔무부 其行次且기행차저 厲여 无大咎무대구	0	장차 두려운 상황에 처할 수 있다. 조심하라.
2양 九二		방죽에 [아직] 물고기가 있으니,⁸ 허물은 없다. [왕에게] 손님이 되면 이롭지 않다.⁹ 包有魚포유어 无咎무구 不利賓불리빈	0	자신이 충분한 역량을 갖추고 있더라도 어지러운 세상을 탐하지 말라.
1음 初六		황동 실패³에 [실을 함께] 감았으니,⁴ 점은 길하다.⁵ 갈 곳이 있으면 흉함을 본다.⁶ 돼지를 묶고 당기지만 발을 멈춘 채 [돼지가] 나아가지 않는다.⁷ 繫于金柅계우금니 貞吉정길 有攸往유유왕 見凶견흉 羸豕孚 蹢躅이시부척촉	0	귀인貴人이 도와주면 다행이지만, 그렇지 않고 무턱대고 일을 추진하면 낭패를 볼 것이다.

주제	달기가 나라를 망친 것	
소재	달기	
중심 인물	달기	

은나라의 주왕이 달기를 총애하여 나라를 망친 내용

효	내용
6양 上九	날카로움으로 무장한 무왕의 군사를 만나 은나라는 멸망함.
5양 九五	주왕이 달기를 총애하다가 나라를 망침.
4양 九四	은나라에 이제 충신이 없음.
3양 九三	신하들이 형벌 받는 것을 두려워함.
2양 九二	은나라에 아직 충신이 있음.
1음 初六	달기가 주왕과 함께 잔인한 포격의 형을 행함.

1 이때 여자는 은나라를 망친 달기妲己를 말한다.
2 달기가 나라를 망쳤다. 그런 여자에게 장가들면 안 된다.
3 '황동 실패'란 높은 신분의 귀한 사람을 말한다.
4 은나라 주왕과 달기가 함께 끈을 매고 함께 뒤엉켜 있다는 것을 표현하고 있는 것이다.
5 ☯ "점은 길하다." ☞ 달기가 주왕과 함께 붙어 있으니 길하다. 이것은 달기의 입장에서 기술된 것이다.
6 ☯ "갈 곳이 있으면 흉함을 본다." ☞ 다음에 이어지는 구절에 대한 서술이다.
7 도살장에 끌려가는 돼지의 모습니다. 이것의 고사를 알아보자. 주왕은 달기의 요염한 자태에 현혹되어 주색과 음란에 빠졌다. 이에 백성들의 불만과 원성이 높아졌다. 이를 억압하기 위하여 주왕은 포격炮烙이라는 형벌을 만들어 그들을 탄압했다. 이때 포격이란 땅을 깊이 판 구덩이 속에 불을 피워놓고, 기름을 바른 구리 기둥을 구덩이에 가로질러 놓고 그 위를 걸어가도록 하는 것이다. 그 위를 걸어가다가 발이 기름에 미끄러져 불 속으로 떨어져서 타죽게 된다. 달기는 이를 보고 즐겼다고 한다. 이런 형벌을 받는 모습을 도살장에 끌려가는 돼지의 모습으로 비유적으로 나타내고 있다.
8 방죽에 물고기가 있는 것은 은나라 마지막 왕인 주왕이 폭정을 해도 아직 나라에 충신이 있다는 뜻이다.
9 나라에 아직 충신이 있으나, 조정에 나아가면 이롭지 않다는 말이다.
10 은나라 주왕의 신하들이 형벌 받는 것을 두려워하는 것을 기술하고 있다.
11 은나라 조정에 이제 충신이 없다는 말이다.
12 '기'는 '달기'로 은왕조 말기 상나라의 마지막 왕인 주왕의 총애를 받았던 여인이다. 이 여인 때문에 결국 나라는 망했다. '박'은 여기서 '백성'을 비유한다. "기로 박을 가렸다"는 것은 왕이 달기에 빠져 백성들은 도탄에 빠진 것을 말한다.
13 상나라는 곧 은나라를 말한다. 상나라를 은나라로 부르는 것은 상나라를 얕잡아보는 폄칭貶稱이다.
14 짐승의 뿔은 날카로움으로 무장한 주나라 무왕의 군대를 말한다.
15 여기서 어렵다는 것은 은이 나라를 보존하지 못하게 되었다는 것을 말한다.
16 ☯ "허물은 없다." ☞ 주나라 무왕이 포악무도한 은나라 주왕을 친 것은 허물이 없다. 이 구절은 주나라의 입장에서 기술된 것이다.

45
택지췌 澤地萃
GATHERING TOGETHER

무왕이 병들어 죽다

[이것은] 모여드는 모습이다. [제사를 지내려고] 무왕이 종묘에 온다.¹ 대인을 만나면 이롭다.² 형통한다. 이로운 점이다. 큰 희생을 바치면 길하다.³ 갈 곳이 있으면 이롭다.
萃췌 亨형 王假有廟왕격유묘 利見大人이견대인 亨형 利貞이정 用大牲吉용대생길 利有攸往이유유왕

+2 장차 여러 사람이 모여드는 상황에서 치열한 경쟁을 벌인다. 그런데 운세가 강성하다. 모든 일이 잘 풀릴 것이다.

6음 上六 [무왕이 죽어] 탄식하고 눈물을 흘리나, 허물은 없다.⁷
齎咨涕洟재자체이 无咎무구
0 장차 슬픈 일을 당하나 잘 이겨낸다. 심기일전이 필요하다.

5양 九五 [무왕이 오랜] 직위로 병을 얻었으니 허물은 없다. [그가] 형벌로 [백성들을] 다스리지 않으니 가장 좋다. 오랜 기일이 걸리는 [일에 대한] 점은 뉘우침이 없어진다.
萃有位췌유위 无咎무구 匪孚비부 元원 永貞悔亡영정회망
0 일을 무리하게 처리하지 말고 순리대로 행하라. 그러면 오랫동안 뉘우침은 없어지리라.

4양 九四 크게 길하여 허물이 없다.⁶
大吉대길 无咎무구
+1 현재 상황은 좋고 길할 것이다.

3음 六三 [무왕이] 병들어 한숨을 쉰다. 이로울 것이 없다. 가면 허물은 없으나 조금 어렵다.
萃如嗟如췌여차여 无攸利무유리 往无咎왕무구 小吝소린
0 장차 고통스러울 것이다. 어려움을 감수해야 한다.

2음 六二 크게 길하고 허물은 없다. 믿음을 갖고 검소하게 여름 제사를 지내면 이롭다.⁵
引吉인길 无咎무구 孚乃利用禴부내리용약
+1 묻는 것은 길하고 허물은 없을 것이다.

1음 初六 [은나라에서 잡은] 포로들이 좋지 않게 되어 분란을 일으키고 병이 들어 소리 내어 운다. 한 옥사에서 [포로를 지키고 있는] 사람들이 웃는다. 근심하지 말라. 가면 허물은 없다.⁴
有孚不終유부부종 乃亂乃萃내란내췌 若號약호 一握爲笑일악위소 勿恤물휼 往无咎왕무구
0 대수롭지 않은 일로 근심하지 말라. 시간이 해결해준다.

주제	무왕의 죽음
소재	무왕이 병든 것
중심 인물	왕[무왕]

무왕이 병이 들어 죽는 내용

- 6음 上六 — 무왕이 죽자 모두 슬퍼함.
- 5양 九五 — 무왕의 병은 직위로 얻은 것임.
- 4양 九四 — 무왕의 병이 잠시 호전됨.
- 3음 六三 — 무왕이 병듦.
- 2음 六二 — 승전의 제사를 검소하게 올림.
- 1음 初六 — 포로들이 분란을 일으키고 병이 들어 울부짖음.

1 은나라를 멸망시킨 주나라 무왕이 전쟁에서 승리하고 제사를 지내는 것을 기술한다.
2 이때 대인은 무왕을 말하고, 백성들이 무왕을 만나보는 것이 이롭다는 말이다.
3 승전의 제사를 성대하게 벌이는 것을 말한다.
4 ☯ "근심하지 말라. 가면 허물은 없다." ☞ 포로들의 행위에 대해 근심할 필요 없이, 시간이 지나면 아무런 문제가 없다.
5 검소한 승전의 제사를 말한다. 조상께 정성을 다해 보은의 제사를 드린다. 그러면 은덕을 입는다.
6 주나라 무왕의 병이 잠시 호전되었다.
7 무왕이 죽자 태자 송誦이 뒤를 이어 왕에 올랐고, 주공이 조카를 도와 나라를 잘 이끌었다.

『역경』 텍스트

46 지풍승 地風升
MOVING UPWARDS

문왕이 영토를 넓히다

[이것은] 위로 오르는 모습이다. [이는] 크게 형통한다. 대인¹을 만나면 이롭다. 근심하지 말라. 남쪽을 정벌하면 길하다.
升승 元亨원형 用見大人용견대인 勿恤물휼 南征吉남정길

+2 현재 전도가 양양하다. 조용히 내실을 쌓아 실력을 배양하라. 대인의 도움을 받고 크게 성장하리라.

6음 上六 — 어두운 밤에 쉬지 않고 위로 올라간다.¹⁰ 멈추지 않으면 이롭다는 점이다.
冥升명승 利于不息之貞이우불식지정
+1 목표한 것을 그대로 밀고 나가라. 그러면 반드시 성취할 것이다.

5음 六五 — 점은 길하다. 점차 위로 오른다.⁹
貞吉정길 升階승계
+1 방해받는 것 없이 모든 것이 더욱 상승할 것이다.

4음 六四 — 문왕⁶이 기산⁷에서 제사를 지내니, 길하고 허물이 없다.⁸
王用亨于岐山왕용형우기산 吉길 无咎무구
+1 일은 성사될 것이고, 허물도 없을 것이다.

3양 九三 — 높은 곳에 세워진 고을에 오른다.⁵
升虛邑승허읍
+1 신분은 상승하고, 더 높이 오를 것이다.

2양 九二 — 믿음을 갖고 검소한 여름 제사를 지내면 이롭다.³ 허물은 없다.⁴
孚乃利用禴부내이용약 无咎무구
0 하는 일은 이롭고 허물은 없다.

1음 初六 — 나아가 위로 오른다. 크게 길하다.²
允升윤승 大吉대길
+3 모든 일이 순조롭게 펼쳐질 것이다.

주제	문왕의 정벌사업	
소재	위로 오르는 것	
중심 인물	왕[문왕]	

문왕이 밤낮없이 정벌하여 나라의 영토를 넓히는 내용

- 6음 上六 — 밤에도 멈추지 않고 정벌사업에 매진함.
- 5음 六五 — 점차 정벌사업을 확장함.
- 4음 六四 — 기산에서 제사를 지냄.
- 3양 九三 — 큰 언덕 위에 있는 고을에 오름.
- 2양 九二 — 검소하게 승전의 제사를 지냄.
- 1음 初六 — 정벌사업을 펼침.

1 이때 대인은 주나라 문왕이다.
2 주나라 문왕의 정벌사업이 그렇다는 뜻이다.
3 주나라 문왕이 승전의 제사를 지내는 것이다.
4 조상의 은덕으로 일이 성취되니, 정성껏 제사를 지내라.
5 주나라 문왕이 숭崇을 정벌한 후 도읍을 풍豐으로 옮겼다. 이것은 주나라가 은나라가 있는 동쪽으로 진출하려는 뜻이다.
6 주나라의 왕을 말한다.
7 기산岐山은 현재 섬서성陝西省 기산현岐山縣 동북쪽에 있다. 기산은 문왕의 할아버지 고공단보古公亶父가 정착하였던 곳이다.
8 조상의 은덕을 잊지 않고 제사를 올린다.
9 주나라 문왕의 정벌사업이 점차 확장되어 영토를 넓히는 것을 말한다.
10 주나라 문왕이 밤낮없이 정벌사업에 매진하는 모습을 그린 것이다.

47 택수곤澤水困 ADVERSITY

죄인들이 곤란에 처하다

[이것은] 매우 곤란한 모습이다. [이는] 형통한다. 대인¹에 관한 점은 길하여 허물은 없다.² [죄인이] 죄가 있어도 말하지 않는다.³
困곤 亨형 貞大人吉정대인길 无咎무구 有言不信유언불신

0 자신의 결점을 냉철하게 점검하고 대처하면 점차 곤경에서 빠져나갈 것이다.

효	효사	점수	풀이
6음 上六	칡덩굴과 나무말뚝이 둘러싸고 있는 감옥에 갇혔다. 움직이면 뉘우치고 또 뉘우친다.⁸ 멀리 떠나면 길하다.⁹ 困于葛藟곤우갈류 于臲卼우얼올 曰動悔有悔왈동회유회 征吉정길	+2	장차 풀려나고 고통에서 벗어날 것이다.
5양 九五	코가 잘리고 발이 잘린다. 대인에게 시달리고 있으나 서서히 벗어난다. 제사를 지내면 이롭다. 劓刖의월 困于赤紱곤우적불 乃徐有說내서유탈 利用祭祀이용제사	-1	장차 육체적 고통을 겪으나 조상의 덕으로 서서히 벗어날 것이다.
4양 九四	오는 것이 더딘 것은 금수레⁵로 곤경을 겪었기 때문이다.⁶ 어렵지만 끝은 있다.⁷ 來徐徐내서서 困于金車곤우금거 吝인 有終유종	-1	곤란한 상황에 처해 있다. 일은 더디나 반드시 끝을 볼 것이다.
3음 六三	돌로 묶여 있다가 감옥에 갇혔다. [죄수가 감옥에서 풀려나] 그의 집으로 돌아오니 그의 아내가 보이지 않는다. 흉하다. 困于石곤우석 據于蒺藜거우질려 入于其宮입우기궁 不見其妻불견기처 凶흉	-2	장차 비참한 처지에 놓일 것이다.
2양 九二	[대인이] 술과 음식을 배부르게 먹고 있는데, [왕이 하사한] 붉은 관복이 왔다. [이것을 입고] 제사를 지내면 이로우나 멀리 떠나면 흉하다. 허물은 없다.⁴ 困于酒食곤우주식 朱紱方來주불방래 利用享祀이용향사 征凶정흉 无咎무구	0	묻는 내용에는 허물이 없을 것이다.
1음 初六	[죄인이] 볼기에 곤장을 맞고 감옥에 들어갔다. [그를] 삼년간 보지 못했다. 臀困于株木둔곤우주목 入于幽谷입우유곡 三歲不覿삼세부적	-1	오랫동안 곤란을 겪을 것이다. 마음을 단단히 해야 한다.

주제	대인이 죄인을 감옥에 보내는 것	
소재	시달리는 것	
중심 인물	대인	

대인이 다섯 명의 죄인을 감옥에 가두는 내용

- 6음 上六 — 죄인이 칡덩굴과 나무말뚝이 둘러싸고 있는 감옥에 갇혔다가 풀려남.
- 5양 九五 — 죄인이 대부에게 시달리고 있으나 서서히 벗어남.
- 4양 九四 — 죄인이 대부에게 시달려 오는 것이 더딤.
- 3음 六三 — 죄인이 감옥에 갇혔다가 집으로 돌아오니 그의 아내가 보이지 않음.
- 2양 九二 — 대인이 천자로부터 붉은 관복을 하사받음.
- 1음 初六 — 죄인이 볼기에 곤장을 맞고 감옥에 갇힘.

1 이때 대인은 높은 자리에 있는 사람, 즉 어느 대부大夫를 말한다.
2 대인이 죄인을 감옥에 가두었기 때문에 형통하고 길하며 허물이 없는 것이다.
3 죄인이 죄가 있으면서도 죄에 대해 분명히 말하지 않았기 때문에 감옥에 가둔 것이다. 이것은 대인에게는 좋지만, 죄인의 입장에서 보면 형편이 매우 어려운 지경이다.
4 대인에게는 좋은 일이 생긴다. 그러나 출병하여 떠나면 좋지 않다. 이런 상황이 대인에게는 허물이 없다는 말이다.
5 금수레는 황동으로 장식한 수레인데, 그 수레는 화려하고 귀하다. 옛날 대부, 즉 대인이 타고 다니던 것이다. 그러므로 "금수레로 곤경을 겪는다"는 것은 대부의 시달림을 받는다는 뜻이다.
6 감옥에 갇힌 죄인이 풀려나 더디게 오는 것은 대인에게 시달렸기 때문이다.
7 어려움을 겪고도 결국 도착한다는 뜻이다.
8 현실은 암담하다. 벗어나려고 할수록 더욱 뉘우치게 될 것이다.
9 ☯ "멀리 떠나면 길하다." ☞ 감옥에서 풀려나면 길하다.

성왕이 현인을 등용하다

48 수풍정 水風井 WELL

[이것은] 우물이다. 고을을 정비해도 우물을 개조하지 않으니,[1] 잃는 것도 얻는 것도 없다.[2] [고을사람들이] 왕래하며 물을 길어가, 우물물이 다하여 막히게 되었다.[3] 우물을 파지 않고 두레박을 부수니,[4] 흉하다.
井정 改邑不改井개읍불개정 无喪无得무상무득 住來井왕래정 井汔至정흘지 亦未繘井역미율정 贏其瓶이기병 凶흉

-2   물은 인간의 생존에 절대적이다. 그런데 이것의 관리와 보호가 소홀하다. 그러니 좋지 않을 것이다.

6음 上六   우물물을 길어 올린 뒤 두레박과 줄을 거두고 덮개를 덮지 않으면,[14] 벌을 주니 크게 길하다.[15]
井收勿幕정수물막 有孚유부 元吉원길
+3   장차 유종의 미를 거둘 것이다. 그래도 일의 뒤처리를 깔끔하게 하라. 그래야 뒤탈이 없다.

5양 九五   우물은 맑고 샘물은 차가우니 [그 물을] 마신다.[13]
井洌寒泉食정렬한천식
+1   일이 성사될 수 있도록 무르익었다. 앞으로 일이 잘 풀릴 것이다.

4음 六四   우물에 벽을 쌓으니,[11] 허물은 없다.[12]
井甃정추 无咎무구
0   장차 우물물이 맑아지듯이 삶은 태평하리라.

3양 九三   우물을 깨끗하게 했는데도 먹지 않으니,[8] 내[9] 마음이 슬프다. 물을 길을 수 있으나 왕[10]이 현명해야 모두 그 복을 받는다.
井渫不食정설불식 爲我心惻위아심측 可用汲가용급 王明並受其福왕명병수기복
0   현명하면 복을 받고 어리석으면 화를 당할 것이다.

2양 九二   우물 속의 붕어[6]를 활을 쏘아 잡으려다, 두레박을 깨뜨리니 물이 새어 나온다.[7]
井谷射鮒정곡석부 甕敝漏옹폐루
-2   정확하게 낡은 것을 혁파하지 못하면 엉뚱한 것에서 해를 입을 것이다.

1음 初六   우물에 진흙이 차 마실 수 없고, 오래된 함정이라 짐승도 잡을 수 없다.[5]
井泥不食정니불식 舊井无禽구정무금
-1   낡은 사고방식으로는 새로운 것을 성취하기 어렵다. 현재 상황이 그렇다.

주제	성왕이 현인을 등용할 것을 말한 것
소재	우물
중심 인물	왕[성왕]

성왕이 현인을 등용하여 좋은 조정을 이끌어가는 것에 대한 내용

- 6음 上六 — 현인을 등용하여 좋은 환경을 조성해 줌.
- 5양 九五 — 현인이 밝은 덕과 훌륭한 재능을 지니고 있으면 조정에 등용됨.
- 4음 六四 — 조정에서 현인을 등용함.
- 3양 九三 — 왕이 현인을 등용해야 천하가 복을 받는데 왕이 그렇게 하지 않음.
- 2양 九二 — 우물 속의 붕어를 잡으려다 오히려 해를 입음.
- 1음 初六 — 우물물에 진흙이 차고 함정도 오래됨.

1. 주나라 성왕 때 나라가 많이 달라졌어도 조정 인물은 달라진 것이 없다는 말이다.
2. ☯ "잃는 것도 얻는 것도 없다. ☞ 조정의 인물이 옛날 그대로이니 아무것도 변한 것이 없다."
3. ☯ "우물물이 다하여 막히게 되었다." ☞ 조정에 새로운 인물이 고갈되었다.
4. 현인賢人을 등용하려는 노력을 하지 않고 엉뚱한 일을 한다는 뜻이다.
5. 우물에 진흙이 차고 짐승을 잡는 함정도 낡았다는 것은 조정에 새로운 인물이 없다는 뜻이다.
6. 우물 속의 붕어란 조정의 오래된 인물이다.
7. 오래된 신하를 제거하려고 하다가 엉뚱한 곳에 불똥이 튀어 해를 입는다는 뜻이다.
8. 밝은 덕과 훌륭한 재능을 지니고 있는 현인이 있어도 성왕이 등용하지 않는다는 말이다.
9. 이때 나[我]는 당시 점치는 관리다.
10. 이때 왕은 주나라 성왕이다.
11. 조정에서 현인을 등용하여 나라를 이끌어나간다는 뜻이다.
12. 우물의 벽을 보강하니 좋고, 이런 활동에는 허물이 없을 것이다.
13. 현인이 밝은 덕과 훌륭한 재능을 지니고 있으면 조정에서 등용한다는 말이다.
14. 덮개를 덮지 않으면 빗물이나 더러운 것 등이 들어가거나 어린아이가 빠질 수 있다.
15. 조정에서 현인을 등용하여 그가 소신껏 활동하도록 환경을 조성해 준다는 뜻이다.

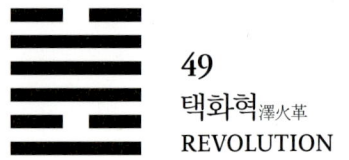

49
택화혁 澤火革
REVOLUTION

전투에 나가려고 말안장을 고쳐 매다

[이것은] 바꾸는 모습이다. 제사를 지내는 날에 포로를 잡았다. 크게 형통한다. 이로운 점이고 뉘우침이 없어진다.¹
革혁 巳日乃孚사일내부 元亨원형 利貞이정 悔亡회망

+1   장차 시류가 바뀌고 변혁이 일어난다. 이에 편승하여 행동한다면 모든 것이 좋아질 것이다.

6음 上六
군자⁹는 표범처럼 변하나, 소인¹⁰은 얼굴을 바꾼다.¹¹ 정벌하면 흉하다.¹² 거주하는 것에 대한 점은 길하다.
君子豹變군자표변 小人革面소인혁면 征凶정흉 居貞吉거정길

0   함부로 나서지 말라. 그래야 안전하다. 상층부와 하층부가 잘 맞지 않는 상황이다.

5양 九五
대인⁷이 호랑이처럼 변하니, 점을 치지 않아도 포로를 잡는다.⁸
大人虎變대인호변 未占미점 有孚유부

+1   현재 상황에 전력투구하라. 그러면 얻을 것이다.

4양 九四
뉘우침이 없어진다. 포로를 잡아 명령을 바꾸니,⁶ 길하다.
悔亡회망 有孚改命유부개명 吉길

+2   새롭게 얻은 정보로 국면이 전환된다. 상황이 호전될 것이다.

3양 九三
정벌하면 흉하니, 점은 위태롭다.⁴ 가죽으로 만든 말안장을 [말에] 세 번 [단단하게] 두르고 출정하여⁵ 포로를 잡았다.
征凶정흉 貞厲정려 革言三就혁언삼취 有孚유부

0   잘 준비하여 일을 처리하면 좋으나 그렇지 않으면 실패한다. 약간의 성취는 있을 것이다.

2음 六二
제사지내는 날을 바꾸니,³ 정벌하면 길하여 허물은 없다.
巳日乃革之사일내혁지 征吉정길 无咎무구

+1   모든 여건이 좋아서 장차 일은 성사될 것이다.

1양 初九
[출전하려고] 황소의 가죽을 써서 [만든 말안장을 단단히] 묶는다.²
鞏用黃牛之革공용황우지혁

0   마음을 단단히 먹어라. 곧 결전이 다가온다.

주제	전쟁	
소재	가죽과 바꾸는 것	
중심 인물	대인, 군자	

대인과 군자가 전쟁에 나가 용감히 싸우는 내용

- 6음 上六 — 군자는 표범처럼 용맹하나 사졸들이 두려움을 품고 있음.
- 5양 九五 — 대인이 호랑이처럼 변하여 용감하게 싸움.
- 4양 九四 — 포로를 잡아 정보를 캐내어 명령을 바꿈.
- 3양 九三 — 준비를 잘 하고 출정하여 포로를 잡음.
- 2음 六二 — 길일을 택하여 출정의 제사를 지냄.
- 1양 初九 — 출정을 단단히 준비함.

1 크게 형통하고 이로운 것은 제사를 지내는 날에 포로를 잡아 그를 희생했기 때문이다. 뉘우침이 없어진다는 것은 전쟁에서 승리하기 때문이다.
2 출전을 앞두고 황소 가죽으로 만든 말안장을 단단히 조여 매는 것을 말한다. 이것은 결전의 각오를 다지는 것이다.
3 제사지내는 날을 바꾼다는 것은 출정의 날을 바꾼다는 뜻이다.
4 말안장을 단단하게 묶지 않아 말이 잘 달릴 수 없어 패하였다는 뜻이다.
5 이것은 출정의 준비를 빈틈없이 했다는 뜻이다.
6 포로를 잡아 정보를 캐내어 적의 상황을 알아내고 명령을 바꾸어 전쟁을 했다는 뜻이다.
7 이때 대인은 군대의 지휘관을 뜻한다.
8 대인이 호랑이처럼 용맹하게 적을 공격하니 전쟁에서 승리한다는 말이다.
9 이때 군자는 전쟁에서의 지휘관을 말한다.
10 이때 소인은 사졸을 뜻한다.
11 지휘관은 호랑이처럼 용맹하나 사졸들은 얼굴에 두려움이 가득하다.
12 이런 상태에서 정벌을 떠나면 전쟁에서 패하게 될 가능성이 크니 흉하다는 말이다.

『역경』 텍스트

50 화풍정 火風鼎 CAULDRON

솥에 음식을 만들다

[이것은] 솥의 모양이다. [이는] 크게 길하고 형통한다.[1]
鼎정 元吉원길 亨형

+3 | 만사를 동료와 서로 협력하면 생각대로 하고자 하는 일이 잘 풀릴 것이다. 지위도 안정되고 더욱 좋아질 것이다.

6양 上九 — 솥에 옥으로 장식한 고리를 걸었으니, 크게 길하여 아주 이롭다.[7]
鼎玉鉉정옥현 大吉대길 无不利무불리
+3 | 장차 크게 부귀해질 것이다.

5음 六五 — 솥에 황색 귀와 구리로 만든 솥귀를 꿰어 솥을 드는 기구를 솥에 걸었으니,[6] 이로운 점이다.
鼎黃耳金鉉정황이금현 利貞이정
+1 | 자신의 온몸에 황금을 두르듯 부귀한 상황이다.

4양 九四 — 솥의 다리가 부러져 [음식을 준비하던 첩이] 공[5]의 음식을 땅에 엎질러, [첩이] 벌을 받으니 흉하다.
鼎折足정절족 覆公餗복공속 其形渥기형악 凶흉
-2 | 능력이 부족하면서 막중한 일을 맡고 있는 형국이다. 화가 미칠 것이다.

3양 九三 — 솥귀가 떨어져나가 [솥을] 옮기지 못했다. 꿩고기를 먹지도 못했는데, 마침 비가 내려서 [꿩고기의 맛이] 변했다. 뉘우치나 마침내 길하다.[4]
鼎耳革정이혁 其行塞기행색 雉膏不食치고불식 方雨虧방우휴 悔회 終吉종길
+1 | 예기치 않은 일로 잠시 장애가 생길 수 있으나 마침내 원하는 것을 이룬다.

2양 九二 — 솥에 먹을 것이 [가득] 있는데, 내 경쟁자를 내쳐서 [그가] 나[3]에게 올 수 없으니, 길하다.
鼎有實정유실 我仇有疾아구유질 不我能卽불아능즉 吉길
+2 | 혼자서 모든 것을 독차지하는 형국이다.

1음 初六 — [공이 솥의] 발을 뒤집어 나쁜 것을 배출하니,[2] 이롭다. [공이] 첩과 [그 첩이 낳은] 아들을 얻으니, 허물은 없다.
鼎顚趾정전지 利出否이출비 得妾以其子득첩이기자 无咎무구
0 | 발상을 전환하여 좋지 않은 것을 제거하니 얻는 바가 있다. 그러나 아내를 내치고 첩과 자식을 얻은 꼴이니 허물이 없는 정도이다.

주제	솥에 얽힌 일
소재	솥
중심 인물	공公

솥을 가진 어느 공의 솥에 얽힌 이야기

6양 上九		솥에 옥고리를 걺.
5음 六五		솥에 황색 귀와 구리 고리를 걺.
4양 九四		솥의 다리가 부러져 공의 음식을 엎질러 벌을 받음.
3양 九三		솥의 귀가 떨어져나가 꿩고기가 비에 젖어 맛이 변함.
2양 九二		솥 속의 먹을 것을 독식함.
1음 初六		솥을 뒤집어 나쁜 것을 내치고, 첩과 자식을 얻음.

1 솥을 가진 어느 공公이 솥으로 음식을 해먹으며 솥을 더욱 호화롭게 꾸몄기 때문에 크게 길하고 형통한 것이다. 고대에서 솥은 매우 중요한 기물이었다.
2 공公이 미련한 아내를 내치는 것을 말한다.
3 나는 공公을 말한다.
4 꿩고기를 다시 끓여먹을 수 있으므로 마침내 길하다는 뜻이다.
5 신분이나 지위가 높은 사람에 대한 존칭이다.
6 이 솥을 가진 공公이 존귀한 사람이라는 뜻이다.
7 공公이 솥을 더욱 호화롭게 꾸민 것을 기술한 것이다.

『역경』 텍스트

51 중뢰진 重雷震
THUNDERCLAP

[이것은] 연거푸 천둥이 치는 모습이다. 제사를 지내는데 천둥이 쳐서 두려워 놀래지만 허허 웃으면서 말한다. 천둥이 쳐서 백리까지 떨쳐 두렵게 해도 [침착하게] 숟가락과 술을 손에서 놓지 않는다.[1]

震진 亨형 震來虩虩진래혁혁 笑言啞啞소언액액 震驚百里진경백리 不喪匕鬯불상비창

+1 크게 놀라는 일이 생겨도 실제 피해는 별로 없으니 하던 일을 그대로 밀고 나가라.

6음 上六
천둥이 우르릉 쿵쾅거리니 놀라서 두려워하며 바라본다. 멀리 나아가면 흉하다. 천둥[의 여파가] 그 자신에게는 미치지 못하고 그의 이웃 [나라]에게만 미친다. 허물은 없다. [이럴 때] 혼인을 시키면 헐뜯는 말이 생긴다.
震索索진삭삭 視矍矍시확확 征凶정흉 震不于其躬于其隣진불우기궁우기린 无咎무구 婚媾有言혼구유언

0 어려운 상황을 만나니 함부로 나서지 말라.

5음 六五
천둥이 우르릉거리며 왔다 갔다 하니 위태롭다. [재화를 잃을 것]을 고려하나 잃는 것은 없어도 사고는 있을 것이다.
震往來厲진왕래려 億无喪有事억무상유사

-1 위험에 직면하여 해를 당할 것 같지만 피해는 입지 않는다. 그렇지만 사고는 있을 것이다.

4양 九四
벼락이 쳐서 진흙 위에 떨어진다.[4]
震遂泥진수니

0 위험에 직면하지만 위험이 비켜간다.

3음 六三
천둥이 쳐서 무섭고 두렵다. 천둥이 칠 때 가더라도 재앙은 없다.[3]
震蘇蘇진소소 震行无眚진행무생

+1 숨이 가쁜 상황에 처하여 불안하나, 피해는 조금도 없을 것이다.

2음 六二
천둥이 치니 위태롭다. 돈을 잃을까 염려하며 구릉[2]에 올라간다. [잃어버리면 그것을] 찾지 말라. 칠일 만에 되찾는다.
震來厲진래려 億喪貝억상패 躋于九陵제우구릉 勿逐물축 七日得칠일득

0 위기에 직면해도 침착하라. 잃는 것이 있어도 곧 되찾는다.

1양 初九
천둥이 칠 때 두려워 놀라지만 나중에는 허허 웃으니, 길하다.
震來虩虩진래혁혁 後笑言啞啞후소언액액 吉길

+1 위험에 직면하여 두려워하나 곧 웃게 될 것이다.

주제	천둥이 쳐서 일어난 상황	

소재 천둥

중심 인물 구체적으로 기록이 없음

천둥이 일어난 여러 가지 상황

효	내용
6음 上六	천둥이 자신에 미치지 않고 이웃에 미침.
5음 六五	천둥이 왔다 갔다 하여도 잃은 것은 없고 사고는 있음.
4양 九四	벼락이 진흙 위에 떨어짐.
3음 六三	천둥 속을 걸어가도 문제가 없음.
2음 六二	천둥이 울려 재화를 잃게 되나 곧 찾게 됨.
1양 初九	천둥이 쳐 놀라지만 두려워하지 않게 됨.

1 제사를 지내는데, 천둥이 쳐도 제사를 의연하고 위엄 있게 받는 모습이다.
2 구릉九陵은 아홉 개의 언덕인데, 여기서는 높은 언덕을 말한다.
3 천둥 속을 걸어가도 벼락을 맞지 않는다.
4 천둥이 진흙 위에 떨어졌지만 아무런 피해는 없다.

52
중산간 重山艮
KEEPING STILL

신체를 살펴보다

등을 살피다가 그 몸을 보호하지 못한다. 뜰을 거닐어도 그 사람을 보지 못한다.[1] [그래도] 허물은 없다.

艮其背간기배 不獲其身불획기신 行其庭행기정 不見其人불견기인 无咎무구

0 지금은 적극적으로 나설 때가 아니다. 산이 겹쳐 있으면서 요지부동으로 있는 것처럼 욕망에 흔들려 경솔하게 행동하지 말라.

6양 / 上九
머리를 살피니,[7] 길하다.
敦艮돈간 吉길
+2 생각을 치밀하게 하라. 그러면 술술 풀릴 것이다.

5음 / 六五
얼굴을 살피니, 말에 조리가 있어 뉘우침이 없어진다.[6]
艮其輔간기보 言有序언유서 悔亡회망
0 전후 상황을 잘 살펴서 말을 조리 있게 하라. 그래야 후회할 일이 없을 것이다.

4음 / 六四
가슴과 배를 살피니, 허물은 없다.[5]
艮其身간기신 无咎무구
0 매사 주의 깊게 살피고 일을 신중하게 추진하라.

3양 / 九三
허리를 살피니, 옆구리 살이 말라 위태롭다. 속이 탄다.[4]
艮其限간기한 列其夤열기인 厲려 薰心훈심
-1 원하는 대로 일이 되지 않아 상심하게 될 것이다.

2음 / 六二
장딴지를 살피니, 살이 더 찌지 않아 마음이 불쾌하다.[3]
艮其腓간기비 不拯其隨부증기수 其心不快기심불쾌
-1 생각대로 일이 풀리지 않아 기분이 좋지 않지만, 억지로 일을 풀려고 하지 말라.

1음 / 初六
발을 살피니, 허물은 없다. 오랜 기간이 걸리는 일에 대한 점은 이롭다.[2]
艮其趾간기지 无咎무구 利永貞이영정
+1 현재 하는 일을 기초부터 잘 살펴보라. 그러면 오랫동안 이로울 것이다.

주제	신체의 각 부위를 살피며 보호하는 것		6양 上九	머리를 살펴봄.
				↑
소재	살피는 것		5음 六五	얼굴을 살펴봄.
				↑
중심 인물	구체적으로 기록이 없음		4음 六四	가슴과 배를 살펴봄.
				↑
신체의 각 부위를 열거하며 이를 살펴보는 내용			3양 九三	허리를 살펴봄.
				↑
			2음 六二	장딴지를 살펴봄.
				↑
			1음 初六	발을 살펴봄.

1 ☯"등을 살피다가 그 몸을 보호하지 못한다." ☯"뜰을 거닐어도 그 사람을 보지 못한다." ☞ 이 두 문구는 부분만을 살피다가 전체를 보호하지 못한다는 뜻이다.
2 발을 주의하여 잘 보살펴 건강에 문제가 없는지 점검한다.
3 장딴지를 살펴보는데, 장딴지에 살이 없어 병든 것 같아 마음이 편하지 않다는 뜻이다.
4 허리를 살펴보는데, 옆구리 살이 없어 병든 것 같아 마음이 어지럽다.
5 가슴과 배 부분을 살펴보니 건강에 아무런 문제가 없다.
6 얼굴을 살펴볼 때는 입을 경계해야 한다는 말이다.
7 머리 속의 생각을 세심히 살펴서 행동을 해야 한다.

53 풍산점 風山漸
DEVELOPING

기러기가 날아오르다

[이것은] 점점 날아 올라가는 모습이다. 여자가 시집을 가면 길하다.¹ 이로운 점이다.
漸점 女歸吉여귀길 利貞이정

+1 무작정 덤비지 말고 일의 순서대로 추진하면 뜻대로 성사될 것이다.

6양 上九
기러기가 큰 산으로 날아간다.⁸ 그 깃털을 춤추는 도구로 쓸 수 있으니,⁹ 길하다.
鴻漸于陸홍점우륙 其羽可用爲儀기우가용위의 吉길

+2 장차 행복한 생활을 하게 될 것이다.

5양 九五
기러기가 고개의 언덕으로 날아간다. [남편이 없어서] 아내가 삼년 동안 잉태를 못하다가 마침내 아이를 가졌다. 길하다.⁷
鴻漸于陵홍점우릉 婦三歲不孕부삼세불잉 終莫之勝종막지승 吉길

+2 경사가 겹치고 만사가 순조롭다.

4음 六四
기러기가 나무로 날아간다. 어떤 사람이 서까래를 얻으니,⁶ 허물은 없다.
鴻漸于木홍점우목 或得其桷혹득기각 无咎무구

0 귀한 건축 자재를 얻어 새 집을 짓기 시작한다. 그러니 허물은 없을 것이다.

3양 九三
기러기가 [물가 위의] 평지로 날아간다. 남편은 멀리 떠나 돌아오지 않고, 아내는 잉태하였으나 기르지는 못했다.⁴ 흉하다. 도적을 막으면 이롭다.⁵
鴻漸于陸홍점우륙 夫征不復부정불복 婦孕不育부잉불육 凶흉 利禦寇이어구

-1 일이 잘 풀리지 않을 것이다. 여러 모로 방비를 잘 해야 한다.

2음 六二
기러기가 [물가의] 반석²으로 날아간다. 먹고 마시니 정말 즐겁다.³ 길하다.
鴻占于磐홍점우반 飮食衎衎음식간간 吉길

+2 만족할 만하고 아주 행복한 형국이다.

1음 初六
기러기가 물가로 날아간다. 어린아이가 [물가로 가면] 위험하다. [시집간 여자가] 꾸짖어 가지 못하게 하면, 허물은 없다.
鴻漸于干홍점우간 小子厲소자려 有言유언 无咎무구

0 위험한 상황이다. 자신이 자신을 경책하고 신중해야 한다. 그래야 허물은 없을 것이다.

주제	여자의 가정생활
소재	기러기가 날아가는 것
중심 인물	여자

한 여자가 가정생활을 영위하며 겪는 일들

6양 上九	다시 행복하게 살아감.
5양 九五	남편은 돌아오고 부인이 다시 아이를 가짐.
4음 六四	새집을 지을 서까래를 얻음.
3양 九三	남편은 멀리 떠나고 부인은 아이를 유산하며 도적이 침입함.
2음 六二	먹을 것이 풍족하여 행복함.
1음 初六	어린아이를 물가로 가지 못하게 함.

1 여자가 자라서 때가 되어 시집을 가는 모습이다. 인생의 순리를 어기지 않고 순서대로 살아가는 모습을 그린다.
2 반석磐石이란 넓고 편편하게 된 큰 돌을 말한다.
3 의衣와 식食이 풍족하다는 뜻이다. 다시 말해 시집간 여자가 그 가족들과 행복한 가정생활을 하고 있다.
4 아내가 아이를 유산했다는 말이다.
5 남편은 멀리 떠나 있고, 아내는 아이를 가졌는데 도적이 침입했다. 모든 일이 어긋나 있다.
6 시집 간 여자가 새집을 짓기 위해 서까래를 얻었다는 말이다.
7 멀리 떠났던 남편이 돌아오고, 아내는 다시 아이를 가졌다.
8 ☞ "기러기가 ○로 날아간다[鴻漸于○]"라는 표현은 모두 흥을 돋우기 위한 문학적 장치이며, 주요 길흉 내용은 그 다음에 이어지는 문장에 들어 있다.
9 시집간 여자가 다시 행복한 가정생활을 할 수 있게 되어 있다는 뜻이다.

54 뇌택귀매 雷澤歸妹
MARRYING MAIDEN
제을이 어린 딸을 시집보내다

[이것은] 여자가 시집가는 모습이다. 멀리 가면¹ 흉하고, 이로울 것이 없다.²
歸妹귀매 征凶정흉 无攸利무유리

-2 순간적인 감정에 사로잡혀 일을 처리하면 그르칠 수 있다. 특히 결혼과 같은 중대사는 더욱 그렇다.

6음 上六
여자가 대바구니를 들었으나 과일이 없고, 남자가 양을 칼로 잡았으나 피가 없다.¹¹ 이로울 것이 없다.
女承筐无實여승광무실 士刲羊无血사규양무혈 无攸利무유리
-1 일을 하려고 해도 잘 되지 않을 것이다.

5음 六五
제을⁸이 딸들을 시집으로 돌려보내는데, 그 언니의 용모가 그 동생의 용모보다 못 하다.⁹ 달이 보름에 가까우면 길하다.¹⁰
帝乙歸妹제을귀매 其君之袂기군지몌 不如其娣之袂良불여기제지몌량 月幾望월기망 吉길
+2 일을 때에 맞게 추진해야 좋다.

4양 九四
여자가 [시집으로 다시] 돌아가는 기일을 늦추는데, 늦게 돌아가는 것은 때가 있기 때문이다.⁷
歸妹愆期귀매건기 遲歸有時지귀유시
-2 아무리 기다려 보아도 이루어지지 않을 것이다. 때를 기다리지만 아직 때가 되지 않았다.

3음 六三
여자를 여동생과 [함께] 시집을 보냈더니, [그 여자가 시집에서 쫓겨나] 여동생과 함께 친정으로 쫓겨 왔다.
歸妹以須귀매이수 反歸以娣반귀이제
0 장차 좋지 않은 모습을 보게 될 것이다.

2양 九二
눈먼 사람이 볼 수 있으니, 갇혀 지내는 사람에 대한 점은 이롭다.⁶
眇能視묘능시 利幽人之貞이유인지정
+2 장차 절망에서 벗어나고 희망을 얻을 것이다.

1양 初九
여자가 시집을 가는데 여동생도 함께 간다.³ 절름발이가 걸을 수 있으니,⁴ 멀리 떠나면⁵ 길하다.
歸妹以娣귀매이제 跛能履파능리 征吉정길
+2 앞으로 좋은 일들이 계속 일어날 것이다. 어떤 것을 추구하면 이루어지리라.

Story-Telling 서사구조

주제	제을이 딸을 문왕에게 시집보내는 것
소재	제을이 딸을 시집보내는 것
중심 인물	제을

제을이 딸을 문왕에게 시집보내고 또 친정으로 쫓겨 오는 내용

효	내용
6음 上六	제을이 시집보낸 딸의 혼사가 이로울 것이 없게 됨.
5음 六五	제을이 딸들을 시집으로 돌려보냄.
4양 九四	시집으로 돌아가는 날을 연기함.
3음 六三	언니와 동생이 함께 친정으로 쫓겨남.
2양 九二	문왕에게 시집가는 여자들.
1양 初九	언니가 여동생과 함께 시집감.

1. 은나라 마지막 왕인 주紂의 아버지 제을帝乙이 딸을 주나라 문왕에게 시집보낸 것을 말한다.
2. 제을이 순간적인 감정에 사로잡혀 급히 일을 성사시켜 결과가 좋지 않았다.
3. 그 당시 귀족들이 딸을 시집보내는 데 그 여동생을 함께 보내는 풍습이 있었다.
4. 절름발이가 걸을 수 있다는 것은 시집을 안간 여자가 시집을 가는 것을 비유한다.
5. 멀리 떠나는 것은 시집가는 것이다.
6. 이때 눈먼 사람과 갇혀 지내는 사람은 모두 시집가는 여자를 비유한다. 이롭다는 것은 여자가 시집가면 이롭다는 말이다. 눈먼 사람이 볼 수 있고, 갇혀 지내는 사람이 자유를 얻으니 좋다.
7. 제을의 딸들이 친정으로 쫓겨 온 뒤 은나라와 주나라의 관계가 악화되었는데, 이를 회복하려면 시간이 필요하다는 뜻이다.
8. 제을帝乙은 은나라의 마지막 왕인 주紂의 아버지다.
9. 주체[언니]가 객체[동생]보다 못하다는 말이다.
10. 시집보내는 날짜가 보름에 가까우면 길하다는 뜻이다.
11. 옛날 귀족들은 혼인할 때 종묘에 제물을 바쳤는데, 여자는 과일 바구니를 바쳤고 남자는 양의 피를 바쳤다고 한다. 그런데 둘 다 과일도 없고 피도 없으니 상서롭지 못한 징조다.

55 뇌화풍 雷火豐
ABUNDANCE

일식이 하늘을 가리다

[이것은] 아주 많은 모습이다. 제사를 지내려고 왕이 왔으니, 근심하지 말라. [제사를 지내는 것은] 정오가 합당하다.[1]
豐풍 亨형 王假之왕격지 勿憂물우 宜日中의일중

+1 지금 아주 풍요로울 정도로 운세가 극에 다다랐다. 쇠퇴를 대비해 잘 준비하라.

6음 上六 집이 크고 막을 쳐 집안을 가렸다. 그 [집의] 문을 엿보니 그곳이 텅 비어 고요하며 사람은 없다. 삼년 동안 [사람을] 보지 못했다.[11] 흉하다.
豐其屋풍기옥 蔀其家부기가 闚其戶규기호 闃其无人격기무인 三歲不覿삼세부적 凶흉

-2 상황이 매우 암울하다. 장차 안 좋아 질 것이다.

5음 六五 [사신이] 상나라[10]에 오니, 상도 받고 칭찬도 들으니 길하다.
來章내장 有慶譽유경예 吉길

+2 어려움을 잘 넘기고 모든 일을 성취할 것이다. 더불어 상도 받고 칭찬도 듣는다.

4양 九四 [일식으로 말미암아 해가 가려지니] 그 [햇빛을] 덮고 있는 것이 커서, 한낮에도 북두성[8]을 본다. [사신이] 항상 기숙했던 주인[9]을 만나니 길하다.
豐其蔀풍기부 日中見斗일중견두 遇其夷主우기이주 吉길

+2 어두운 상황에서도 서광이 비추고 있다. 장차 어둠에서 빠져 나가 회생하게 되리라.

3양 九三 그 장막이 [너무나] 커서 [온 하늘을 가리니] 한낮에도 별[4]을 본다.[5] 그 [별의] 오른팔[6]을 잘라도[7] 허물은 없다.
豐其沛풍기패 日中見沬일중견매 折其右肱절기우굉 无咎무구

0 장차 불필요한 것을 과감하게 정리해야 허물이 없을 것이다.

2음 六二 [일식으로 말미암아 해가 가려지니] 그 [햇빛을] 덮고 있는 것이 커서, 한낮에도 북두성을 본다.[3] 가다가 괴이한 병을 얻지만, 얻은 병을 떼어내면 길하다.
豐其蔀풍기부 日中見斗일중견두 往得疑疾왕득의질 有孚發若유부발 吉길

+2 크고 풍요로운 것이 쪼그라져 모든 것을 포기할 만큼 어려워지나 주변 동료들과 힘을 합쳐 나아가면 걸린 병이 낫듯이 다시 호전될 것이다.

1양 初九 [기숙할] 여주인을 만나니, 다만 십 일 동안 허물은 없다.[2] [은나라에] 가면 상을 받는다.
遇其配主우기배주 雖旬无咎수순무구 往有尙왕유상

+1 운수가 좋다. 무엇이든 실행하면 좋은 결과가 있으리라.

주제	사신으로 가면서 겪는 일	
소재	한낮에 쳐 놓은 큰 막	
중심 인물	은나라로 가는 주나라의 사신	

주나라 사신이 은나라로 사행을 가면서 겪은 일들

6음 上六	사신의 가족은 사신을 찾아 흩어지고 집은 폐가가 됨.
5음 六五	은나라에 와서 상도 받고 명예도 얻음.
4양 九四	항상 기숙했던 주인을 만남.
3양 九三	일식으로 한낮에 북두칠성을 보며 그 별의 오른팔을 잘라버림.
2음 六二	사신이 일식으로 한낮에 북두성을 보며 괴이한 병을 얻음.
1양 初九	사신이 은나라로 사행使行을 가다가 여주인을 만남.

1 주나라에 변고가 일어나 왕이 친히 한낮에 제사를 드린다.
2 주나라 사신이 은나라로 가면서 도중에 기숙할 곳에서 여주인을 만나 십 일 동안 숙식은 걱정할 필요가 없게 되었다.
3 이때 해는 왕을 뜻하고 북두성은 지혜로운 신하를 뜻한다. 왕이 혼미해져 빛을 잃어도 신하가 이를 대신하는 것을 말한다.
4 이때 별은 북두성이다.
5 신하의 지혜와 능력이 출중하다는 뜻이다.
6 북두칠성 중에서 주위에 있는 작은 별을 말한다.
7 북두성 같은 신하를 따르는 무리 중에서 나쁜 간신들을 제거한다는 뜻이다.
8 북두성은 북두칠성과 같은 말이다.
9 이때 주인은 어려운 상황에서 자신을 도와주는 귀인을 말한다.
10 상나라는 은나라를 말한다. 은나라는 상나라에 대한 폄칭貶稱이다.
11 사신으로 떠난 사람이 돌아오지 않아 가족들이 그를 찾아 떠나 뿔뿔이 흩어지고 집도 폐가가 되었다.

56 화산려 火山旅 WANDERER

나그네가 길에서 목숨을 잃다

[이것은] 나그네이다. [이는] 조금 형통한다. 나그네¹에 대한 점은 길하다.²
旅여 小亨소형 旅貞吉여정길

+1 나그네의 신세가 되어 이곳저곳을 떠돌아다니는 고달픈 여로이다. 잠시 나그네의 행로에는 약간 형통함이 있을 것이다.

효		효사	점	풀이
6양 上九		새가 그 둥지를 불태웠다.⁶ 나그네가 먼저 웃다가 뒤에 울부짖는다. 역나라⁷에서 [기르던] 소를 잃어버렸다.⁸ 흉하다. 鳥焚其巢조분기소 旅人先笑後號咷여인선소후호도 喪牛于易상우우이 凶흉	-2	장차 여러 가지 불행이 찾아들 것이다.
5음 六五		[나그네가] 꿩에게 화살을 쏘아 화살 한발로 [꿩이] 죽었다.⁵ 마침내 명예와 이름을 얻는다. 射雉사치 一矢亡일시망 終以譽命종이예명	+1	자신의 능력을 인정받는다. 명예와 부를 얻으리라.
4양 九四		나그네가 거처에서 그의 재물과 돈을 [다시] 얻었으나, [누군가가 암암리에 자신을 해치려 하고 있음을 알고 있기 때문에] 자신의 마음이 불쾌하다. 旅于處여우처 得其資斧득기자부 我心不快아심불쾌	-1	잠시 당장의 문제는 해결하나 장차 불행이 닥쳐올 것이다.
3양 九三		나그네가 [묵었던] 객사에 불이 나서 그의 사내아이 종도 잃었다.⁴ [이것의] 점은 위태롭다. 旅焚其次여분기차 喪其童僕상기동복 貞厲정려	-3	장차 좋지 않은 일들이 계속해서 일어날 것이다.
2음 六二		나그네가 그가 [묵을] 객사에 들었는데, 노잣돈을 품속에 간직하고 있다. 사내아이 종도 얻었는데 [그 종이 매우] 충직하다. 旅卽次여즉차 懷其資회기자 得童僕貞득동복정	+2	장차 좋은 일들이 계속해서 일어날 것이다.
1음 初六		나그네가 의심이 많이 있던 곳을 떠나니 재앙을 얻는다.³ 旅瑣瑣여쇄쇄 斯其所사기소 取災취재	-1	함부로 의심하지 말고 무작정 떠나지 말라.

주제	왕해가 유역이라는 나라의 나그네가 되어 겪은 일	6양 上九	왕해가 소를 잃고 자신도 살해당함.
소재	나그네	5음 六五	화살 하나로 꿩을 잡아 명예와 이름을 얻음.
중심 인물	나그네[은나라의 선왕 왕해]	4양 九四	다시 머무를 곳을 얻고 잃은 재화를 되찾음.
왕해가 유역이라는 나라에서 소를 잃고 죽임을 당한 내용		3양 九三	불이 나서 객사를 불태우고 사내아이 종도 잃음.
		2음 六二	객사에 들어 사내아이 종을 얻음.
		1음 初六	왕해가 있던 곳을 떠남.

1 이때 나그네는 은나라 선왕 왕해王亥를 가리킨다. 왕해는 은나라 탕왕湯王 보다 앞선 시대의 사람이다.
2 나그네가 된 왕해의 앞길이 그렇다는 말이다.
3 나그네는 왕해를 말한다. 왕해가 의심이 많이 있던 곳을 떠나니 이것이 결과적으로 재앙이 되었다.
4 지금 누군가가 나그네인 왕해를 죽이려 하고 있다.
5 이 구절은 은나라 선왕 왕해王亥가 꿩을 화살로 잡은 이야기다.
6 나그네가 머무는 곳이 불에 탔다는 뜻이다.
7 역易나라는 유역有易이라는 나라를 말한다.
8 이것의 숨겨진 고사를 알아보자. 이때 새는 역易나라의 왕인 면신緜臣을 말하고, 둥지는 은나라 선왕 왕해를 말한다. 나그네는 물론 왕해를 말한다. 왕해가 유역有易이라는 나라에 나그네가 되어 소를 기르는 일에 종사하였다. 그런데 왕해가 방종하고 향락을 즐겼다. 이를 알게 된 역나라 왕인 면신이 그를 죽이고 소를 강제로 빼앗았고 왕해의 집도 불태웠다.

57
중풍손 重風巽
GENTLY PENETRATING

무인이 겁을 먹고 숨다

[이것은] 바람이 바람을 따라 부는 모습이다.¹ [이는] 조금 형통한다. 갈 곳이 있으면 이롭고, 대인²을 만나면 이롭다.
巽손 小亨소형 利有攸往이유유왕 利見大人이견대인

+1 먼저 바람이 불면 또 다른 바람이 따라서 불듯이 바람처럼 결단을 망설이며 마음이 우유부단할 수 있다. 이런 때는 힘 있는 사람에게 의지하여 도움을 받는 것이 이로울 것이다.

6양 上九
책상 아래에 엎드려 있다가⁹ 재화와 돈을 잃으니, 점은 흉하다.
巽在牀下손재상하 喪其資斧상기자부 貞凶정흉
-1 자신의 능력과 분수에 맞지 않는 직분과 재물을 가지고 있으니 장차 물거품이 되리라.

5양 九五
점은 길하여 뉘우침이 없어지니 더욱 이롭다. 시작을 잘 못했지만 잘 마칠 수 있다.⁷ 경일 삼일 전과 경일 삼일 후가 길하다.⁸
貞吉정길 悔亡회망 无不利무불리 无初有終무초유종 先庚三日선경삼일 後庚三日후경삼일 吉길
+1 시작은 좋지 않으나 끝날 때는 좋은 결과가 있을 것이다.

4음 六四
뉘우침이 없어진다. [겁 많은 무인이] 사냥을 해서 세 종류의 짐승을 잡는다.⁶
悔亡회망 田獲三品전획삼품
0 두려워하는 상황에서 벗어날 것이다.

3양 九三
[겁 많은 무인이 귀신의 공포로부터 벗어나지 못하고] 미간을 찡그리며 엎드리니 곤란하다.
頻巽빈손 吝인
-1 마음속으로 아직도 두려워하는 바가 있다. 아직 상황은 어렵다.

2양 九二
[겁 많은 무인이 귀신을 보고 놀라] 책상 아래로 들어가 엎드려 있어서 사무⁵가 [귀신을 쫓는 일을] 시행하니 어수선하다. [결국 귀신을 쫓으니] 길하여 허물은 없다.
巽在牀下손재상하 用史巫紛若용사무분약 吉길 无咎무구
0 상황이 어수선하고 자주 헛것을 보고 놀라며 두려워한다. 그러나 상황은 종료되고 허물은 없을 것이다.

1음 初六
[군대가] 진격하거나 퇴각하거나,³ 무인에게 이로운 점이다.⁴
進退진퇴 利武人之貞이무인지정
+1 어떤 일을 추진하거나 물러서거나 둘 다 이로울 것이다.

주제	겁 많은 무인의 출정	
소재	무인이 상 아래에 엎드리는 것	
중심 인물	무인武人	

겁 많은 무인이 귀신을 보고 놀라 결국 출정하지 못한다는 내용

- 6양 上九 : 무인이 귀신을 보고 놀라 상 아래에 엎드려 있다가 재화를 잃고 출정하지 못함.
- 5양 九五 : 출정의 길일을 정함.
- 4음 六四 : 무인이 사냥하여 세 종류의 짐승을 잡음.
- 3양 九三 : 무인이 미간을 찡그리며 엎드림.
- 2양 九二 : 무인이 귀신을 보고 놀라 상 아래에 엎드려 있는데, 무당은 귀신을 쫓는 의식을 거행함.
- 1음 初六 : 군대가 진격하거나 퇴각하거나 무인에게는 모두 이로움.

---

1 바람이 바람을 따라 분다는 것에는 쉽게 순종하거나 우유부단하다는 뜻도 들어있다.
2 이때 대인은 벼슬자리에 있는 사람이다.
3 무인이 우유부단하여 이러지도 저리지도 못하고 있는 형편이다.
4 무인에게 진격하거나 퇴각하거나 모두 다 이로운 상황이라는 뜻이다.
5 사무史巫란 무당을 말한다.
6 겁 많은 무인이 세 종류의 짐승을 잡고서야 귀신의 공포로부터 벗어날 수 있었다.
7 무인이 출정할 때는 좋지 않으나 마칠 때는 결과가 좋을 것이라는 뜻이다.
8 음력의 경우이다. 십간인 천간天干은 갑甲·을乙·병丙·정丁·무戊·기己·경庚·신辛·임壬·계癸이다. 이 순서에서 경일庚日의 삼일 전은 정일丁日이며, 삼일 후는 계일癸日이다. 이 날들이 길일이라는 뜻이다.
9 겁 많은 무인이 출정의 길일까지 받아 놓고 귀신을 보고 놀라 상 아래에 엎드려 있다.

58
중택태 重澤兌
JOYFULNESS

두 나라가 사이좋게 지내다

[이것은] 기뻐하는 모습이다. [이는] 형통한다.¹ 이로운 점이다.
兌태 亨형 利貞이정

+2 　행동과 처신을 잘 해서 자신도 좋고 남도 좋은 형국이다.

6음 上六　[화평을] 이끌어내니 기뻐한다.⁷
引兌인태
+1 　장차 문제를 해결하여 서로 화평하게 될 것이다.

5양 九五　박나라 사람을 포로로 잡으니,⁶ 위태롭다.
孚于剝부우박 有厲유려
-1 　억지로 문제를 해결하려 하지 말라. 그러면 위태로워 질 것이다.

4양 九四　[서로] 상의하는 것을 기뻐하나 결정하지 못한다. 옴 병은 낫는다.⁵
商兌未寧상태미녕 介疾有喜개질유희
+1 　어떤 문제로 인해 어려움에 처하나 나중에 곧 해결될 것이다.

3음 六三　[박나라 사신이 주나라에] 온 것을 기뻐하나, 흉하다.⁴
來兌내태 凶흉
-2 　처음에는 좋다가 나중에는 생각지도 못한 흉한 일이 일어날 것이다.

2양 九二　믿음직해서 기뻐하니 길하다.³ 뉘우침이 없어진다.
孚兌부태 吉길 悔亡회망
+2 　얼굴은 부드럽고 말은 진실하니 남이 믿고 따르게 될 것이다.

1양 初九　[주나라와 박나라가] 화목하게 지내는 것을 기뻐하니,² 길하다.
和兌화태 吉길
+2 　항상 안색을 부드럽게 하고 타인과 화목하게 지내라. 그러면 사람들이 따르고 일은 잘 풀릴 것이다.

주제	주나라와 박나라의 외교	6음 上六	화평을 이끌어 내고 기뻐함.
소재	기뻐함	5양 九五	박나라 사신을 포로로 잡음.
중심 인물	박나라 사신	4양 九四	두 나라 사이의 외교 문제를 상의하였으나 결정하지 못함.
		3음 六三	박나라 사신이 주나라에 온 것을 기뻐하지만 생각지도 못한 일이 일어남.
주나라가 박나라와 국교를 맺고 서로 화평하게 지내는 내용		2양 九二	박나라 사신이 주나라에 와서 믿음직하게 말하는 것을 기뻐함.
		1양 初九	서로 화목하게 지내는 것을 기뻐함.

1 주나라와 박剝나라가 서로 국교를 맺고 화평하게 지낸다.
2 주나라가 박나라와 전쟁하지 않고 화목하게 지낸다.
3 박나라 사신이 주나라에 와서 믿음직하게 말하니 주나라가 기뻐하고 길하다.
4 박나라 사신이 주나라에 온 것을 기뻐하나, 생각하지도 못한 흉한 일이 일어났다.
5 주나라와 박나라 사이에 결정을 내리지 못한 일이 옴 병이 낫듯이 아무런 문제없이 곧 성사된다는 뜻이다.
6 박나라 사신이 주나라에 와서 외교 문제를 상의하였다. 그러나 의견이 서로 대립하자 주나라가 박나라 사신을 포로로 잡았다.
7 주나라와 박나라가 마침내 화합하게 되었다.

59 풍수환風水渙 DISPERSAL

왕이 홍수를 만나다

[이것은] 물이 거침없이 흘러가는 모습이다. [홍수가 나서] 제사를 지내려고 왕이 종묘에 온다.¹ 큰 내를 건너면 이롭다.² 이로운 점이다.³

渙환 亨형 王假有廟왕격유묘 利涉大川이섭대천 利貞이정

+1 물이 거침없이 흘러가듯 운세가 물의 흐름 같이 강하게 작용할 때이다. 어려움을 만나더라도 정면으로 돌파하라.

6양 上九
[홍수가] 흘러가 근심은 없어졌으나 경계해야 허물이 없다.
渙其血去逖出환기혈거적출 无咎무구
0 — 이제 재앙은 지나갔다. 그래도 경계를 늦추지 말라.

5양 九五
땀을 흘리며 [왕이] 크게 울부짖는다. [물이] 왕이 거처하는 곳을 휩쓸고 흘러가나, [왕은 이미 피신하여 안전하니] 허물은 없다.
渙汗其大號환한기대호 渙王居환왕거 无咎무구
0 — 재난을 당하여 곤혹스러운 상황에 처할 것이다.

4음 六四
[홍수가] 사람들을 휩쓸고 흘러가나, [그런 상황에도 큰 인명 피해는 없었으니] 크게 길하다. [홍수가 사람들이 피신한 높은] 언덕을 휩쓸고 흘러가니, [이 일은] 평소 생각한 것은 아니다.
渙其羣환기군 元吉원길 渙有丘환유구 匪夷所思비이소사
+3 — 생각지도 않은 큰 재난을 당하여 초토화된다. 그러나 재난을 무사히 피해 인명피해는 없을 것이다.

3음 六三
홍수가 [왕의] 몸을 휩쓸고 흘러가나, [아무런 문제가 일어나지 않으니] 뉘우침은 없다.
渙其躬환기궁 无悔무회
0 — 현재 사태가 내 몸을 휩쓸고 지나갈 정도는 아니다.

2양 九二
홍수가 섬돌을 세차게 흘러가니, 뉘우침이 없어진다.⁴
渙奔其机환분기궤 悔亡회망
0 — 아직 사태가 나를 해칠 정도는 아니다.

1음 初六
[홍수가 나서 왕이 피신하는데] 타고 가는 말이 튼튼하니, 길하다.
用拯馬壯용증마장 吉길
+2 — 걱정하지 말라. 어려운 고비를 무사히 넘길 것이다.

주제	홍수를 만난 것	
소재	홍수	
중심 인물	왕	

왕이 홍수를 당한 각 상황에 대한 내용

- 6양 上九 — 홍수가 빠져나감.
- 5양 九五 — 홍수가 왕의 거처를 휩쓸고 흘러감.
- 4음 六四 — 홍수가 사람들을 휩쓸고 흘러감.
- 3음 六三 — 홍수가 왕의 몸을 휩쓸고 흘러감.
- 2양 九二 — 홍수가 섬돌을 세차게 흘러감.
- 1음 初六 — 왕이 튼튼한 말을 타고 홍수를 무사히 피신함.

1 홍수가 나서 왕이 종묘에 와 제사를 지낸다.
2 이것은 홍수로 민심이 흩어지고 어려울 때 민심을 수습하기 위하여 종묘에 제를 올리는 것을 말한다. 이렇게 제를 올려 민심을 수습할 수 있어서 이롭다는 말이다.
3 홍수가 났으나 큰 피해 없이 극복하여 이롭다는 뜻이다.
4 홍수가 섬돌을 휩쓸고 흘러가나 큰 문제가 되지 않는다.

60 수택절 水澤節
FRUGALITY

검소하게 살다

[이것은] 절약하는 모습이다. [이는] 형통한다. 검소한 것을 고통으로 여기면, 점[에 묻는 일]은 불가능하다.¹
節절 亨형 苦節고절 不可貞불가정

+1 　검소하면 모든 일이 형통하리라.

6음 / 上六
절약을 고통으로 여기니 [이것의] 점은 흉하나, 뉘우침이 없어진다.
苦節고절 貞凶정흉 悔亡회망
−1 　사치하면 곤궁에 빠질 것이니 당연히 흉하나, 이를 반성하면 뉘우침은 없어진다.

5양 / 九五
절약함을 달갑게 여기니 길하다. 나가면 상³이 있다.
甘節감절 吉길 往有尙왕유상
+2 　검소함이 습관화되어 있다. 장차 복을 받을 것이다.

4음 / 六四
검소함에 안주하니, 형통한다.
安節안절 亨형
+2 　검소함이 몸에 배여 있다. 그러니 만사형통할 것이다.

3음 / 六三
절약하지 않으면 [지난날의 검소하지 않음을] 한탄하게 되나, 허물은 없다.
不節若부절약 則嗟若즉차약 无咎무구
0 　재물이 있다고 과신하지 말라. 언젠가 한탄하게 될 것이다.

2양 / 九二
바깥뜰을 나가지 않으니, 흉하다.
不出門庭불출문정 凶흉
−1 　기회가 찾아오니 집안에 있지 말라. 집안에만 있으면 기회를 놓친다.

1양 / 初九
안뜰을 나가지 않으니, 허물이 없다.²
不出戶庭불출호정 无咎무구
0 　집밖을 나가지 말라. 나서면 막힐 것이다.

주제	검소한 생활	
소재	검소	
중심 인물	기록되어 있지 않음	

검소하게 살아가는 것이 좋다는 내용

- 6음 上六 — 절약을 고통으로 여김.
- 5양 九五 — 검소한 것을 달게 여김.
- 4음 六四 — 검소하게 살아감.
- 3음 六三 — 검소하지 않으면 한탄하게 될 것임.
- 2양 九二 — 집밖에서도 검소하게 지냄.
- 1양 初九 — 집안에서 검소하게 살아감.

1 ☯ "점[에 묻는 일은 불가능하다." ☞ 검소하지 않은 채 점에 묻고자 하는 일을 해서는 안 된다!
2 이때는 집안에 있으면서 검소하게 살아야 한다.
3 이때 상尙은 자랑할 일 또는 좋은 일이다.

61 풍택중부 風澤中孚
INNER TRUTH

활을 쏘아 물에 떠 있는 돈어¹를 맞추니,² 길하다. 큰 내를 건너면 이롭다.³ 이로운 점이다.

中孚豚魚吉중부돈어길 利涉大川이섭대천 利貞이정

+1 정성과 믿음을 다해 일을 추구하면 모든 일이 성사되리라.

6양 上九 닭이 하늘로 올라가니,⁹ 점은 흉하다.
翰音登于天한음등우천 貞凶정흉
-1 능력도 없으면서 너무 높이 올라갔다. 장차 바닥으로 떨어질 것이다.

5양 九五 포로를 잡아 단단히 묶어두니, 허물은 없다.
有孚攣如유부련여 无咎무구
0 장차 얻는 바가 있으니 잘 경계해야 잃지 않는다.

4음 六四 달이 보름에 가까울 즈음 말 한필을 잃었지만,⁸ 허물은 없다.
月幾望월기망 馬匹亡마필망 无咎무구
0 장차 귀한 것을 잃어버리지만, 큰 허물이 되지는 않는다.

3음 六三 적을 사로잡으니, 어떤 사람은 북을 두드리기도 하고, 어떤 사람은 지쳐 있기도 하고, 어떤 사람은 울기도 하고, 어떤 사람은 노래 부르기도 한다.⁷
得敵득적 或鼓或罷혹고혹파 或泣或歌혹읍혹가
0 얻은 것도 있고 잃은 것도 있다. 그래도 일은 성사되리라.

2양 九二 학이 [나무] 그늘에서 우니 그 짝이 그에게 화답한다. 내게 좋은 술이 있으니 나와 그대 술을 함께 즐긴다.⁶
鳴鶴在陰명학재음 其子和之기자화지 我有好爵아유호작 吾與爾靡之오여이미지
+2 나와 상대가 서로 호응하는 관계이니 만사가 잘 이루어질 것이다.

1양 初九 편안하여 길하다.⁴ 뜻밖의 환난이 생겨 편안하지 않다.⁵
虞吉우길 有他不燕유타불연
+1 지금은 편안하나 장차 뜻밖의 환난에 대비하라.

주제	무왕의 은나라 정벌
소재	전쟁
중심 인물	나[무왕의 군사]

주나라 무왕의 군사가 은나라 주왕의 군사와 싸워 이기고 포로를 사로잡은 내용

- 6양 上九 : 은나라 주왕의 죽음.
- 5양 九五 : 사로잡은 포로를 묶음.
- 4음 六四 : 말을 잃어버림.
- 3음 六三 : 싸움에서 이겨 적을 사로잡음.
- 2양 九二 : 무왕의 군사와 주왕의 군사가 서로 호응함.
- 1양 初九 : 주나라 무왕이 군사를 일으켜 은나라로 쳐들어옴.

1. 돈어豚魚는 북어 등과 같은 돼지머리 형태의 물고기를 말한다. 여기서는 은나라의 주왕을 상징한다.
2. "활을 쏘아 물 위에 떠 있는 돈어를 맞춘다"는 것은 주나라 무왕이 은나라 주왕을 친다는 뜻이다.
3. 주나라 무왕이 은나라 주왕의 군사를 궤멸시킨다는 뜻이다.
4. 은나라의 주왕이 자신의 뜻을 거스르는 충신들을 제거하고 마음대로 권력을 행사함으로 현재 편안하고 길하다는 뜻이다.
5. 하지만 주나라 무왕의 군대가 갑자기 쳐들어 왔다.
6. 주나라 무왕의 군사와 은나라 주왕의 군사가 서로 호응하는 것을 말한다. 여기서 잠깐 숨은 이야기를 알아보자. 목야牧野에서 주나라 군사와 은나라 군사 사이에 전투가 벌어졌다. 수적으로 은나라 군사의 수가 많았으나 사기는 바닥이었다. 그래서 마음속으로 은나라 군사들은 무왕의 군대가 빨리 입성하기를 바랐다. 실제 전투가 벌어지자 주왕의 군사들은 무기를 거꾸로 들고 싸운다거나 길을 열어주기도 하고 무왕의 선봉에 서기도 하였다. 무왕이 물밀듯이 진격하자 주왕의 군사들이 모두 무너졌다. 이런 모습을 보고 서로 호응한다고 말한 것이다.
7. 전쟁에서 이겨 적을 사로잡은 상황이다. 그러나 상처뿐인 영광이다. 얻은 것도 많고 잃은 것도 많다.
8. 말을 잃은 것은 전쟁에서 승리한 후의 일이다.
9. 닭이 하늘로 올라갔다는 것은 은나라 주왕의 죽음을 비유한다.

『역경』 텍스트

62 뇌산소과 雷山小過
SLIGHTLY EXCESSIVE

주왕의 그릇됨이 나라를 망치다

[이것은] 조금 지나친 모습이다. [이는] 형통하고 이로운 점이다. 작은 일은 할 수 있으나 큰일은 할 수 없다.[1] 날아가는 새가 소리를 내는데, 위로 올라가면 알맞지 않고, 아래로 내려오면 알맞다.[2] 크게 길하다.

小過소과 亨형 利貞이정 可小事가소사 不可大事불가대사 飛鳥遺之音비조유지음 不宜上불의상 宜下의하 大吉대길

+1 분에 넘치면 화를 자초할 것이다. 과분하게 자기 능력 이상을 추구하거나 힘이 미치는 않는 상대와 대립을 피해야 한다. 작은 일은 성취하나 큰일은 할 수 없다.

6음 上六
[신하들이 주왕을] 저지하지 않아 그릇되게 하여, 나는 새[13]가 그물에 걸리니 흉하다. 이것은 재앙이다.
弗遇過之불우과지 飛鳥離之비조리지 凶흉 是謂災眚시위재생
-2 조그마한 불씨를 미리 막아야 했는데, 이제는 너무 늦었다. 앞으로 큰 재앙이 올 것이다.

5음 六五
내 [나라] 서쪽 교외[7]로부터 짙은 구름이 [일어도] 비가 오지 않는다.[8] [머지않아] 공[9]이 주살[10]로 쏘아 그 새[11]를 [잡아] 굴에서 줍는다.[12]
密雲不雨밀운불우 自我西郊자아서교 公弋공익 取彼在穴취피재혈
-1 아직은 때가 아니다. 일이 잘 되어 가고 있으니 머지않아 반드시 이루리라.

4양 九四
허물이 없으니, [주왕이] 그릇되지 않았을 때 [신하들이 그를] 저지하며, 가면 위태로우니,[6] [신하들이] 반드시 경고해야 한다. 오랜 기간이 걸리는 [일에 대한] 점은 사용하지 말라.
无咎무구 弗過遇之불과우지 往厲必戒왕려필계 勿用永貞물용영정
0 아주 작은 과실이 나중에 커다란 해를 가져올 것이다. 행하면 위험하니 반드시 경고하라.

3양 九三
[주왕이] 그릇되지 않았을 때 방지해야 했는데, 방임하여 혹 그 몸을 망치니,[5] 흉하다.
弗過防之불과방지 從或戕之종혹장지 凶흉
-2 썩은 부위는 과감히 도려내야 뒤탈을 예방할 것이다.

2음 六二
할아버지를 책망하고 할머니를 대우한다. 임금을 책망하고 신하를 대우한다.[4] [그래야] 허물은 없다.
過其祖과기조 遇其妣우기비 不及其君불급기군 遇其臣우기신 无咎무구
0 모든 것이 제자리를 잡고 있어야 최소한의 허물은 없을 것이다.

1음 初六
새가 화살을 맞은 채로 날아가니,[3] 흉하다.
飛鳥以비조이 凶흉
-2 장차 치명적인 상처를 입을 것이다. 조심하라!

Story-Telling 서사구조

주제	은나라의 멸망
소재	은나라의 주왕의 그릇됨
중심 인물	공公[무왕]

무왕이 은나라를 멸망시킨 내용

효	내용
6음 上六	주왕은 죽고, 은나라는 멸망함.
5음 六五	무왕이 은나라를 정벌함.
4양 九四	주왕이 그릇되지 않았을 때 그를 저지하며, 반드시 경고해야함.
3양 九三	주왕이 그릇되지 않았을 때 방지하지 못하고, 방임하여 그 몸을 망침.
2음 六二	주왕이 제자리를 못 잡고 있음.
1음 初六	주왕이 치명적인 상처를 입음.

1 전쟁이나 제사 등은 큰일[大事]이고, 그 외의 일은 작은 일[小事]이다.
2 이때 새는 은나라의 주왕을 말한다. 날아가는 새가 소리를 내는데, 새가 위로 올라가며 소리를 내면 사람들이 알아듣지 못하여 알맞지 않다. 반대로 새가 아래로 내려오며 소리를 내면 사람들이 알아들을 수 있어 알맞다.
3 새는 은나라 주왕을 말하고, 그가 치명인 상처를 입었다는 뜻이다.
4 할아버지는 한 집안에서 가장 높은 사람이지만 그에게 그릇됨을 말할 수 있어야 한다. 반면 할머니는 할아버지보다 지위 면에서 낮지만 대우받아야 한다. 임금은 한 나라에서 가장 지위가 높지만 그에게 그릇됨을 말할 수 있어야 한다. 반면 신하는 임금 보다는 지위는 낮지만 대우받아야 한다. 이렇게 하는 모습이 정상이다. 그래야 최소한 허물은 없다. 그러나 은나라 주왕의 치세에 주왕은 바른 말하는 신하를 모두 죽였으며 그 밖의 신하들은 주왕의 곁을 모두 떠났다.
5 "방임하여 혹 그 몸을 망친다"는 것은 신하들이 방임하여 주왕의 그릇됨이 지나치게 되었다는 뜻이다.
6 "가면 위태롭다"는 것은 주왕이 충신들의 말을 듣지 않고 잘못된 방향으로 나아가 위태롭다는 것이다.
7 이때 서쪽 교외는 주나라를 말한다.
8 조건은 성숙되었으나 아직 일은 일어나지 않았다는 뜻이다.
9 이때 공公은 주나라 무왕을 말한다.
10 주살이란 활쏘기의 기본자세를 연습할 때 쓰는 것으로 화살 머리에 줄을 매어 쏘는 화살을 말한다.
11 이때 새는 은나라 무왕이다.
12 주나라 무왕이 은나라를 멸망시킬 것임을 암시한다.
13 "나는 새"는 은나라 주왕이다.

63
수화기제 水火旣濟
ALREADY ENDING

고종이 수레를 끌고 물을 건너다

[이것은] 이미 이루어진 모습이다. [이는] 형통한다.¹ 조금 이로운 점이다. 처음은 길하나 끝은 어지럽다.²

旣濟기제 亨형 小利貞소이정 初吉終亂초길종란

+1 일이 이미 완성되었으니 잘 유지하도록 최선을 다하라. 그렇지 않으면 계속되기 어려울 것이다.

6음 上六
[술을 마시는 사람이] 그 머리를 적시니 위태롭다.¹⁴
濡其首유기수 厲여
-1 도를 지나치면 도리어 해가 될 것이다.

5양 九五
동쪽 나라¹¹에서 소를 잡고, [성대하게 제사를 지내는 것이] 서쪽 나라¹²의 검소한 제사만 못하다.¹³ 실제 그 복을 [서쪽 나라가] 받는다.
東鄰殺牛동린살우 不如西鄰之禴祭불여서린지약제 實受其福실수기복
+1 밖으로 과시하기 보다는 주나라 문왕과 같이 훌륭한 덕을 쌓아라. 그러면 복을 받을 것이다.

4음 六四
[강물이] 겨울에 입는 겉옷을 적셨다.¹⁰ 온종일 조심해야 한다.
繻有衣袽유유의녀 終日戒종일계
-1 여러 사람들이 다치고 죽을 수 있는 상황이다. 그러나 온종일 더욱 조심해야 한다.

3양 九三
고종⁶이 귀방⁷을 정벌하는데 삼년 만에 [귀방을] 이겼다. 소인⁸은 소용이 없다.⁹
高宗伐鬼方고종벌귀방 三年克之삼년극지 小人勿用소인물용
-1 장차 일이 힘들고 오래 걸리나 일을 이룰 것이다. 그러나 소인의 위치에 있는 사람들은 고생만 하고 이로움이 없을 것이다.

2음 六二
부인이 자신의 머리 장식물⁴을 잃었으나, 찾지 않아도 칠일이면 [다시] 찾는다.⁵
婦喪其茀부상기불 勿逐물축 七日得칠일득
0 귀한 것을 잃어버렸다가 머지않아 다시 찾는 형국이다.

1양 初九
수레바퀴를 끌며, 그 뒤를 적시나 허물은 없다.³
曳其輪예기륜 濡其尾유기미 无咎무구
0 약간의 문제가 발생하나 별 어려움이 없을 것이다.

주제	귀방의 정벌	

6음 上六	승전을 경축하는 정도가 지나침.

소재	귀방의 정벌

5양 九五	은나라가 승전의 제사를 올리나 그 덕이 주나라만 못함.

중심 인물	고종 高宗

4음 六四	출병한 사졸들이 많이 다치고 죽음.

은나라의 고종이 귀방을 정벌한 내용

3양 九三	삼년 만에 귀방을 정벌함.

2음 六二	앞날의 일이 성공할 것임을 암시함.

1양 初九	수레를 끌며 물을 건넘.

1 은나라 고종이 귀방鬼方을 정벌하였기 때문이다.
2 ☯ "처음은 길하나 끝은 어지럽다." ☞ 은나라 고종이 귀방을 정벌하는 것이 쉽지 않다.
3 은나라 고종의 군사가 출병하여 수레바퀴를 끌며 물을 건너는데, 수레의 위와 뒤가 젖었다. 그러나 이것은 아무런 문제가 되지 않는다.
4 머리 장식물은 귀한 물건을 말한다.
5 고종이 귀방을 정벌하는 데 시간이 좀 걸리나 결국 정벌할 것임을 암시하는 것이다.
6 고종高宗은 은나라 왕인 무정武丁을 말한다. 그는 59년간 재위하였으며, 부열傅說을 재상으로 삼아 은나라 왕조 최후의 전성기를 만들었다.
7 여기서 귀방은 나라 이름으로 은의 적대국인데, 지금 산서성山西省 북부와 섬서성陝西省 북부 및 서부 일대를 근거지로 하고 있었던 나라이다. 당시 귀방은 가장 강력한 외족이었다.
8 이때 소인은 당시 정벌에 참여했던 사졸士卒들을 말한다.
9 ☯ "소인은 소용이 없다." ☞ 전쟁이 끝나 논공행상을 하는데, 소인인 사졸에게는 돌아갈 것이 없다.
10 출병한 사졸들이 혹은 다치고 혹은 죽었다는 것을 에둘러 표현한 것이다.
11 동쪽 나라는 은나라를 말한다. 고종 당시 주나라는 은나라의 제후국이었다.
12 서쪽 나라는 주나라를 말한다.
13 은나라는 제사를 성대하게 지냈지만, 주나라의 덕이 은나라보다 낫다는 뜻이다.
14 은나라 고종의 승전을 경축하는 정도가 지나쳤음을 기술한다. 이것은 비록 전쟁에서 승리했지만, 위태롭다는 말이다.

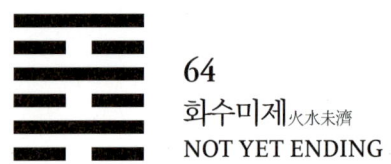

64 화수미제 火水未濟
NOT YET ENDING

강을 건너다가
난관에 부딪치다

[이것은] 아직 끝나지 않은 모습이다. [이는] 형통한다. 작은 여우¹가 거의 다 물을 건너다가, 그 꼬리²를 물에 적신다.³ 이로울 것이 없다.⁴

未濟미제 亨형 小狐汔濟소호흘제 濡其尾유기미 无攸利무유리

−1 자신의 능력을 알지 못하고 일을 행하다가 작은 여우가 물에 빠져 꼬리를 적시듯이 화를 자초할 것이다.

6양 / 上九 — 포로를 잡아 술을 마시니 허물이 없다.¹⁰ [술을 너무 많이 마셔] 머리를 적시니 포로를 잡았지만 바름을 잃었다.¹¹
有孚于飮酒유부우음주 无咎무구 濡其首유기수 有孚失是유부실시
0 — 모든 것에서 정도를 지나치면 화를 부를 것이다.

5음 / 六五 — 점은 길하여 뉘우침은 없다. 군자⁹의 영광은 포로를 사로잡은 것이니, 길하다.
貞吉정길 无悔무회 君子之光군자지광 有孚유부 吉길
+2 — 얻는 것이 많아 광영이 있을 것이다.

4양 / 九四 — 점은 길하여 뉘우침은 없어진다. 진⁷이 귀방을 정벌하는 데 삼년이 걸렸다. 대국⁸으로부터 상을 받는다.
貞吉정길 悔亡회망 震用伐鬼方三年진용벌귀방삼년 有賞于大國유상우대국
+2 — 하고자 하는 일이 매우 힘이 드나 반드시 이룰 것이다.

3음 / 六三 — 아직 큰 내를 건너지 못할 [때에는] 나아가면 흉하다. [그러나 오히려 건너는 일이 다 끝난 뒤에 보았을 때] 큰 내를 건너면 이롭다.⁶
未濟미제 征凶정흉 利涉大川이섭대천
−1 — 큰 난관에 봉착할 것이다. 무리하게 일을 추진하면 좋지 않다.

2양 / 九二 — 수레바퀴를 끌며, [강물을 건너니] 점은 길하다.⁵
曳其輪예기륜 貞吉정길
+2 — 장차 추진하는 일을 무사히 이룰 것이다.

1음 / 初六 — [강을 건너는데 수레의] 뒤를 적시니, 어렵다.⁴
濡其尾유기미 吝인
−1 — 모든 일에 신중하고 주의하지 않으면 어려움이 생길 것이다.

주제	귀방 정벌
소재	귀방 정벌
중심 인물	진震

주나라의 진이 귀방을 정벌한 내용

- 6양 上九 — 승전을 경축하는 정도가 지나침.
- 5음 六五 — 포로를 사로잡음.
- 4양 九四 — 삼년 만에 귀방을 정벌하여 은나라로부터 상을 받음.
- 3음 六三 — 행군 도중 큰 내를 만나 난관에 부딪침.
- 2양 九二 — 수레를 끌며 물을 건너감.
- 1음 初六 — 행군하는 것이 어려움.

1. '작은 여우'는 주나라의 신하인 진震을 말한다. 그 당시 주나라는 은나라의 제후국이었다.
2. 꼬리는 수레의 뒤를 말한다.
3. 그때 주나라는 은나라의 제후국[신하의 나라]이었다. 당시 은나라는 고종이 통치하고 있었고 주나라는 문왕의 아버지인 공계公季가 다스리고 있었다. 주나라의 진震이 은나라 고종의 명을 받았다. 그가 은나라를 도와 귀방을 정벌하는데, 진의 군사가 출병하여 수레바퀴를 끌며 물을 거의 다 건너다가 수레의 뒤를 물에 적시게 되었다.
4. 진이 행군하여 물을 건너다 수레의 뒤를 적시니, 행군하는 것이 어렵다.
5. 진의 군사가 수레를 끌고 강을 건너다 물에 젖었지만 물을 잘 건넜기에 길하다는 뜻이다.
6. 현재 큰 내를 만나 건널 수 없는 상황이다. 큰 내를 건너면 이로운 것은 큰 내를 건너야 정벌할 수 있기 때문이다.
7. 이때 진震은 주나라 사람이름이다.
8. 대국은 은나라를 말한다.
9. 군자는 귀방을 정벌한 진震을 말한다.
10. 전쟁이 승리하여 승리 축하의 술을 마시니 문제가 없다.
11. 하지만 도를 지나칠 정도로 술을 마시니 올바르지 않다.

Part 4

점치는 법

점치는 법[筮法]*

☯ 점치는 순서

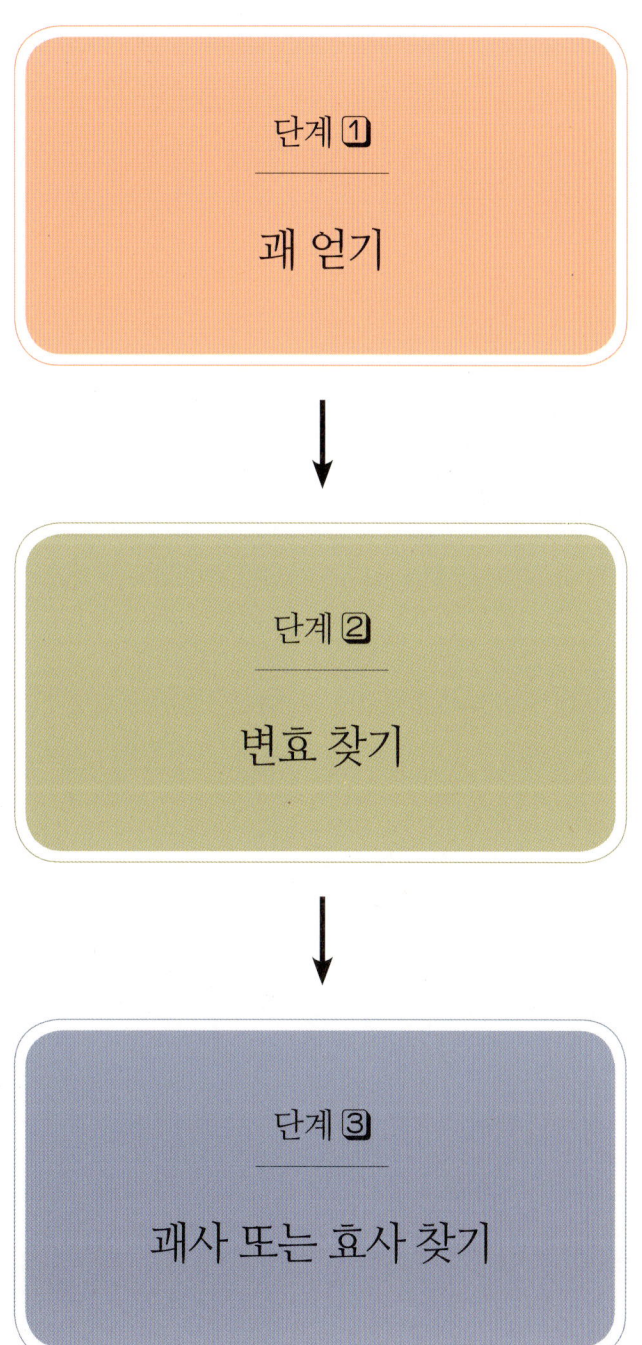

* 이 방법은 고형高亨(1900~1986)이 고증하고 김상섭이 정리한 것이다. 이것은 춘추전국시대에 시행했던 정통 점법이다.

1 괘 얻기 – 설시법[1]

● 준비(①~②)

① 점대 i ching Sticks인 서죽筮竹[2] 50[3]개를 준비하고, 자리를 정돈한 다음 책상 위에 담요를 깔고 마음을 정갈하게 한다.

② 묻는 내용을 역점易占 저널journal에 기입하고 담요 위에 놓는다.

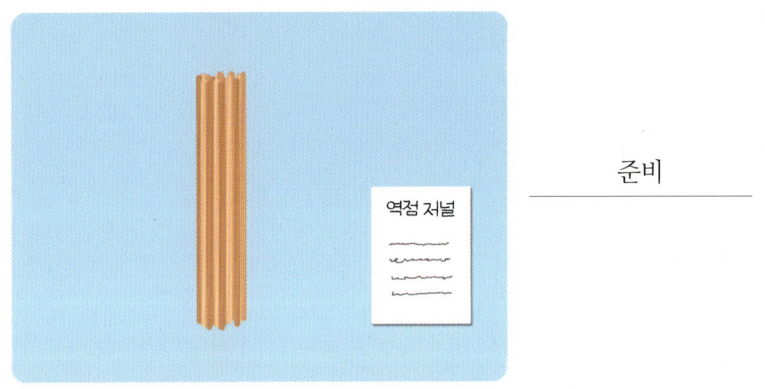

준비

● 실행(③~⑫)

③ 준비한 50개의 점대를 두 손으로 움켜쥔다. 그 중에서 무심無心히 하나를 뽑아 담요 중앙 상단에 가로로 놓는다.[4] 이때 뽑은 점대 하나는 태극太極을 상징한다.

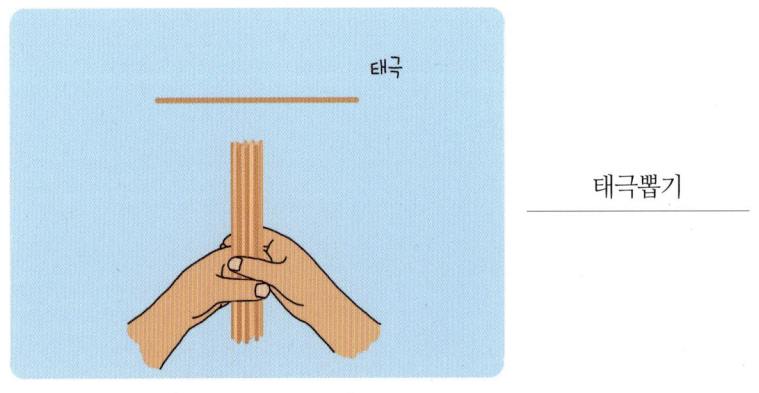

태극뽑기

---

1 이 방법은 전통적인 방법에 의거해서 필자가 정리한 것이다. 이때 설시법揲蓍法이란 50개의 점대를 이용하여 점괘를 뽑아내는 일련의 과정이다.
2 서죽筮竹은 주역점, 즉 역점易占을 치는데 쓰는 도구로 대나무를 가늘게 쪼개서 만든 댓개비다.
3 주역의 수에서 50을 대연지수大衍之數라 한다. 대연지수란 점대를 이용하여 점을 칠 때의 기본수다. 주자에 따르면, 「하도」와 「낙서」에서 가운데에 있는 중앙수인 5에다 완전수인 10을 곱해서 얻은 수가 50이라고 그는 설명한다.
4 또는 산가지 통을 준비하여 미리 그곳에 넣어두어도 좋다. 이때 산가지란 수를 셈하기 위한 만든 젓가락 모양의 댓개비다.

- 일변一變(④~⑨)

❹ 두 손으로 움켜진 49개의 점대를 무심히 두 손에 나누어 쥔다. 왼손에 쥔 점대는 천책天策을 뜻하고, 오른손에 쥔 점대는 지책地策을 뜻한다. 이때 천책은 하늘[양]을 상징하고, 지책은 땅[음]을 상징한다.[5]

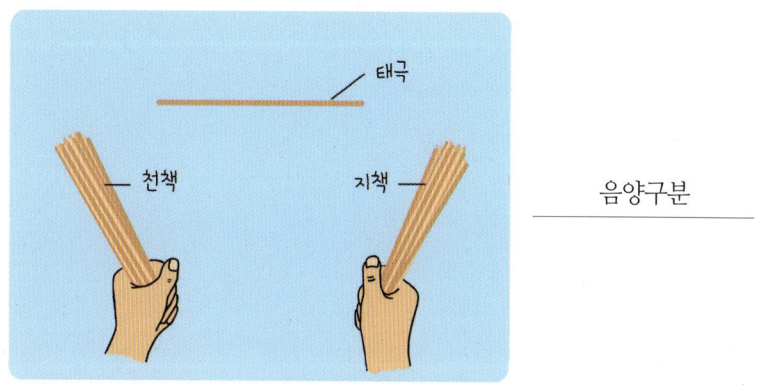

음양구분

❺ 왼손의 천책은 그대로 들고 있고, 오른손의 지책은 담요 오른쪽 위에 내려놓는다. 바닥에 내려놓은 지책 중에서 점대 하나를 뽑아 왼손의 새끼손가락과 넷째 손가락 사이에 끼운다. 이때 뽑은 점대 하나는 인책人策을 뜻한다. 인책은 인간을 상징한다. 이렇게 해서 천·지·인 天·地·人 삼재三才를 구성한다.

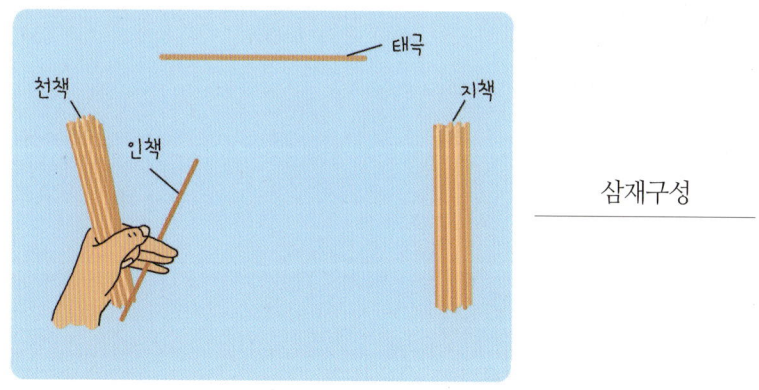

삼재구성

---

5 여기서 책策은 산가지를 뜻한다.

❻ 춘하추동의 사시를 작은 소리로 읊조리면서 왼손에 쥐고 있는 천책을 네 개씩 덜어낸다.⁶ 이 때 내려놓은 지책과 섞이지 않도록 담요 중앙에 놓는다. 왼손에 남은 점대가 1~4개가 남을 때까지 계속한다. 최종 남은 점대(1~4개)를 왼손의 가운데 손가락과 넷째 손가락 사이에 끼운다.

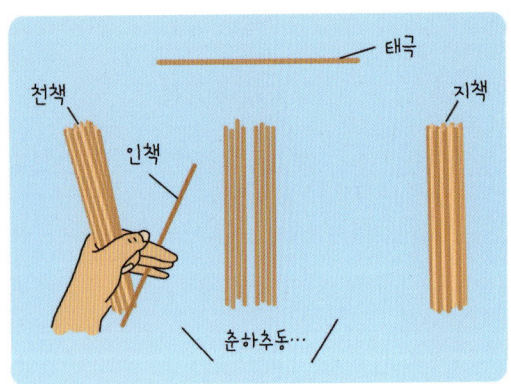

천책을 네 개씩 덜어냄

❼ 이번에는 오른쪽에 미리 내려놓았던 지책을 들어 왼손에 쥐고 춘하추동의 사시를 작은 소리로 읊조리면서 다시 네 개씩 덜어낸다. 왼손에 남은 점대가 1~4개가 남을 때까지 계속한다. 최종 남은 점대를 왼손의 가운데 손가락과 둘째 손가락 사이에 끼운다.

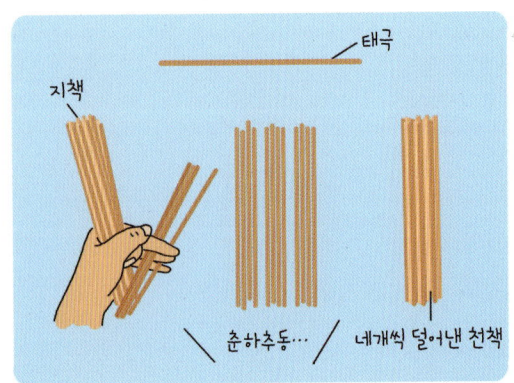

지책을 네 개씩 덜어냄

---

6 네 개씩 덜어내는 것은 자연의 변화인 사시四時, 즉 봄·여름·가을·겨울을 상징한다.

⑧ 왼손 손가락에 끼웠던 모든 점대를 손가락에서 빼서 모두 합친다. 이때 합친 점대 수는 5 또는 9가 된다. 5 또는 9가 아닌 경우는 과정이 틀린 것이니 유의해야 한다.

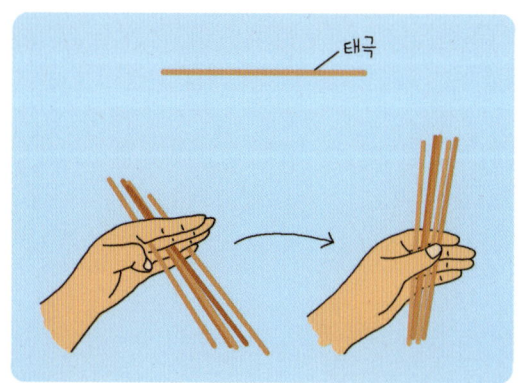

왼손가락에 끼웠던 점대 합치기

⑨ 이렇게 해서 일변一變[7]이 끝난다. 5 또는 9의 점대는 가로로 놓았던 태극을 상징하는 점대 위 왼쪽에 세로로 놓는다. 남은 점대와 섞이면 안 된다.

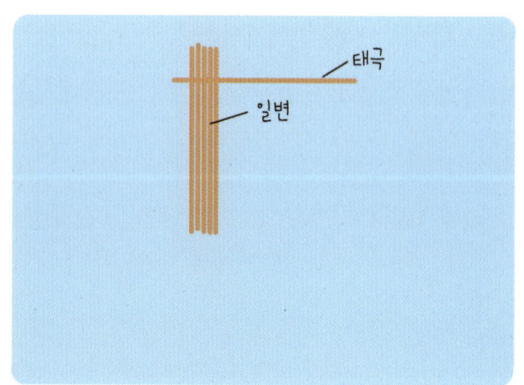

일변 후 점대 두기

- 이변二變 ⑩

⑩ 남은 점대 44개 또는 40개를 가지고 위의 ④번부터 ⑨번까지의 방식으로 점대를 다룬다. 왼손 손가락에 끼웠던 모든 점대를 손가락에서 빼서 모두 합친다. 이때 합친 점대 수는 4 또

---

[7] 일변이란 역점을 칠 때 첫 번째로 네 개씩 점대를 덜어내는 절차를 뜻한다.

는 8이 된다. 4 또는 8이 아닌 경우는 과정이 틀린 것이니 유의해야 한다. 4 또는 8의 점대는 일변에서 두었던 점대 옆 오른쪽에 나란히 세워둔다. 역시 남은 점대와 섞이지 않도록 주의한다. 이렇게 해서 이변二變[8]이 끝난다.

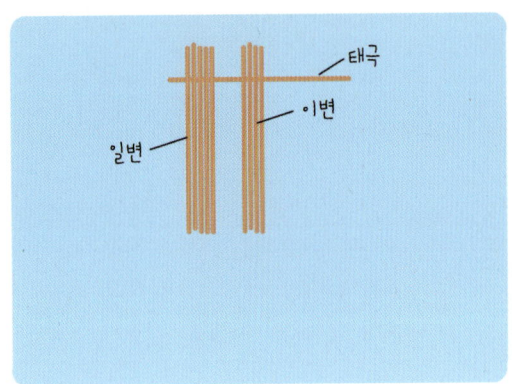

이변 후 점대 두기

- 삼변三變⑪

⑪ 남은 점대 40개 또는 36개 또는 32개를 가지고 ④번부터 ⑨번까지의 방식으로 점대를 다룬다. 왼손 손가락에 끼웠던 모든 점대를 손가락에서 빼서 모두 합친다. 이때 합친 점대 수는 4 또는 8이 된다. 4 또는 8이 아닌 경우는 과정이 틀린 것이니 유의해야 한다. 4 또는 8의 점대는 이변에서 두었던 점대 옆 오른쪽에 나란히 세워둔다. 이렇게 해서 삼변三變[9]이 끝난다.

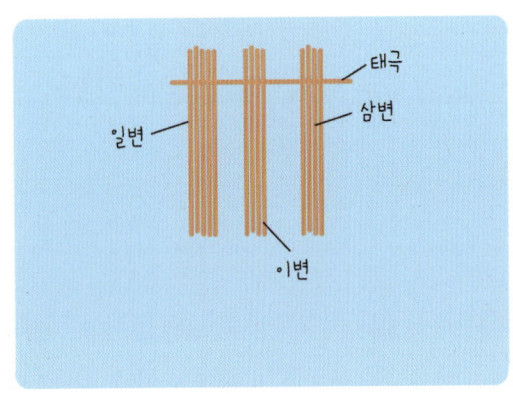

삼변 후 점대 두기

---

8 이변이란 역점을 칠 때 두 번째로 점대를 네 개씩 덜어내는 절차를 뜻한다.
9 삼변이란 역점을 칠 때 세 번째로 점대를 네 개씩 덜어내는 절차를 뜻한다.

⑫ 일변·이변·삼변 후 바닥에 네 개씩 덜어낸 점대를 모두 더한다. 그리고 더한 값을 4로 나누어 6·7·8·9 중 하나의 수를 얻는다.[10] 이것이 하나의 효line를 얻은 것이다.[11] 이렇게 해서 1세트가 종료된다.

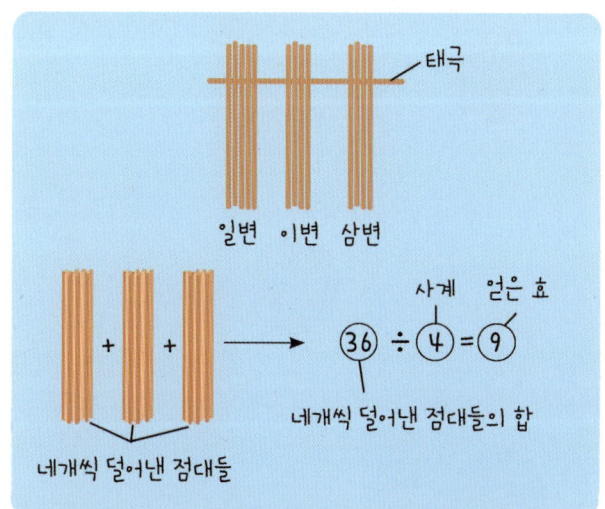

삼변 후 한효 구하기

*얻은 효의 음양 판정법

6	→ 음[- -]으로 판정
7	→ 양[—]으로 판정
8	→ 음[- -]으로 판정
9	→ 양[—]으로 판정

태극은 그대로 두고 2세트부터 6세트까지 49개의 점대를 가지고 ④번부터 ⑫번까지 동일하게 실행한다. 이런 과정을 총 6세트를 해서 하나의 괘six lines=hexagram를 얻는다.[12]

---

10 덜어낸 점대의 합을 4로 나눌 때, 4는 사계를 상징한다. 6·7·8·9 중에서 짝수인 6·8은 음[—]을 뜻하고, 홀수인 7·9는 양[- -]을 뜻한다.
11 하나의 효를 만들어내기 위한 작업은 이렇게 일변, 이변, 삼변을 모두 거쳐야 완성된다.〈·하나의 효=일변+이변+삼변〉
12 하나의 괘가 총 육효로 되어 있으므로 총 6세트를 실행해야 하나의 괘를 얻을 수 있다. 3[세트당 총 삼변] × 6[총 세트]=18인 셈이다!

보충 설명

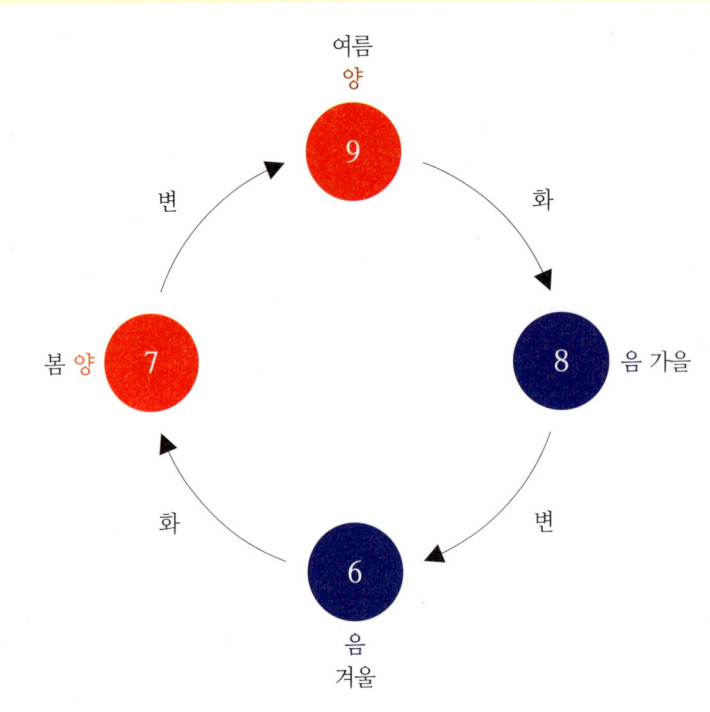

그림1 | 사상수*와 사계 순환도

- 변變은 같은 성질에서 같은 성질로 넘어가는 것이다. 예를 들어, 양에서 양으로 음에서 음으로 같이 말이다. 봄에서 여름으로 넘어가는 것은 양에서 양으로 가는 것이고, 가을에서 겨울로 넘어가는 것은 음에서 음으로 가는 것이다.
- 화化는 다른 성질에서 다른 성질로 넘어가는 것이다. 예를 들어, 양에서 음으로 음에서 양으로 같이 말이다. 여름에서 가을로 넘어가는 것은 양에서 음으로 가는 것이고, 겨울에서 봄으로 넘어가는 것은 음에서 양으로 가는 것이다.
- 위 그림에서 7·9는 양운동이고, 8·6은 음운동이다.

* 이것은 사상四象을 수로 나타낸 것이다. 이때 사상이란 소양, 소음, 노양(또는 태양), 노음(또는 태음)이다.
  - 소양 → 7로 표시
  - 소음 → 8로 표시
  - 노양 → 9로 표시
  - 노음 → 6으로 표시

- 6은 짝수이자 용육用六으로 음[--]인데, 다 자란 음 또는 다 큰 음이다.* 그래서 이를 노음 老陰 또는 태음太陰이라 부른다. 계절로는 추운 겨울이다.
- 9는 홀수이자 용구用九로 양[—]인데, 다 자란 양 또는 다 큰 양이다.** 그래서 이를 노양 老陽 또는 태양太陽이라 부른다. 계절로는 더운 여름이다.
- 7은 홀수이므로 양[—]인데, 막 자라기 시작하는 또는 젊은 양이므로 소양少陽이라 부른다. 계절로는 봄이다.
- 8은 짝수이므로 음[--]인데, 막 자라기 시작하는 또는 젊은 음이므로 소음少陰이라 부른다. 계절로는 가을이다.

☞ 여기서 잠깐 6, 7, 8, 9는 이렇게 나왔다!

표1 | 주역의 생성수 분류

생수生數	1, 2, 3, 4, 5
성수成數	6, 7, 8, 9, 10

생수는 6, 9를 만들고*** 성수는 사영수, 즉 6·7·8·9를 이룬다. 이때 사영수四營數는 사상수四象數와 같은 말이다. 〈·사영수=사상수〉로 말이다. 그리고 성수 중에서 10은 완전수로 이것은 제외된다. 성수, 이것을 음양으로 나누어 보자. 먼저 홀수는 홀로대로 짝수는 짝수대로 분류할 때 홀수는 7, 9가 되고, 짝수는 6, 8이 된다. 이때 홀수는 양이 되고, 짝수는 음이 된다. 이렇게 말이다: 〈·홀수=양, 짝수=음〉

- 6: 용육의 원칙으로 음을 이룬다. 음이 몹시 왕성한 시기이므로 겨울이다.
- 7: 홀수이니까 양! 양의 시작, 그러니 계절로는 봄이다.

---

* 음은 육[6]으로 쓴다. 이것이 용육用六이다.
** 양은 구[9]로 쓴다. 이것이 용구用九이다.
*** 짝수는 2와 4인데 이 둘을 더하면 6이 되고, 홀수는 1, 3, 5인데 이 셋을 더하면 9가 된다.

- 8: 짝수이니까 음! 음의 시작, 그러니 계절로는 가을이다.
- 9: 용구의 원칙으로 양을 이룬다. 양이 몹시 왕성한 시기이므로 여름이다.

이렇게 해서 사계가 세트-업set-up된다!

표2 | 사영수의 범주 및 속성

사영수* \ 항목	계절	명칭	음양판정	속성
6	겨울	노음 또는 태음	음	변할 수 있는 음효
7	봄	소양	양	변하지 않는 양효
8	가을	소음	음	변하지 않는 음효
9	여름	노양 또는 태양	양	변할 수 있는 양효

표3 | 일변·이변·삼변 경우의 수

일변	이변	삼변	일변·이변·삼변으로 손가락에 끼웠던 나머지의 합	바닥에 네 개씩 덜어낸 수의 합
5	4	4	5+4+4=13	36
5	4	8	5+4+8=17	32
5	8	4	5+8+4=17	32
5	8	8	5+8+8=21	28
9	4	4	9+4+4=17	32
9	4	8	9+4+8=21	28
9	8	4	9+8+4=21	28
9	8	8	9+8+8=25	24

* 삼변하여 얻은 수가 영수營數다. 이것에는 네 개의 수가 있다. 그래서 사영수다. 사영수의 다른 말은 사상수다. 이때 사영수란 점을 칠 때 매 효마다 최종적으로 나올 수 있는 네 가지 경수의 수를 말한다.

표4 | 네 개씩 덜어낸 점대를 모두 합한 것의 경우의 값

점대의 합 \ 항목	총 삼변 점대의 합을 4로 나누는 것	사영수의 값	음양 판정	변화 유무	기호
24	24÷4=6	6	음 (노음 또는 태음)	변할 수 있는 음효	--
28	28÷4=7	7	양 (소양)	변하지 않는 양효	—
32	32÷4=8	8	음 (소음)	변하지 않는 음효	--
36	36÷4=9	9	양 (노양 또는 태양)	변할 수 있는 양효	—

위와 같이 각 세트를 실행하면서 점괘표를 작성하자.

표5 | 점괘표

육효 \ 항목	세트 구분	획득한 영수[13]	음양 표시	변할 수 있는 효 표시
꼭대기 효	6세트			
다섯째 효	5세트			
넷째 효	4세트			
셋째 효	3세트			
둘째 효	2세트			
처음 효	1세트			

---

[13] 영수란 삼변하여 얻은 수를 말하는데, 삼변하는 과정에서 덜어낸 점대를 모두 더해서 4로 나눈 값이다.

예를 들어 보겠다. 삼변을 총 6세트해서 다음과 같은 영수를 얻었다.

- 얻어낸 영수

1세트	9
2세트	8
3세트	7

4세트	6
5세트	9
6세트	8

위 데이터를 점괘표에 대입할 수 있다. 그러면 이렇게 된다.

표6 | 점괘표

육효 \ 항목	세트 구분	획득한 영수	음양 표시	변할 수 있는 효 표시[14]
꼭대기 효	6세트	8	--	
다섯째 효	5세트	9	—	✓
넷째 효	4세트	6	--	✓
셋째 효	3세트	7	—	
둘째 효	2세트	8	--	
처음 효	1세트	9	—	✓

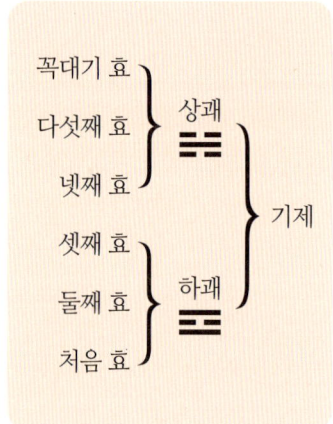

부록에 있는 주역 〈64괘표〉로 가서 상괘가 ☵이고 하괘가 ☲인 데를 찾아가서 둘을 조합시키면 기제괘가 된다. 이렇게 해서 최종 괘인, ䷾를 얻을 수 있다!

---

[14] 6, 9에 ✓를 표시한다. 이때 6은 노음 또는 태음을 9는 노양 또는 태양을 뜻한다.

② 변효 찾기 – 변효를 구하는 법*

① 여섯 효의 영수를 다 합하여 괘의 영수의 합을 구한다.

② 천지의 수 55에서 괘의 영수의 합을 뺀다. 그러면 뺀 남은 수를 얻는다.

③ 남은 수를 가지고 처음 효부터 꼭대기 효까지 올라가며 수를 표시한다.

④ 꼭대기 효에 이르면 다시 처음 효로 내려가며 수를 표시한다.

⑤ 이때 남은 수가 끝나는 그 자리가 변효의 자리다.

⑥ 그런데 변효 자리의 영수가 9 또는 6이면 그 자리가 변효가 된다.

⑦ 다만 변효 자리의 영수가 7 또는 8이면 그 자리가 변효가 안 된다.

이를 구체적으로 설명해보자.

① 여섯 효의 영수를 다 합하여 괘의 영수의 합을 구한다.

위에서 예를 든 기제괘를 다시 보자.

```
8 --
9 —
6 --      
7 —   }  9+8+7+6+9+8=47
8 --
9 —
```

* 이 방식은 고형高亨(1900~1986)의 방법이다.

② 천지의 수 55에서 괘의 영수의 합 47을 빼면 남은 수를 얻는다.

- 천지의 수: 55[15]
- 기제괘의 영수의 합: 47

  55-47=8 이때 남은 수는 8이다.

③ 남은 수 8을 가지고 처음 효부터 꼭대기 효까지 올라가며 수를 표시한다.

④ 꼭대기 효에 이르면 다시 처음 효로 내려가며 수를 표시한다.

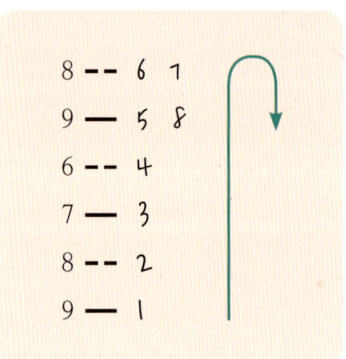

⑤ 이때 남은 수가 끝나는 그 자리가 변효의 자리다.

---

[15] 천지天地의 수란 천수天數와 지수地數의 합이다.
- 주역에서의 수: 1, 2, 3, 4, 5, 6, 7, 8, 9, 10
- 천수: 1에서 10까지의 수 중에서 홀수인 1, 3, 5, 7, 9를 천수라 하고, 이는 양수陽數가 된다.
- 지수: 1에서 10까지의 수 중에서 짝수인 2, 4, 6, 8, 10을 지수라 하고, 이는 음수陰數가 된다.

이때 천수를 다 합치자. 1+3+5+7+9=25 다음 지수를 다 합치자. 2+4+6+8+10=30 이렇게 해서 나온 천수의 합 25와 지수의 합 30을 더해서 나온 수가 55인 것이다.

⑥ 그런데 변효 자리의 영수가 9 또는 6이면 그 자리가 변효가 된다.

그런데 변효의 자리가 다섯째 양효의 자리인데, 그 자리가 9로 '변할 수 있는 양효'의 자리이므로 변효가 된다.

```
8 --      이때 8은 변하지 않는 음효다.
9 ―  ✓   이때 9는 변할 수 있는 양효다.
6 --      이때 6은 변할 수 있는 음효다.
7 ―      이때 7은 변하지 않는 양효다.
8 --      이때 8은 변하지 않는 음효다.
9 ―      이때 9는 변할 수 있는 양효다.
```

```
8 -- 6
9 ―  5  ✓  '변효 자리'와 '변할 수 있는 양효'가 서로 만났다!
6 -- 4      그러면 변효가 된다.
7 ―  3
8 -- 2
9 ―  1
기제
```

⑦ 다만 변효 자리의 영수가 7 또는 8이면 그 자리가 변효가 안 된다.

변효 자리의 경우의 수는 총 19가지이다.[16]

이를 표로 나타내면 다음과 같다.

---

[16] 이 중에서 한 괘의 영수의 합이 가장 큰 경우는 영수가 9, 9, 9, 9, 9, 9인 것 같이 영수가 모두 9인 경우다. 이를 다 더하면, 즉 9+9+9+9+9+9=54이다. 또한 한 괘의 영수의 합이 가장 작은 경우는 영수가 6, 6, 6, 6, 6, 6인 것 같이 영수가 모두 6인 경우다. 이를 다 더하면, 즉 6+6+6+6+6+6=36이다. 나머지 것들의 영수의 합은 54~36 사이에 들어 있게 된다.

표7 | 변괘법[17]

천지와 지수 합	마이너스	괘의 영수합	등호	남은 수	남은 수의 옮겨감과 멈추는 곳						변효 자리
					처음 효	둘째 효	셋째 효	넷째 효	다섯째 효	꼭대기 효	
55	−	54	=	1	①						처음 효
55	−	53	=	2	1	②					둘째 효
55	−	52	=	3	1	2	③				셋째 효
55	−	51	=	4	1	2	3	④			넷째 효
55	−	50	=	5	1	2	3	4	⑤		다섯째 효
55	−	49	=	6	1	2	3	4	5	⑥	꼭대기 효
55	−	48	=	7	1	2	3	4	5	6 ⑦	꼭대기 효
55	−	47	=	8	1	2	3	4	5 ⑧	6 7	다섯째 효
55	−	46	=	9	1	2	3	4 ⑨	5 8	6 7	넷째 효
55	−	45	=	10	1	2	3 ⑩	4 9	5 8	6 7	셋째 효
55	−	44	=	11	1	2 ⑪	3 10	4 9	5 8	6 7	둘째 효
55	−	43	=	12	1 ⑫	2 11	3 10	4 9	5 8	6 7	처음 효
55	−	42	=	13	1 12 ⑬	2 11	3 10	4 9	5 8	6 7	처음 효
55	−	41	=	14	1 12 13	2 11 ⑭	3 10	4 9	5 8	6 7	둘째 효
55	−	40	=	15	1 12 13	2 11 14	3 10 ⑮	4 9	5 8	6 7	셋째 효
55	−	39	=	16	1 12 13	2 11 14	3 10 15	4 9 ⑯	5 8	6 7	넷째 효
55	−	38	=	17	1 12 13	2 11 14	3 10 15	4 9 16	5 8 ⑰	6 7	다섯째 효
55	−	37	=	18	1 12 13	2 11 14	3 10 15	4 9 16	5 8 17	6 7 ⑱	꼭대기 효
55	−	36	=	19	1 12 13	2 11 14	3 10 15	4 9 16	5 8 17	6 7 18 ⑲	꼭대기 효

위의 표7은 김상섭, 『춘추 점서역』, 성균관대학교 출판부, 2015, 619-620쪽에서 가져온 것이다. 이것은 저자의 사용 허락을 구한 것이다. 표에서 ○ 안에 들어있는 숫자는 변효의 자리를 뜻한다.

---

[17] 변괘법變卦法이란 변효의 자리를 찾는 방법이다.

③ 괘사 또는 효사 찾기 – 괘사와 효사를 보는 법*

① 여섯 효가 모두 7 또는 8일 경우

- 이럴 때는 변효를 구할 필요가 없다. 본괘의 괘사로 점을 판단한다.

② 여섯 효 중에서 한 효가 9 또는 6일 경우

- 9 또는 6이 변효이면 본괘의 변효의 효사로 점을 판단한다.
- 9 또는 6이 변효가 아니면 본괘의 괘사로 점을 판단한다.

③ 여섯 효 중에서 두 효가 9 또는 6일 경우

- 9 또는 6 중에서 한 효가 변효이면 본괘의 변효의 효사로 점을 판단한다.
- 9 또는 6이 모두 변효가 아니면 본괘의 괘사로 점을 판단한다. 이 경우는 '변할 수 있는 효[9, 6]'가 '변하지 않는 효[7, 8]'보다 적기 때문이다.

④ 여섯 효 중에서 세 효가 9 또는 6인 경우

- 이 가운데 한 효가 변효이면 본괘의 변효의 효사로 점을 판단한다.
- 세 효가 모두 변효가 아니면 세 효의 양효인 9는 음효로 음효인 6은 양효로 변화시켜 지괘를 얻는다. 그런 다음 본괘와 지괘의 괘사를 합쳐서 점을 판단한다. 이 경우는 '변할 수 있는 효 [9, 6]'와 '변하지 않는 효[7, 8]'의 개수가 세 개로 같기 때문이다.

⑤ 여섯 효 중에서 네 효가 9 또는 6인 경우

- 이 가운데 한 효가 변효이면 본괘의 변효의 효사로 점을 판단한다.
- 네 효가 모두 변효가 아니면 양효인 9는 음효로 음효인 6은 양효로 변화시켜 지괘를 얻는다. 그런 다음 지괘의 괘사로 점을 판단한다. 이 경우는 '변할 수 있는 효[9, 6]'가 '변하지 않는 효 [7, 8]'보다 많기 때문이다.

⑥ 여섯 효 중에서 다섯 효가 9 또는 6일 경우

- 이 가운데 한 효가 변효이면 본괘의 변효의 효사로 점을 판단한다.
- 다섯 효가 모두 변효가 아니면 다섯 효의 양효인 9는 음효로 음효인 6은 양효로 변화시켜 지

---

* 이것은 김상섭의 방법으로 그의 『춘추 점서역』(2015)을 보고 필자가 재정리한 것이다.

괘를 얻는다. 그런 다음 지괘의 괘사로 점을 판단한다. 이 경우는 '변할 수 있는 효[9, 6]'가 '변하지 않는 효[7, 8]'보다 많기 때문이다.

⑦ 여섯 효가 모두 9 또는 6인 경우

- 이때는 변효를 구할 필요가 없다.
- 여섯 효 중에서 9와 6이 섞여 있는 괘를 얻을 경우 양효인 9는 음효로 음효인 6은 양효로 변화시켜 지괘를 얻는다. 그런 다음 지괘의 괘사로 점을 판단한다. 왜냐하면 여섯 효가 모두 변하는 괘이기 때문이다.
- 건괘가 곤괘로 변하는 경우에는 건괘의 용구 효사로 점을 판단한다.
- 곤괘가 건괘로 변하는 경우에는 곤괘 용육 효사로 점을 판단한다.

예시 *Exampls*

① 여섯 효가 모두 7 또는 8일 경우

- 이럴 때는 변효를 구할 필요가 없다. 본괘의 괘사로 점을 판단한다.

8 --
8 --
8 --
7 —
7 —
8 --
승괘

이때는 승괘의 괘사로 점을 판단한다.

216 길을 잃다 묻다 답을 얻다

② 여섯 효 중에서 한 효가 9 또는 6일 경우

• 9 또는 6이 변효이면 본괘의 변효의 효사로 점을 판단한다.

8 --	8 -- 6		먼저 변효를 체크하라! 왼쪽 정괘의 영수들의 합, 곧 8+7+7+8+9+8=47이다. 다음 천수와 지수의 합인 55에서 47을 빼면 남은 수가 8이다. 8을 정괘에 옮겨 배치해보자. 이때 남은 수의 배열은 아래에서 위로 다시 위에서 아래로 내려가면서 이루어진다.
9 —	9 — 5	8 ✓ 변효 자리와 변할 수 있는 양효가 서로 만났다!	
8 --	8 -- 4		
7 —	7 — 3		
7 —	7 — 2		
8 --	8 -- 1		
정괘	정괘		

이때 다섯째 효가 변효 자리다. 그러면 정괘의 다섯째 효의 효사로 점을 판단한다.

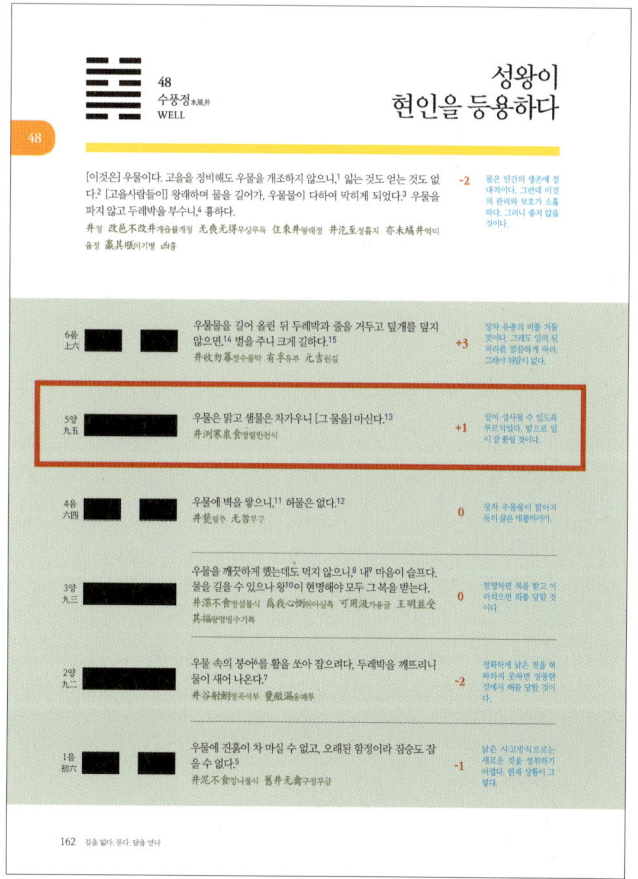

점치는 법

• 9 또는 6이 변효가 아니면 본괘의 괘사로 점을 판단한다.

9 — 8 -- 7 — 8 -- 7 — 7 — 규괘	9 — 6 ㄱ 8 -- 5 8 7 — 4 9 ● 변효 자리와 변할 수 있는 8 -- 3 효가 서로 만나지 않는다! 7 — 2 7 — 1 규괘	먼저 변효를 체크하라! 왼쪽 규괘의 영수들의 합, 곧 7+7+8+7+8+9=46이다. 다음 천수와 지수의 합인 55에서 46을 빼면 남은 수가 9이다. 9를 규괘에 옮겨 배치해보자. 이때 남은 수의 배열은 아래에서 위로 다시 위에서 아래로 내려가면서 이루어진다.

변효 자리가 네 번째 효다. 그런데 그 효는 7로 변하지 않는 효다. 그러니 서로 만나지 않는다. 이런 경우 본괘인 규괘의 괘사로 점을 판단한다.

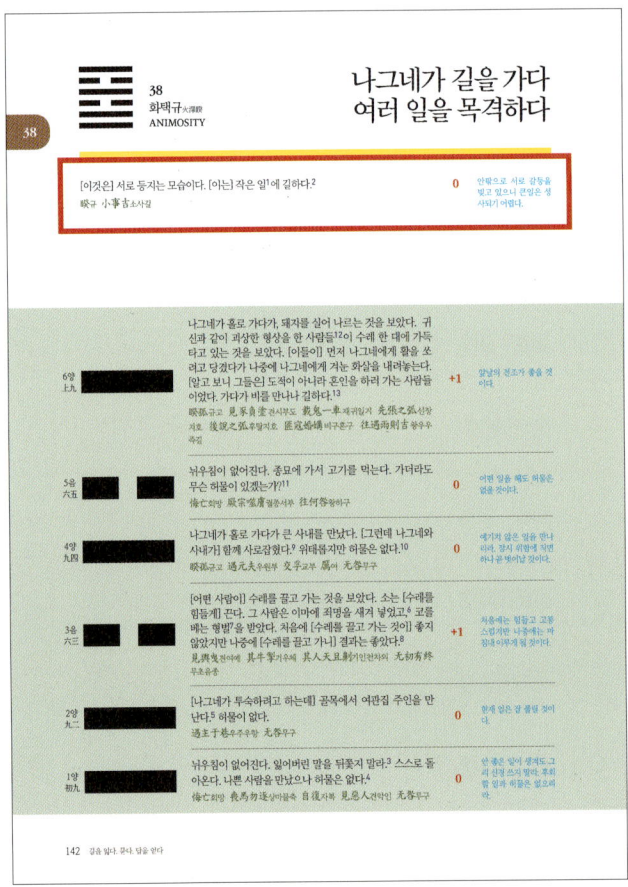

③ 여섯 효 중에서 두 효가 9 또는 6일 경우

- 9 또는 6 중에서 한 효가 변효이면 본괘의 변효의 효사로 점을 판단한다.

7 — 9 — 7 — 7 — 7 — 6 -- 구괘	7 — 6 7 9 — 5 8 7 — 4 9 7 — 3 10 7 — 2 11 6 -- 1 12 ✓ 변효 자리와 변할 수 있는 구괘　　　　음효가 서로 만났다!	먼저 변효를 체크하라! 왼쪽 구괘의 영수들의 합, 곧 6+7+7+7+9+7=43이다. 다음 천수와 지수의 합인 55에서 43을 빼면 남은 수가 12이다. 12를 구괘에 옮겨 배치해보자. 이때 남은 수의 배열은 아래에서 위로 다시 위에서 아래로 내려가면서 이루어진다.

이럴 때는 본괘인 구괘의 변효인 처음 효의 효사로 점을 판단한다.

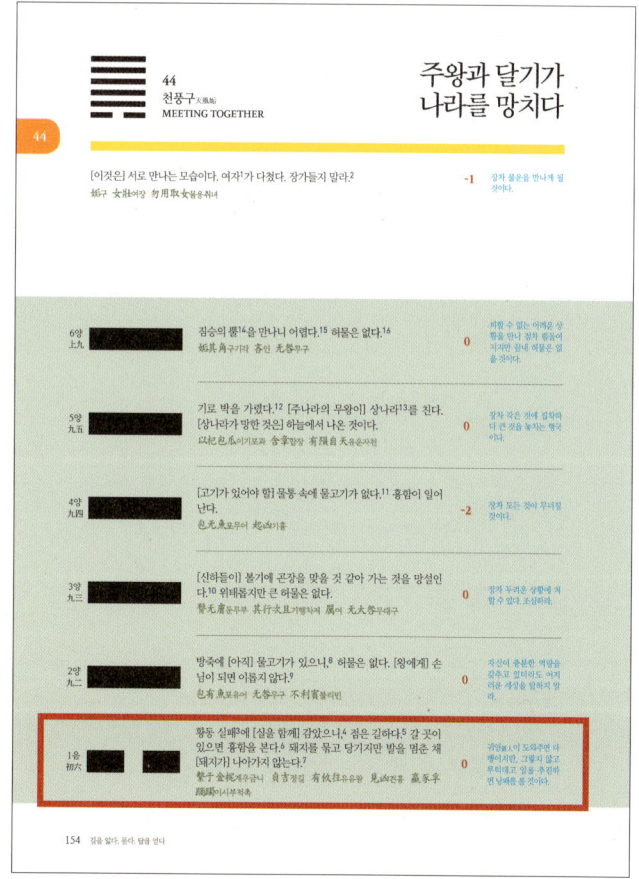

- 9 또는 6이 모두 변효가 아니면 본괘의 괘사로 점을 판단한다. 이 경우는 '변할 수 있는 효[9, 6]'가 '변하지 않는 효[7, 8]'보다 적기 때문이다.

8 --	8 -- 6	• 변효 자리와 변할 수 있는 효가 서로 만나지 않는다!
9 —	9 — 5	
7 —	7 — 4	
8 --	8 -- 3	
9 —	9 — 2	
8 --	8 -- 1	
곤괘	곤괘	

먼저 변효를 체크하라! 왼쪽 곤괘의 영수들의 합, 곧 8+9+8+7+9+8=49이다. 다음 천수와 지수의 합인 55에서 49를 빼면 남은 수가 6이다. 6을 곤괘에 옮겨 배치해보자. 이때 남은 수의 배열은 아래에서 위로 다시 위에서 아래로 내려가면서 이루어진다.

변효 자리가 꼭대기 효다. 그런데 그 효는 8로 변하지 않는 효다. 그러니 서로 만나지 않는다. 이런 경우 본괘인 곤괘의 괘사로 점을 판단한다.

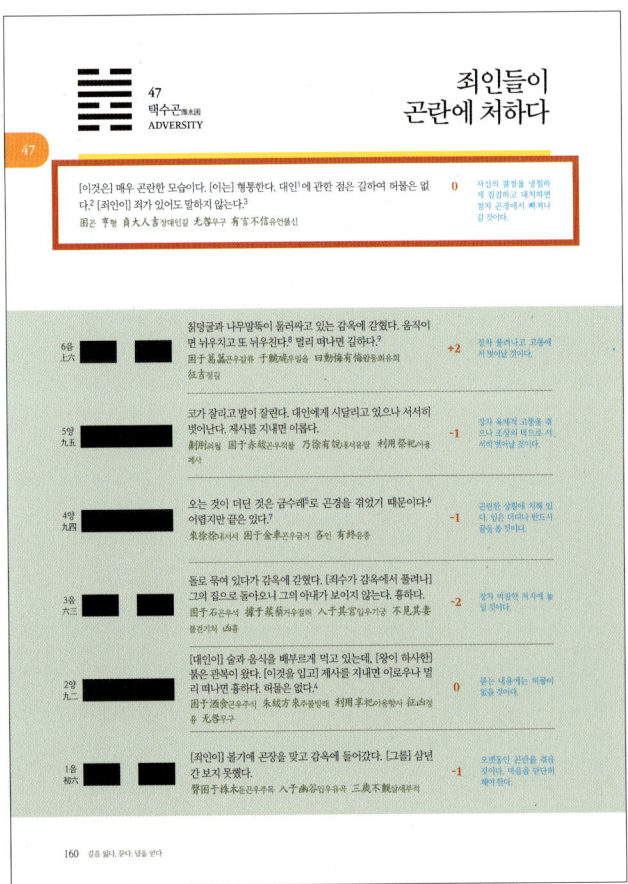

④ 여섯 효 중에서 세 효가 9 또는 6인 경우

• 이 가운데 한 효가 변효이면 본괘의 변효의 효사로 점을 판단한다.

7 — 6 -- 9 — 8 -- 8 -- 9 — 서합괘	7 — 6 6 -- 5 ✓ 8 9 — 4 8 -- 3 8 -- 2 9 — 1 서합괘	변효 자리와 변할 수 있는 음효가 서로 만났다!

먼저 변효를 체크하라! 왼쪽 서합괘의 영수들의 합, 곧 9+8+8+9+6+7=47이다. 다음 천수와 지수의 합인 55에서 47을 빼면 남은 수가 8이다. 8을 서합괘에 옮겨 배치해보자. 이때 남은 수의 배열은 아래에서 위로 다시 위에서 아래로 내려가면서 이루어진다.

이럴 때는 본괘인 서합괘의 변효인 다섯째 효의 효사로 점을 판단한다.

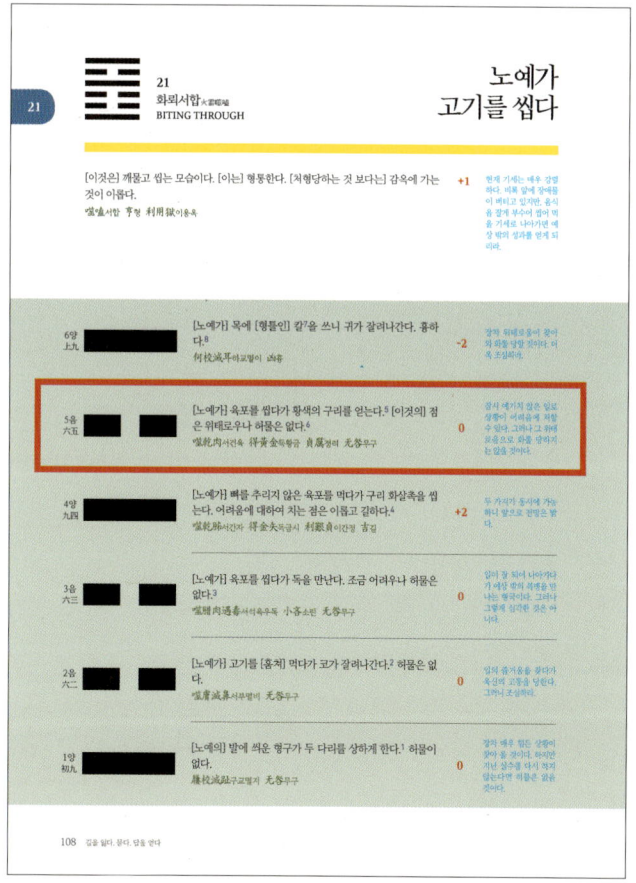

- 세 효가 모두 변효가 아니면 세 효의 양효인 9는 음효로 음효인 6은 양효로 변화시켜 지괘를 얻는다. 그런 다음 본괘와 지괘의 괘사를 합쳐서 점을 판단한다. 이 경우는 '변할 수 있는 효[9, 6]'와 '변하지 않는 효[7, 8]'의 개수가 세 개로 같기 때문이다

6 --	6 -- 6 7	먼저 변효를 체크하라! 왼쪽 수괘의 영수들의 합, 곧 9+8+8+9+7+6=47이다. 다음 천수와 지수의 합인 55에서 47을 빼면 남은 수가 8이다. 8을 수괘에 옮겨 배치해보자. 이때 남은 수의 배열은 아래에서 위로 다시 위에서 아래로 내려가면서 이루어진다.
7 —	7 — 5 8 • 변효 자리와 변할 수 있는 효가 서로 만나지 않는다!	
9 —	9 — 4	
8 --	8 -- 3	
8 --	8 -- 2	
9 —	9 — 1	
수괘	수괘	

이럴 때는 본괘인 수괘의 9는 음효로 6은 양효로 변화시켜 지괘를 얻는다.
그러면 이렇게 된다.

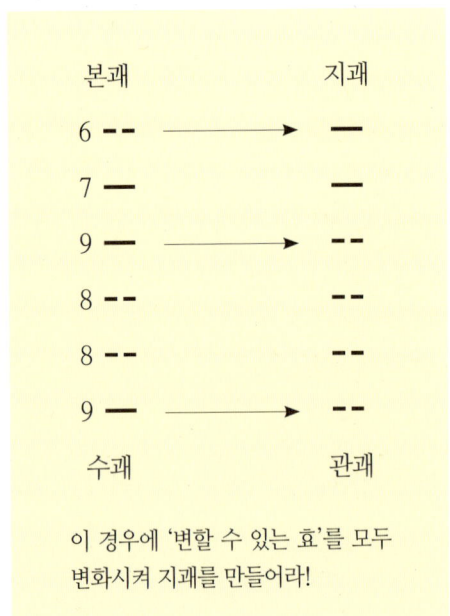

이 경우에 '변할 수 있는 효'를 모두 변화시켜 지괘를 만들어라!

그리고 나서 본괘인 수괘의 괘사와 지괘인 관괘의 괘사를 합쳐서 점을 판단한다.

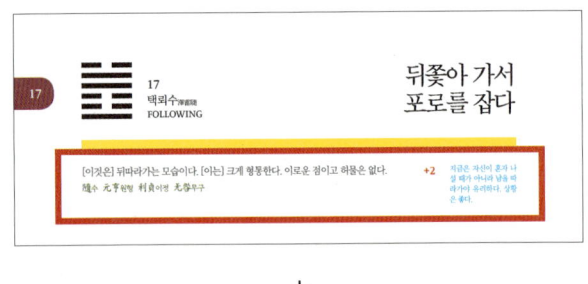

+

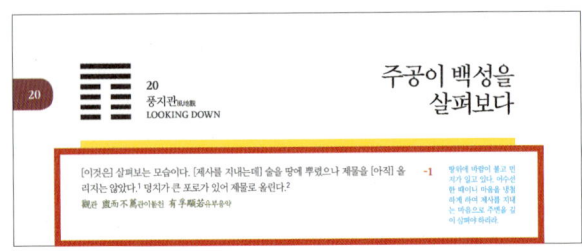

⑤ 여섯 효 중에서 네 효가 9 또는 6인 경우

• 이 가운데 한 효가 변효이면 본괘의 변효의 효사로 점을 판단한다.

8 — —	8 — — 6	7
6 — —	6 — — 5	8
9 ——	9 —— 4	9
9 ——	9 —— 3	10 ✓ 변효 자리와 변할 수 있는 양효가 서로 만났다!
6 — —	6 — — 2	
7 ——	7 —— 1	
풍괘	풍괘	

먼저 변효를 체크하라! 왼쪽 풍괘의 영수들의 합, 곧 7+6+9+9+6+8=45이다. 다음 천수와 지수의 합인 55에서 45를 빼면 남은 수가 10이다. 10을 풍괘에 옮겨 배치해보자. 이때 남은 수의 배열은 아래에서 위로 다시 위에서 아래로 내려가면서 이루어진다.

이럴 때는 본괘인 풍괘의 변효인 셋째 효의 효사로 점을 판단한다.

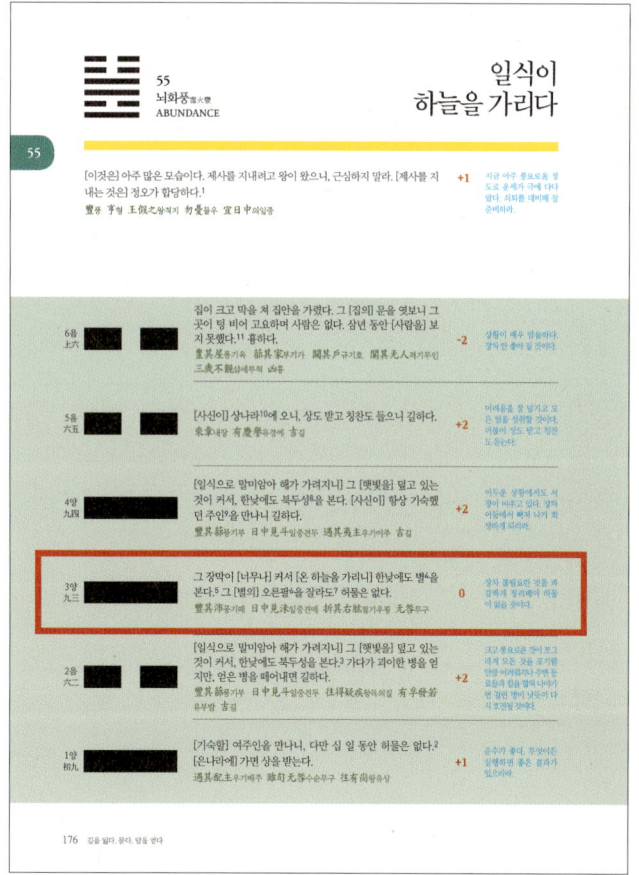

- 네 효가 모두 변효가 아니면 양효인 9는 음효로 음효인 6은 양효로 변화시켜 지괘를 얻는다. 그런 다음 지괘의 괘사로 점을 판단한다. 이 경우는 '변할 수 있는 효[9, 6]'가 '변하지 않는 효[7, 8]'보다 많기 때문이다.

8 --	8 -- 6	먼저 변효를 체크하라! 왼쪽 풍괘의 영수들의 합, 곧 9+6+7+9+6+8=45이다. 다음 천수와 지수의 합인 55에서 45를 빼면 남은 수가 10이다. 10을 풍괘에 옮겨 배치해보자. 이때 남은 수의 배열은 아래에서 위로 다시 위에서 아래로 내려가면서 이루어진다.
6 --	6 -- 5	
9 —	9 — 4	
7 —	7 — 3 10 ● 변효 자리와 변할 수 있는 효가 서로 만나지 않는다!	
6 --	6 -- 2	
9 —	9 — 1	
풍괘	풍괘	

이럴 때는 본괘인 풍괘의 9는 음효로 6은 양효로 변화시켜 지괘를 얻는다. 그러면 이렇게 된다.

본괘   지괘

8 --   --
6 -- →   —
9 — →   --
7 —   —
6 -- →   —
9 — →   --

풍괘   정괘

그런 다음 지괘인 정괘의 괘사로 점을 판단한다.

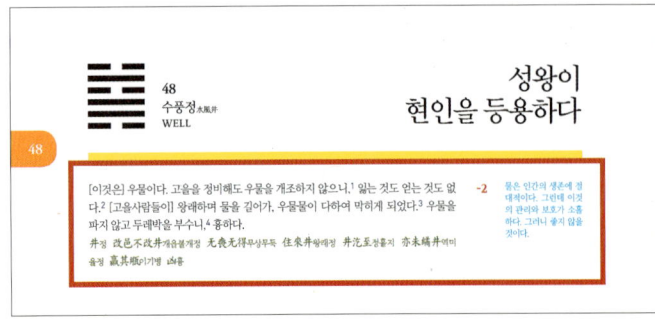

⑥ 여섯 효 중에서 다섯 효가 9 또는 6일 경우

> • 이 가운데 한 효가 변효이면 본괘의 변효의 효사로 점을 판단한다.

9 ━━	9 ━━	6	7
6 ━ ━	6 ━ ━	5	8
9 ━━	9 ━━	4	9
7 ━━	7 ━━	3	10
6 ━ ━	6 ━ ━	2	11
6 ━ ━	6 ━ ━	1	12 ✓ 변효 자리와 변할 수 있는 음효가 서로 만났다!
여괘	여괘		

먼저 변효를 체크하라! 왼쪽 여괘의 영수들의 합, 곧 6+6+7+9+6+9=43이다. 다음 천수와 지수의 합인 55에서 43을 빼면 남은 수가 12이다. 12를 여괘에 옮겨 배치해보자. 이때 남은 수의 배열은 아래에서 위로 다시 위에서 아래로 내려가면서 이루어진다.

이럴 때는 본괘인 여괘의 변효인 처음 효의 효사로 점을 판단한다.

- 다섯 효가 모두 변효가 아니면 다섯 효의 양효인 9는 음효로 음효인 6은 양효로 변화시켜 지괘를 얻는다. 그런 다음 지괘의 괘사로 점을 판단한다. 이 경우는 '변할 수 있는 효[9, 6]'가 '변하지 않는 효[7, 8]'보다 많기 때문이다.

9 —	9 —	6	7
6 --	6 --	5	8
9 —	9 —	4	9
6 --	6 --	3	10
6 --	6 --	2	11
7 —	7 —	1	12
서합괘	서합괘		

● 변효 자리와 변할 수 있는 효가 서로 만나지 않는다!

먼저 변효를 체크하라! 왼쪽 서합괘의 영수들의 합, 곧 7+6+6+9+6+9=43이다. 다음 천수와 지수의 합인 55에서 43을 빼면 남은 수가 12이다. 12를 서합괘에 옮겨 배치해보자. 이때 남은 수의 배열은 아래에서 위로 다시 위에서 아래로 내려가면서 이루어진다.

이럴 때는 본괘인 서합괘의 9는 음효로 6은 양효로 변화시켜 지괘를 얻는다. 그러면 이렇게 된다.

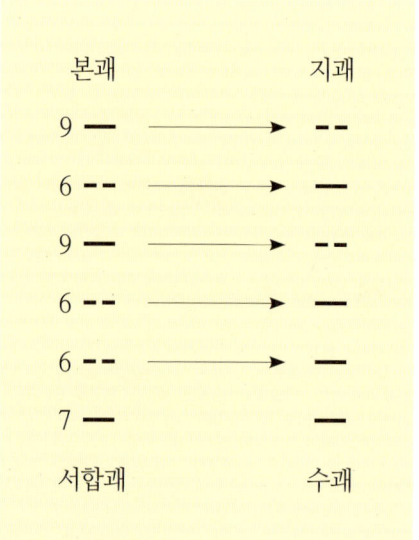

그런 다음 지괘인 수괘의 괘사로 점을 판단한다

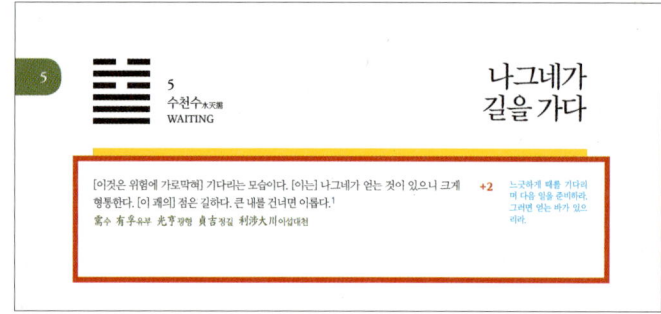

⑦ 여섯 효가 모두 9 또는 6인 경우

- 이때는 변효를 구할 필요가 없다.
- 여섯 효 중에서 9와 6이 섞여 있는 괘를 얻을 경우 양효인 9는 음효로 음효인 6은 양효로 변화시켜 지괘를 얻는다. 그런 다음 지괘의 괘사로 점을 판단한다. 왜냐하면 여섯 효가 모두 변하는 괘이기 때문이다.

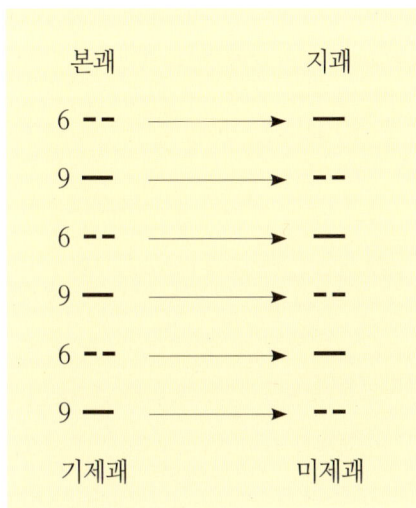

이럴 때는 지괘인 미제괘의 괘사로 점을 판단한다.

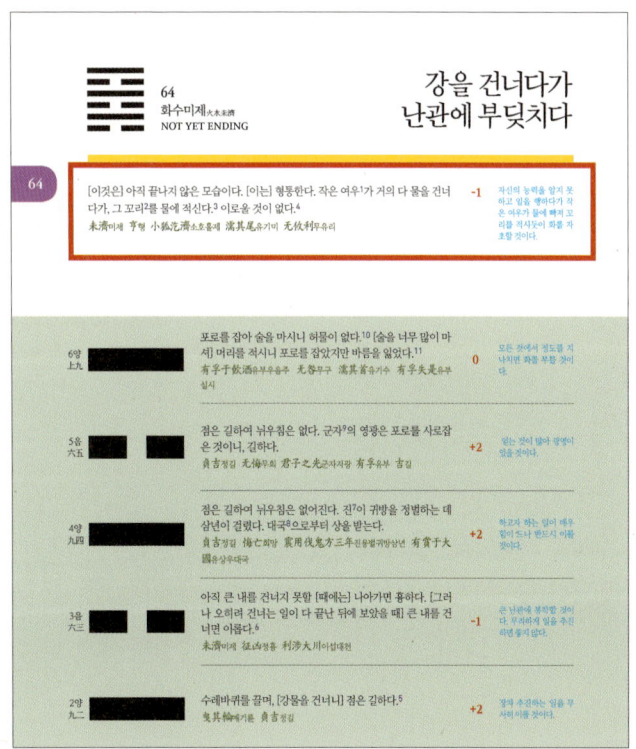

- 이때는 변효를 구할 필요가 없다.
- 건괘가 곤괘로 변하는 경우에는 건괘의 용구 효사로 점을 판단한다.

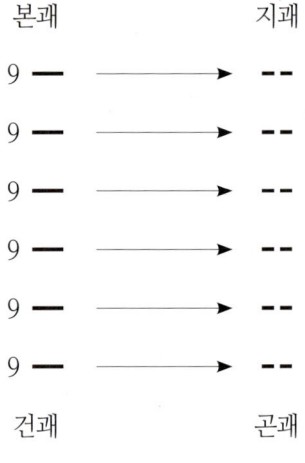
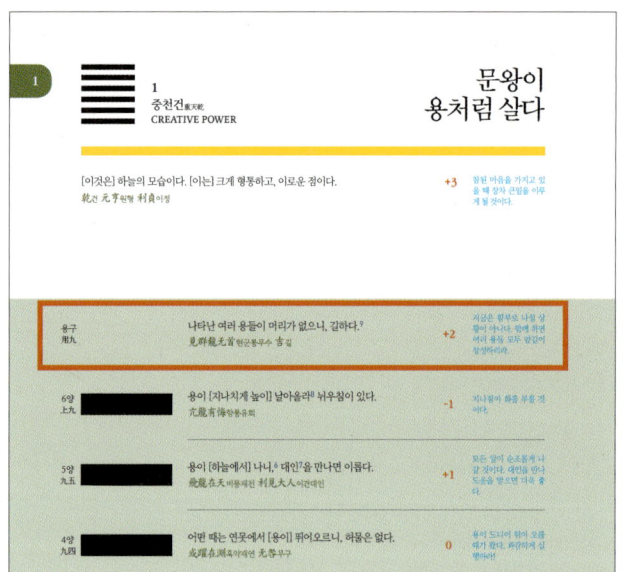

- 이때는 변효를 구할 필요가 없다.
- 곤괘가 건괘로 변하는 경우에는 곤괘 용육 효사로 점을 판단한다

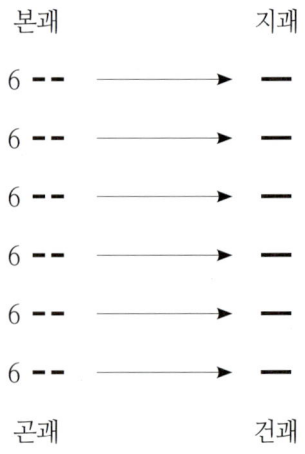
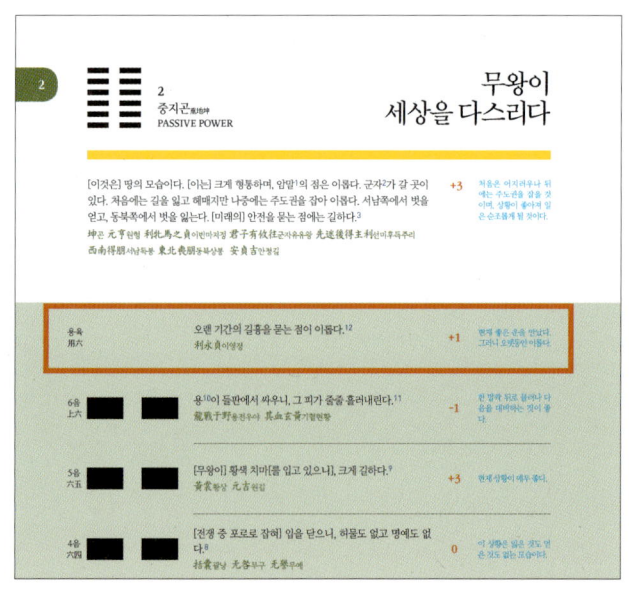

이제 이상과 같은 내용을 간략하게 총정리 해보자.

① 여섯 효 모두 변하지 않는 효로 이루어진 괘는 본괘의 괘사로 점을 판단한다.
② 여섯 효 모두 변할 수 있는 효로 이루어진 괘 중에서 건괘는 용구로 곤괘는 용육으로 그 외에는 지괘의 괘사로 점을 판단한다.
③ 변할 수 있는 효 9 또는 6이 변효가 되면, 본괘의 변효의 효사로 점을 판단한다.
④ 변할 수 있는 효 9 또는 6이 변효가 되지 않으면,
  - '변할 수 있는 효[9, 6]'의 개수가 '변하지 않는 효[7, 8]'의 개수보다 적을 때 본괘의 괘사로 점을 판단한다.
    '변할 수 있는 효[9, 6]'의 개수 < '변하지 않는 효[7, 8]'의 개수
  - '변할 수 있는 효[9, 6]'의 개수와 '변하지 않는 효[7, 8]'의 개수가 3과 3으로 같으면 본괘와 지괘의 괘사를 합하여 점을 판단한다.
    '변할 수 있는 효[9, 6]'의 개수 = '변하지 않는 효[7, 8]'의 개수
  - '변할 수 있는 효[9, 6]'의 개수가 '변하지 않는 효[7, 8]'의 개수보다 많을 때 지괘의 괘사로 점을 판단한다.
    '변할 수 있는 효[9, 6]'의 개수 > '변하지 않는 효[7, 8]'의 개수

우리가 점을 풀이할 때 정해진 격식은 없다. 오직 점을 쳐서 나온 데이터를 주어진 상황과 흐름에 맞게 해석해야 한다. 이때 참조하는 일차 데이터가 점을 쳐서 나온 괘사와 효사이지만, 점을 쳐서 나온 괘효사가 점을 친 상황과 전혀 부합하지 않을 때에는 괘명과 괘상을 동시에 참조하여 점을 풀이한다.

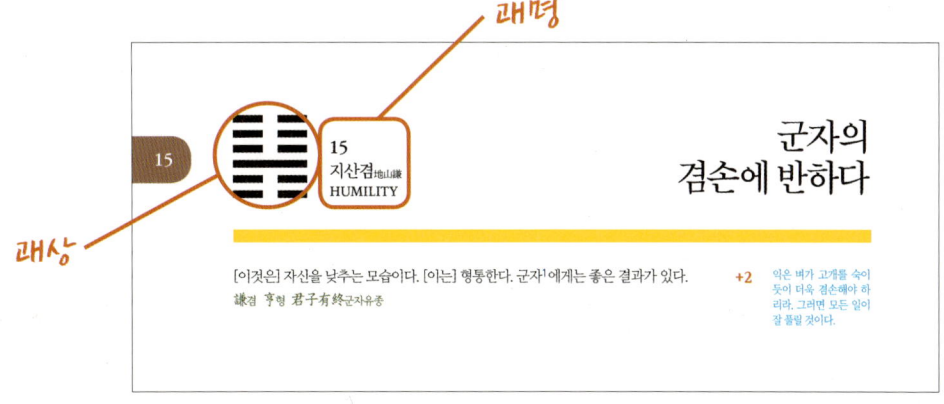

역점 저널 양식

1. 점친 장소 및 일시

■ 장소

■ 일시

2. 문제 상황 및 문제 설정

3. 문점問占 내용

4. 점괘표

육효 \ 항목	세트 구분	획득한 영수	음양 표시	변할 수 있는 효 표시
꼭대기 효	6세트	(*) ÷ 4 = (**)		
다섯째 효	5세트	( ) ÷ 4 = ○		
넷째 효	4세트	( ) ÷ 4 = ○		
셋째 효	3세트	( ) ÷ 4 = ○		
둘째 효	2세트	( ) ÷ 4 = ○		
처음 효	1세트	( ) ÷ 4 = ○		

* ( )에 네 개씩 덜어낸 점대들의 합을 적어넣는다.
** ○에 나눈 값을 적어 넣는다.

5. 괘사와 효사의 도출 과정

6. 괘사와 효사의 판단 및 해석

7. 자기 통찰

부록

원문집성

Original Text Gathering

1-0

乾 元亨 利貞

1-1

初九 潛龍勿用

1-2

九二 見龍在田 利見大人

1-3

九三 君子終日乾乾 夕惕若 厲 无咎

1-4

九四 或躍在淵 无咎

1-5

九五 飛龍在天 利見大人

1-6

上九 亢龍有悔

1-7

用九 見群龍无首 吉

2-0

坤 元亨 利牝馬之貞 君子有攸往 先迷後得主利 西南得朋 東北喪朋 安貞吉

2-1

初六 履霜 堅冰至

2-2

六二 直方大 不習无不利

2-3

六三 含章可貞 或從王事 无成有終

2-4

六四 括囊 无咎 无譽

2-5

六五 黃裳 元吉

2-6

上六 龍戰于野 其血玄黃

2-7

用六 利永貞

3-0

屯 元亨 利貞 勿用有攸往 利建侯

3-1

初九 磐桓 利居貞 利建侯

3-2

六二 屯如邅如 乘馬班如 匪寇婚媾 女子貞不字 十年乃字

3-3

六三 卽鹿无虞 惟入于林中 君子幾 不如舍 往吝

3-4

六四 乘馬班如 求婚媾 往吉 无不利

3-5

九五 屯其膏 小貞吉 大貞凶

3-6

上六 乘馬班如 泣血漣如

4-0

蒙 亨 匪我求童蒙 童蒙求我 初筮告 再三瀆 瀆則不告 利貞

4-1

初六 發蒙 利用刑人 用說桎梏 以往吝

4-2

九二 包蒙吉 納婦吉 子克家

4-3

六三 勿用取女 見金夫 不有躬 无攸利

4-4

六四 困蒙 吝

4-5

六五 童蒙 吉

4-6

上九 擊蒙 不利爲寇 利禦寇

5-0

需 有孚 光亨 貞吉 利涉大川

5-1

初九 需于郊 利用恒 无咎

5-2

九二 需于沙 小有言 終吉

5-3

九三 需于泥 致寇至

5-4

六四 需于血 出自穴

5-5

九五 需于酒食 貞吉

5-6

上六 入于穴 有不速之客三人來 終吉

6-0

訟 有孚 窒惕 中吉終凶 利見大人 不利涉大川

6-1

初六 不永所事 小有言 終吉

6-2

九二 不克訟 歸而逋 其邑人三百戶 无眚

6-3

六三 食舊德 貞厲 終吉 或從王事 无成

6-4

九四 不克訟 復卽命渝 安貞吉

6-5

九五 訟元吉

6-6

上九 或錫之鞶帶 終朝三褫之

7-0

師 貞丈人吉 无咎

7-1

初六 師出以律 否臧凶

7-2

九二 在師中 吉无咎 王三錫命

7-3

六三 師或輿尸 凶

7-4

六四 師左次 无咎

7-5

六五 田有禽 利執言 无咎 長子帥師 弟子輿尸 貞凶

7-6

上六 大君有命 開國承家 小人勿用

8-0

比 吉 原筮元 永貞无咎 不寧方來 後夫凶

8-1

初六 有孚 比之无咎 有孚盈缶 終來有它吉

8-2

六二 比之自內 貞吉

8-3

六三 比之匪人

8-4

六四 外比之 貞吉

8-5

九五 顯比 王用三驅 失前禽 邑人不誡 吉

8-6

上六 比之无首 凶

9-0

小畜 亨 密雲不雨 自我西郊

9-1

初九 復自道 何其咎 吉

9-2

九二 牽復吉

9-3

輿說輻 夫妻反目

9-4

六四 有孚 血去惕出 无咎

9-5

九五 有孚攣如 富以其鄰

9-6

上九 旣雨旣處 尙德載 婦貞厲 月幾望 君子征凶

10-0

履虎尾 不咥人 亨

10-1

初九 素履 往无咎

10-2

九二 履道坦坦 幽人貞吉

10-3

六三 眇能視 跛能履 履虎尾 咥人 凶 武人爲于大君

10-4

九四 履虎尾 愬愬終吉

10-5

九五 夬履 貞厲

10-6

上九 視履考祥 其旋元吉

11-0

泰 小往大來 吉亨

11-1

初九 拔茅茹以其彙 征吉

11-2

九二 包荒 用馮河 不遐遺 朋亡 得尚于中行

11-3

九三 无平不陂 无往不復 艱貞无咎 勿恤其孚 于食有福

11-4

六四 翩翩 不富以其鄰 不戒以孚

11-5

六五 帝乙歸妹 以祉元吉

11-6

上六 城復于隍 勿用師 自邑告命 貞吝

12-0

否之匪人 不利君子貞 大往小來

12-1

初六 拔茅茹以其彙 貞吉 亨

12-2

六二 包承 小人吉 大人否亨

12-3

六三 包羞

12-4

九四 有命无咎 疇離祉

12-5

九五 休否 大人吉 其亡其亡 繫于苞桑

12-6

上九 傾否 先否後喜

13-0
同人于野 亨 利涉大川 利君子貞

13-1
初九 同人于門 无咎

13-2
六二 同人于宗 吝

13-3
九三 伏戎于莽 升其高陵 三歲不興

13-4
九四 乘其墉 弗克 攻吉

13-5
九五 同人先號咷而後笑 大師克相遇

13-6
上九 同人于郊 无悔

14-0
大有 元亨

14-1
初九 无交害 匪咎 艱則无咎

14-2
九二 大車以載 有攸往 无咎

14-3
九三 公用亨于天子 小人不克

14-4
九四 匪其彭 无咎

14-5
六五 厥孚交如威如 吉

14-6
上九 自天祐之 吉无不利

15-0
謙 亨 君子有終

15-1
初六 謙謙 君子用涉大川 吉

15-2
六二 鳴謙 貞吉

15-3
九三 勞謙 君子有終 吉

15-4
六四 无不利 撝謙

15-5
六五 不富以其鄰 利用侵伐 无不利

15-6
上六 鳴謙 利用行師 征邑國

16-0
豫 利建侯行師

16-1
初六 鳴豫 凶

16-2
六二 介于石 不終日 貞吉

16-3
六三 盱豫悔 遲有悔

16-4
九四 由豫 大有得 勿疑朋盍簪

16-5
六五 貞疾 恒不死

16-6
上六 冥豫 成有渝 无咎

17-0

隨 元亨 利貞 无咎

17-1

初九 官有渝 貞吉 出門交有功

17-2

六二 係小子 失丈夫

17-3

六三 係丈夫 失小子 隨有求得 利居貞

17-4

九四 隨有獲 貞凶 有孚在道 以明何咎

17-5

九五 孚于嘉 吉

17-6

上六 拘係之 乃從維之 王用亨于西山

18-0

蠱 元亨 利涉大川 先甲三日 後甲三日

18-1

初六 幹父之蠱 有子考 无咎 厲終吉

18-2

九二 幹母之蠱 不可貞

18-3

九三 幹父之蠱 小有悔 无大咎

18-4

六四 裕父之蠱 往見吝

18-5

六五 幹父之蠱 用譽

18-6

上九 不事王侯 高尚其事

19-0

臨 元亨利貞 至于八月有凶

19-1

初九 咸臨 貞吉

19-2

九二 咸臨 吉无不利

19-3

六三 甘臨 无攸利 既憂之 无咎

19-4

六四 至臨 无咎

19-5

六五 知臨 大君之宜 吉

19-6

上六 敦臨 吉无咎

20-0

觀 盥而不薦 有孚顒若

20-1

初六 童觀 小人无咎 君子吝

20-2

六二 闚觀 利女貞

20-3

六三 觀我生 進退

20-4

六四 觀國之光 利用賓于王

20-5

九五 觀我生 君子无咎

20-6

上九 觀其生 君子无咎

21-0

噬嗑 亨 利用獄

21-1

初九 屨校滅趾 无咎

21-2

六二 噬膚滅鼻 无咎

21-3

六三 噬腊肉遇毒 小吝 无咎

21-4

九四 噬乾胏 得金矢 利艱貞 吉

21-5

六五 噬乾肉 得黃金 貞厲 无咎

21-6

上九 何校滅耳 凶

22-0

賁 亨 小利有攸往

22-1

初九 賁其趾 舍車而徒

22-2

六二 賁其須

22-3

九三 賁如濡如 永貞吉

22-4

六四 賁如皤如 白馬翰如 匪寇婚媾

22-5

六五 賁于丘園 束帛戔戔 吝 終吉

22-6

上九 白賁 无咎

23-0

剝 不利有攸往

23-1

初六 剝牀以足 蔑貞 凶

23-2

六二 剝牀以辨 蔑貞 凶

23-3

六三 剝之 无咎

23-4

六四 剝牀以膚 凶

23-5

六五 貫魚 以宮人寵 无不利

23-6

上九 碩果不食 君子得輿 小人剝廬

24-0

復 亨 出入无疾 朋來无咎 反復其道 七日來復 利有攸往

24-1

初九 不遠復 无祗悔 元吉

24-2

六二 休復 吉

24-3

六三 頻復 厲无咎

24-4

六四 中行獨復

24-5

六五 敦復 无悔

24-6

上六 迷復 凶 有災眚 用行師 終有大敗 以其國君凶 至于十年不克征

无妄 元亨 利貞 其匪正有眚 不利有攸往

初九 无妄 往吉

六二 不耕穫 不菑畬 則利有攸往

六三 无妄之災 或繫之牛 行人之得 邑人之災

25-4

九四 可貞 无咎

25-5

九五 无妄之疾 勿藥有喜

25-6

上九 无妄行 有眚 无攸利

大畜 利貞 不家食 吉 利涉大川

初九 有厲 利已

九二 輿說輹

九三 良馬逐 利艱貞 日閑輿衛 利有攸往

六四 童牛之牿 元吉

26-5

六五 豶豕之牙 吉

上九 何天之衢 亨

27-0

頤 貞吉 觀頤 自求口實

27-1

初九 舍爾靈龜 觀我朵頤 凶

27-2

六二 顛頤 拂經于丘 頤征 凶

27-3

六三 拂頤 貞凶 十年勿用 无攸利

27-4

六四 顛頤吉 虎視眈眈 其欲逐逐 无咎

27-5

六五 拂經 居貞吉 不可涉大川

27-6

上九 由頤 厲吉 利涉大川

28-0

大過 棟橈 利有攸往 亨

28-1

初六 藉用白茅 无咎

28-2

九二 枯楊生稊 老夫得其女妻 无不利

28-3

九三 棟橈 凶

28-4

九四 棟隆 吉 有它 吝

28-5

九五 枯楊生華 老婦得其士夫 无咎无譽

28-6

上六 過涉滅頂 凶 无咎

29-0

習坎 有孚維心 亨 行有尚

29-1

初六 習坎 入于坎窞 凶

29-2

九二 坎有險 求小得

29-3

六三 來之坎 坎險且枕 入于坎窞 勿用

29-4

六四 樽酒簋 貳用缶 納約自牖 終无咎

29-5

九五 坎不盈 祗旣平 无咎

29-6

上六 係用徽纆 寘于叢棘 三歲不得 凶

30-0

離 利貞 亨 畜牝牛 吉

30-1

初九 履錯然 敬之 无咎

30-2

六二 黃離 元吉

30-3

九三 日昃之離 不鼓缶而歌 則大耋之嗟 凶

30-4

九四 突如其來如 焚如死如棄如

30-5

六五 出涕沱若 戚嗟若 吉

30-6

上九 王用出征 有嘉折首 獲匪其醜 无咎

31-0

咸 亨 利貞 取女吉

31-1

初六 咸其拇

31-2

六二 咸其腓 凶 居吉

31-3

九三 咸其股 執其隨 往吝

31-4

九四 貞吉悔亡 憧憧往來 朋從爾思

31-5

九五 咸其脢 无悔

31-6

上六 咸其輔頰舌

32-0

恒 亨 无咎 利貞 利有攸往

32-1

初六 浚恒 貞凶 无攸利

32-2

九二 悔亡

32-3

九三 不恒其德 或承之羞 貞吝

32-4

九四 田无禽

32-5

六五 恒其德 貞 婦人吉 夫子凶

32-6

上六 振恒 凶

33-0

遯 亨 小利貞

33-1

初六 遯尾厲 勿用有攸往

33-2

六二 執之用黃牛之革 莫之勝說

33-3

九三 係遯 有疾厲 畜臣妾吉

33-4

九四 好遯 君子吉 小人否

33-5

九五 嘉遯 貞吉

33-6

上九 肥遯 无不利

34-0

大壯 利貞

34-1

初九 壯于趾 征凶 有孚

34-2

九二 貞吉

34-3

九三 小人用壯 君子用罔 貞厲 羝羊觸藩 羸其角

34-4

九四 貞吉 悔亡 藩決不羸 壯于大輿之輹

34-5

六五 喪羊于易 无悔

34-6

上六 羝羊觸藩 不能退 不能遂 无攸利 艱則吉

35-0
晉 康侯用錫馬蕃庶 晝日三接

35-1
初六 晉如摧如 貞吉 罔孚裕 无咎

35-2
六二 晉如愁如 貞吉 受茲介福于其王母

35-3
六三 衆允 悔亡

35-4
九四 晉如鼫鼠 貞厲

35-5
六五 悔亡 失得勿恤 往吉 无不利

35-6
上九 晉其角 維用伐邑 厲吉无咎 貞吝

36-0
明夷 利艱貞

36-1
初九 明夷于飛 垂其翼 君子于行 三日不食 有攸往 主人有言

36-2
六二 明夷 夷于左股 用拯馬壯 吉

36-3
九三 明夷于南狩 得其大首 不可疾貞

36-4
六四 入于左腹 獲明夷 之心于出門庭

36-5
六五 箕子之明夷 利貞

36-6
上六 不明晦 初登于天 後入于地

37-0

家人 利女貞

37-1

初九 閑有家 悔亡

37-2

六二 无攸遂 在中饋 貞吉

37-3

九三 家人嗃嗃 悔厲吉 婦子嘻嘻 終吝

37-4

六四 富家 大吉

37-5

九五 王假有家 勿恤 吉

37-6

上九 有孚威如 終吉

38-0

睽 小事吉

38-1

初九 悔亡 喪馬勿逐 自復 見惡人 无咎

38-2

九二 遇主于巷 无咎

38-3

六三 見輿曳 其牛掣 其人天且劓 无初有終

38-4

九四 睽孤 遇元夫 交孚 厲 无咎

38-5

六五 悔亡 厥宗噬膚 往何咎

38-6

上九 睽孤 見豕負塗 載鬼一車 先張之弧 後說之弧 匪寇婚媾 往遇雨則吉

39-0

蹇 利西南 不利東北 利見大人 貞吉

39-1

初六 往蹇來譽

39-2

六二 王臣蹇蹇 匪躬之故

39-3

九三 往蹇來反

39-4

六四 往蹇來連

39-5

九五 大蹇朋來

39-6

上六 往蹇來碩 吉 利見大人

40-0

解 利西南 无所往 其來復吉 有攸往 夙吉

40-1

初六 无咎

40-2

九二 田獲三狐 得黃矢 貞吉

40-3

六三 負且乘 致寇至 貞吝

40-4

九四 解而拇 朋至 斯孚

40-5

六五 君子維有解 吉 有孚于小人

40-6

上六 公用射隼于高墉之上 獲之 无不利

41-0
損 有孚 元吉 无咎 可貞 利有攸往 曷之用二簋 可用享

41-1
初九 已事遄往 无咎 酌損之

41-2
九二 利貞 征凶 弗損益之

41-3
六三 三人行 則損一人 一人行 則得其友

41-4
六四 損其疾 使遄有喜 无咎

41-5
六五 或益之 十朋之龜弗克違 元吉

41-6
上九 弗損益之 无咎 貞吉 利攸有往 得臣无家

42-0
益 利有攸往 利步大川

42-1
初九 利用爲大作 元吉 无咎

42-2
六二 或益之 十朋之龜弗克違 永貞吉 王用享于帝 吉

42-3
六三 益之用凶事 无咎 有孚 中行告公用圭

42-4
六四 中行告公從 利用爲依遷國

42-5
九五 有孚惠心 勿問 元吉 有孚惠我德

42-6
上九 莫益之 或擊之 立心勿恒 凶

43-0

夬 揚于王庭 孚號 有厲告自邑 不利卽戎 利有攸往

43-1

初九 壯于前趾 往不勝 爲咎

43-2

九二 惕號 莫夜有戎 勿恤

43-3

九三 壯于頄 有凶 君子夬夬獨行 遇雨若濡 有慍 无咎

43-4

九四 臀无膚 其行次且 牽羊悔亡 聞言不信

43-5

九五 莧陸夬夬中行 无咎

43-6

上六 无號 終有凶

44-0

姤 女壯 勿用取女

44-1

初六 繫于金柅 貞吉 有攸往 見凶 羸豕孚蹢躅

44-2

九二 包有魚 无咎 不利賓

44-3

九三 臀无膚 其行次且 厲 无大咎

44-4

九四 包无魚 起凶

44-5

九五 以杞包瓜 含章 有隕自天

44-6

上九 姤其角 吝 无咎

45-0

萃 亨 王假有廟 利見大人 亨 利貞 用大牲吉 利有攸往

45-1

初六 有孚不終 乃亂乃萃 若號 一握爲笑 勿恤 往无咎

45-2

六二 引吉 无咎 孚乃利用禴

45-3

六三 萃如嗟如 无攸利 往无咎 小吝

45-4

九四 大吉 无咎

45-5

九五 萃有位 无咎 匪孚 元 永貞 悔亡

45-6

上六 齎咨涕洟 无咎

46-0

升 元亨 用見大人 勿恤 南征吉

46-1

初六 允升 大吉

46-2

九二 孚乃利用禴 无咎

46-3

九三 升虛邑

46-4

六四 王用亨于岐山 吉 无咎

46-5

六五 貞吉 升階

46-6

上六 冥升 利于不息之貞

47-0
困 亨 貞大人吉 无咎 有言不信

47-1
初六 臀困于株木 入于幽谷 三歲不覿

47-2
九二 困于酒食 朱紱方來 利用享祀 征凶 无咎

47-3
六三 困于石 據于蒺藜 入于其宮 不見其妻 凶

47-4
九四 來徐徐 困于金車 吝 有終

47-5
九五 劓刖 困于赤紱 乃徐有說 利用祭祀

47-6
上六 困于葛藟 于臲卼 曰動悔有悔 征吉

48-0
井 改邑不改井 无喪无得 往來井井 汔至 亦未繘井 羸其瓶 凶

48-1
初六 井泥不食 舊井无禽

48-2
九二 井谷射鮒 甕敝漏

48-3
九三 井渫不食 爲我心惻 可用汲 王明並受其福

48-4
六四 井甃 无咎

48-5
九五 井洌寒泉食

48-6
上六 井收勿幕 有孚 元吉

49-0

革 巳日乃孚 元亨 利貞 悔亡

49-1

初九 鞏用黃牛之革

49-2

六二 巳日乃革之 征吉 无咎

49-3

九三 征凶 貞厲 革言三就 有孚

49-4

九四 悔亡 有孚改命 吉

49-5

九五 大人虎變 未占 有孚

49-6

上六 君子豹變 小人革面 征凶 居貞吉

50-0

鼎 元吉 亨

50-1

初六 鼎顛趾 利出否 得妾以其子 无咎

50-2

九二 鼎有實 我仇有疾 不我能卽 吉

50-3

九三 鼎耳革 其行塞 雉膏不食 方雨虧 悔 終吉

50-4

九四 鼎折足 覆公餗 其形渥 凶

50-5

六五 鼎黃耳金鉉 利貞

50-6

上九 鼎玉鉉 大吉 无不利

51-0

震 亨 震來虩虩 笑言啞啞 震驚百里 不喪匕鬯

51-1

初九 震來虩虩 後笑言啞啞 吉

51-2

六二 震來厲 億喪貝 躋于九陵 勿逐 七日得

51-3

六三 震蘇蘇 震行无眚

51-4

九四 震遂泥

51-5

六五 震往來厲 億无喪有事

51-6

上六 震索索 視矍矍 征凶 震不于其躬于其隣 无咎 婚媾有言

52-0

艮其背 不獲其身 行其庭 不見其人 无咎

52-1

初六 艮其趾 无咎 利永貞

52-2

六二 艮其腓 不拯其隨 其心不快

52-3

九三 艮其限 列其夤 厲 薰心

52-4

六四 艮其身 无咎

52-5

六五 艮其輔 言有序 悔亡

52-6

上九 敦艮 吉

53-0

漸 女歸吉 利貞

53-1

初六 鴻漸于干 小子厲 有言 无咎

53-2

六二 鴻占于磐 飮食衎衎 吉

53-3

九三 鴻漸于陸 夫征不復 婦孕不育 凶 利禦寇

53-4

六四 鴻漸于木 或得其桷 无咎

53-5

九五 鴻漸于陵 婦三歲不孕 終莫之勝 吉

53-6

上九 鴻漸于陸 其羽可用爲儀 吉

54-0

歸妹 征凶 无攸利

54-1

初九 歸妹以娣 跛能履 征吉

54-2

九二 眇能視 利幽人之貞

54-3

六三 歸妹以須 反歸以娣

54-4

九四 歸妹愆期 遲歸有時

54-5

六五 帝乙歸妹 其君之袂 不如其娣之袂良 月幾望 吉

54-6

上六 女承筐无實 士刲羊无血 无攸利

55-0

豐 亨 王假之 勿憂 宜日中

55-1

初九 遇其配主 雖旬无咎 往有尚

55-2

六二 豐其蔀 日中見斗 往得疑疾 有孚發若 吉

55-3

九三 豐其沛 日中見沫 折其右肱 无咎

55-4

九四 豐其蔀 日中見斗 遇其夷主 吉

55-5

六五 來章 有慶譽 吉

55-6

上六 豐其屋 蔀其家 闚其戶 闃其无人 三歲不覿 凶

56-0

旅 小亨 旅貞吉

56-1

初六 旅瑣瑣 斯其所 取災

56-2

六二 旅即次 懷其資 得童僕貞

56-3

九三 旅焚其次 喪其童僕 貞厲

56-4

九四 旅于處 得其資斧 我心不快

56-5

六五 射雉 一矢亡 終以譽命

56-6

上九 鳥焚其巢 旅人先笑後號咷 喪牛于易 凶

巽 小亨 利有攸往 利見大人

58-0

兌 亨 利貞

57-1

初六 進退 利武人之貞

58-1

初九 和兌 吉

57-2

九二 巽在牀下 用史巫紛若 吉 无咎

58-2

九二 孚兌 吉 悔亡

57-3

九三 頻巽 吝

58-3

六三 來兌 凶

57-4

六四 悔亡 田獲三品

58-4

九四 商兌未寧 介疾有喜

57-5

九五 貞吉 悔亡 无不利 无初有終
先庚三日 後庚三日 吉

58-5

九五 孚于剝 有厲

57-6

上九 巽在牀下 喪其資斧 貞凶

58-6

上六 引兌

59-0

渙 亨 王假有廟 利涉大川 利貞

59-1

初六 用拯馬壯 吉

59-2

九二 渙奔其机 悔亡

59-3

六三 渙其躬 无悔

59-4

六四 渙其羣 元吉 渙有丘 匪夷所思

59-5

九五 渙汗其大號 渙王居 无咎

59-6

上九 渙其血去逖出 无咎

60-0

節 亨 苦節 不可貞

60-1

初九 不出戶庭 无咎

60-2

九二 不出門庭 凶

60-3

六三 不節若 則嗟若 无咎

60-4

六四 安節 亨

60-5

九五 甘節 吉 往有尚

60-6

上六 苦節 貞凶 悔亡

61-0

中孚豚魚吉 利涉大川 利貞

61-1

初九 虞吉 有他不燕

61-2

九二 鳴鶴在陰 其子和之 我有好爵 吾與爾靡之

61-3

六三 得敵 或鼓或罷 或泣或歌

61-4

六四 月幾望 馬匹亡 无咎

61-5

九五 有孚攣如 无咎

61-6

上九 翰音登于天 貞凶

62-0

小過 亨 利貞 可小事 不可大事 飛鳥遺之音 不宜上 宜下 大吉

62-1

初六 飛鳥以 凶

62-2

六二 過其祖 遇其妣 不及其君 遇其臣 无咎

62-3

九三 弗過防之 從或戕之 凶

62-4

九四 无咎 弗過遇之 往厲必戒 勿用永貞

62-5

六五 密雲不雨 自我西郊 公弋 取彼在穴

62-6

上六 弗遇過之 飛鳥離之 凶 是謂災眚

63-0

旣濟 亨 小利貞 初吉終亂

63-1

初九 曳其輪 濡其尾 无咎

63-2

六二 婦喪其茀 勿逐 七日得

63-3

九三 高宗伐鬼方 三年克之 小人勿用

63-4

六四 繻有衣袽 終日戒

63-5

九五 東鄰殺牛 不如西鄰之禴祭 實受其福

63-6

上六 濡其首 厲

64-0

未濟 亨 小狐汔濟 濡其尾 无攸利

64-1

初六 濡其尾 吝

64-2

九二 曳其輪 貞吉

64-3

六三 未濟 征凶 利涉大川

64-4

九四 貞吉 悔亡 震用伐鬼方三年 有賞于大國

64-5

六五 貞吉 无悔 君子之光 有孚 吉

64-6

上九 有孚于飲酒 无咎 濡其首 有孚失是

글로서리
Glossary

- ☞는 '그곳을 가서 보라'는 뜻이다. ⇔는 '서로 반대가 된다'는 뜻이다.
- 고딕은 표제어다.

가嘉	나라이름이다.
갑일甲日	음력에서 천간인 갑甲이 들어가는 날이다.
강후康侯	주나라 무왕의 동생이다.
개선凱旋	싸움에서 이기고 돌아오는 것이다.
경일庚日	음력으로 천간天干 중에서 경庚이 들어간 날이다.
『계몽전의啓蒙傳疑』	주자의 『역학계몽』에 대하여 퇴계가 해석을 더한 책이다.
계일癸日	음력으로 천간天干 중에서 계癸가 들어간 날이다.
고공단보古公亶父	주나라 문왕의 할아버지다.
고종高宗	은나라 왕으로 이름은 무정武丁이다. 고종의 시기가 은나라의 최후 전성기였다.
고형高亨	중국의 현대 주역철학자로서 춘추전국시대의 점치는 법을 고증해서 복원했다.
공公	1 고대 봉건국가에서 왕 다음으로 가장 높은 지위에 있는 신하로 공경公卿의 준말이다. 2 제후를 지칭하는 말이다. 3 신분이 높은 사람에게 붙여주는 경칭이다.
공계公季	주나라 문왕의 아버지다.

공자	노나라 사람으로 유학의 창시자다. 사후 그의 제자들이 『논어』를 편찬했다.
공정선公正善	사리사욕을 취하는 것도 아니며 남에게 그 어떤 피해를 주지 않는 범위에서 오로지 공정함과 올바름만을 취하는 행위로 이것은 언제나 인의仁義를 추구한다.
괘卦	1 세줄로 이루어진 음양 부호이다. ☞ 소성괘 2 여섯줄로 이루어진 음양 부호이다. ☞ 대성괘
괘명卦名	64괘 중에서 각 괘의 이름을 말한다.
괘사卦辭	『주역』에서 각 괘에 붙어있는 풀이말이다.
괘상卦象	64괘 중에서 여섯줄로 된 각 괘의 음양 부호를 말한다. ☞ 대성괘
구九	양陽을 말한다.
구咎	허물. 탈頉.
구릉九陵	1 아홉 개의 언덕이다. 2 높은 언덕을 말한다.
군자君子	1 신분적 개념. 지위와 신분이 높은 사람이다. 2 인격적 개념. 큰 재능과 덕성을 지니고 있는 사람이다. 3 주역점에 능통한 사람이다.
궁형宮刑	고대 형벌 중 하나로 생식기를 자르는 형벌이다.
귀방鬼方	나라이름으로 은나라의 적대국이었다. 현재 산서성山西省 북부와 섬서성陝西省 북부 및 서부에 근거지를 두었다.
귀인貴人	1 신분이나 지위가 높은 사람이다. 2 도움을 주는 사람을 말한다.
규圭	1 옥으로 만든 물건이다. 2 신하가 임금을 만날 때 의관을 정제하고 손에 쥐던 패로 홀笏이다.
규珪	규圭와 같다. ☞ 규
금수레	황동으로 장식한 수레를 말한다. 옛날 귀족이 타고 다니던 것이다.
기	달기를 말한다. ☞ 달기
기산岐山	지명 주나라의 수도 호경鎬京의 서쪽에 있었던 산이다. 현재 섬서성陝西省 기산현岐山縣 동북쪽에 있다. 여기 기산은 문왕의 할아버지 고공단보古公亶父가 정착했던 곳이다.
기산현岐山縣	지명.
기자箕子	은나라 마지막 왕인 주왕의 숙부다.
길吉	좋음. ⇔ 흉
길하다	좋다. ⇔ 흉하다
길흉지수	☞ 지수

길흉회린 스펙트럼

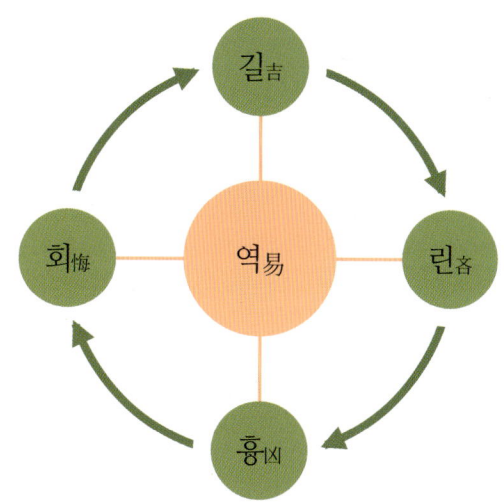

- 원문에서 회悔는 반성이 동반하는 것으로 '후회하다', '뉘우치다'로 쓰이고, 린吝은 반성에 인색한 것으로 '어렵다', '곤란하다'로 쓰인다. 후회하는 사람은 반성하기에 그 허물[咎]을 고칠 수 있고, 후회에 인색한 사람은 그 허물[咎]을 고치지 않는다. 그러므로 회悔는 길로 나아가고, 인吝은 흉으로 미끄러진다.

김상섭	국내 주역연구가로서 고형의 주역점법을 재구성했다.
나[我]	주나라 당시 점치는 관리로 태사太史를 말한다. 태사는 주역의 전문가이며 당시 최고의 지적 엘리트다.
낙읍洛邑	낙양洛陽의 서쪽 교외에 있는 지명이다.
내담자	상담을 받는 자를 말한다.
노잣돈	먼 길을 오가는 데 드는 비용이다.
다산茶山	조선 후기의 실학자로 많은 저술을 남겼다.
달기妲己	유소씨有蘇氏의 딸로서 유소씨가 은나라 주왕에게 항복의 표시로 바친 미녀였다. 주왕과 함께 은나라를 망친 여인이다.
대군大君	군주에 대한 존칭이다.
대부大夫	1 벼슬아치. 2 고을의 수령. 3 작위이름.
대상大象	괘사를 말한다. ☞ 괘사
대성괘大成卦	위와 아래로 팔괘를 배열해 놓은 음양 부호이다. 이것에는 총 64괘가 있다.

대연지수大衍之數	50을 말한다.
대인大人	1 신분적 개념. 신분과 지위가 높은 벼슬자리에 있는 사람이다. 2 인격적 개념. 큰 덕을 지니고 있는 사람이다. 3 도움을 줄 수 있는 사람이다.
도道	음양의 법칙을 말한다. ☞ 역
돈어豚魚	1 북어 등과 같은 돼지머리 형태의 물고기를 말한다. 2 은나라 주왕을 상징한다.
동이	형체가 둥글고 아가리가 넓으며 양옆에 손잡이가 있는 질그릇이다.
려厲	위험. 위태롭다.
린吝	반성에 인색한 것으로 어렵다, 곤란하다로 쓰인다. 어려움, 곤란함 등을 동반하는 무반성적 상태. 길과 흉의 중간상태로 흉으로 기운다. ⇔ 회 ☞ 길흉회린 스펙트럼
『마왕퇴한묘백서馬王堆漢墓帛書』	마왕퇴한묘에서 1973년에 나온 문헌이다.
면신綿臣	역易나라의 왕이다.
명이明夷	1 태양을 상징한다. 2 태양새로 고서에는 황금새로도 불린다.
목야牧野	은나라에 있는 지명이다.
무경武庚	은나라 사람으로 주나라 주공의 두 동생인 숙선·숙탁과 함께 반란을 도모하였다.
무구無咎	허물이 없다. 무탈하다.
무왕	주나라의 왕이다. 그의 아버지는 문왕이다.
무정武丁	은나라 왕인 고종을 말한다. ☞ 고종
묵형墨刑	이마나 팔뚝에 죄목의 글자를 새겨 넣은 형벌이다.
문왕	주나라의 왕이다. 무왕의 아버지다.
미자개微子開	은나라 사람으로 중행中行의 형이다.
박	1 박과의 한해살이풀이다. 2 백성을 비유한다.
박剝	나라이름이다.
반석磐石	넓고 편편하게 된 큰 돌을 뜻한다.
백관	모든 벼슬아치를 말한다.
백이伯夷	주나라 사람이다. ☞ 숙제
변變	양에서 양으로 그리고 음에서 음으로 바뀌는 것이다.
변괘법變卦法	변효의 자리를 찾는 방법이다.
변할 수 있는 효	사영수 중에서 6과 9를 말한다.
변화	음양이 서로 교대하는 것이다.

변효變爻	마땅히 변해야 하는 효를 뜻한다. 변효의 자리와 변할 수 있는 효가 서로 만나면 변효가 된다.
본괘本卦	본래 점쳐서 나온 괘이다.
부孚	1 포로. 2 붙잡다. 3 믿고 따르다.
부缶	1 다른 말로 장군으로 물·술·간장 등을 담아 옮길 때 쓰는 오지그릇 또는 나무로 만든 그릇이다. 2 악기를 말한다.
부열傅說	은나라 고종 당시의 재상이다.
북두성	북두칠성과 같은 말이다.
북두칠성	☞ 북두성
불선不善	선에서 멀어지는 것이다. ☞ 악 ⇔ 선
비고이진卑高以陳	하나의 괘를 형성해 나갈 때 아래 효부터 시작하여 위로 효를 그려나가는 원칙이다.
빈객賓客	귀한 손님을 뜻한다.
사무史巫	무당의 다른 말이다.
사상四象	두줄의 음양 부호로 구성된 네 가지 기호를 말한다. 이것에는 소양·소음·노양(또는 태양)·노음(또는 태음)이 있다.
사상수四象數	사상四象을 수로 나타낸 것으로 소양·소음·노양(또는 태양)·노음(또는 태음)을 숫자로 표시한 것이다. 점을 쳐서 나온 숫자인 6·7·8·9가 사상수다. • 소양 → 7로 표시 • 소음 → 8로 표시 • 노양 → 9로 표시 • 노음 → 6으로 표시
사영수四營數	☞ 사상수
사졸士卒	군대에서 군사와 졸병을 뜻한다.
사행使行	사신이 길을 가는 것을 말한다.
산서성山西省	현재 중국 서북부에 위치한 성이다.
삼선형三線形	음양 부호를 세줄로 나타낸 것이다. ☞ 소성괘
삼변三變	역점을 칠 때 세 번째로 점대를 네 개씩 덜어내는 절차를 뜻한다.
삼재三才	하늘·땅·인간을 말한다.
상尙	자랑할 일 또는 좋은 일이다.

상나라	은나라를 말한다. 은나라는 상나라에 대한 폄칭이다. ☞ 은나라
상담相談	각종 심리학적 상담기법을 동원하여 상담자가 내담자의 문제를 해결해주는 것이다.
상담자	상담을 해주는 사람이다.
상제上帝	주재천의 개념으로서 신을 말한다.
생수生數	☞ 선천수
서사구조	어떤 사건이나 일의 흐름과 전개이다.
서죽筮竹	주역점을 치는데 쓰는 도구로 대나무를 가늘게 쪼개서 만든 댓개비다.
선善	순천하는 것이다. ☞ 순천 ⇔ 악
선왕先王	은나라 건국 이후의 임금을 말한다.
선천수先天數	1에서 5까지의 수를 말한다. ☞ 생수
설시법揲蓍法	50개의 점대를 이용하여 주역점을 치는 법을 말한다.
섬돌	오르내릴 수 있게 놓은 돌층계다.
섬서성陝西省	현재 중국 중부에 위치한 성이다.
성性	삶. 생활.
성수成數	☞ 후천수
성왕	주나라의 왕으로 무왕이 아버지다.
성인聖人	고대에 총명한 사람을 지칭한다. 또한 천지의 변화에 능통한 자이다.
소상小象	효사를 말한다. ☞ 효사
소성괘小成卦	팔괘를 말한다. ☞ 팔괘
소인小人	1 신분적 개념. 신분이나 지위가 낮은 사람을 말한다. 2 인격적 개념. 덕이 없고 자신의 이익만을 추구하는 사람을 말한다.
송誦	주나라 무왕의 아들인 태자를 말한다. 훗날 송이 성왕이 된다. ☞ 성왕
솥귀	솥의 둘레 위로 두 귀처럼 뾰족이 돋은 부분을 말한다.
수양산	백이·숙제가 은둔했던 산이다.
숙선叔鮮	은나라 주공의 동생이다.
숙제叔齊	주나라 사람이다. ☞ 백이
숙탁叔度	은나라 주공의 동생이다.
순천順天	역의 운동인 천명의 리듬에 맞추어 사는 것이다. ⇔ 역천
숭崇	주나라 문왕이 정벌한 지명이다.

스토리텔링	괘나 효라는 기호를 통하여 이야기를 전달하는 방식이다.
시중時中	최적한 상황과 조건을 자발적으로 찾아서 그것에 맞게 최선의 행동을 하는 것[中]이다.
시초蓍草	국화과에 속하는 여러해살이 풀이다. 다른 말로 '톱풀'이라고도 한다.
시초점	시초 또는 점대[筮竹]를 이용하여 『주역』을 전거로 삼아 음양을 산술적으로 운용하여 점괘를 뽑아내는 방법이다. ☞ 설시법
십간十干	천간天干으로 갑甲·을乙·병丙·정丁·무戊·기己·경庚·신申·임壬·계癸를 말한다.
십붕十朋	주나라 때 화폐 단위로 십패十貝를 일붕一朋이라 하니 십붕은 백패百貝가 된다.
악惡	역천하는 것이다. ☞ 불선 ⇔ 선
양의兩儀	음과 양을 뜻한다.
역易	1 『주역』을 말한다. ☞ 『주역』 2 음양의 운동을 말한다. ☞ 천도 3 나라이름이다. ☞ 유역
『역경易經』	☞ 『주역』
역점易占	주역점의 준말. ☞ 주역점
역천逆天	역의 운동인 천명의 리듬에 거슬러 사는 것이다. ⇔ 순천
『역학계몽易學啓蒙』	주자가 지은 『주역』의 해설서이다.
영수營數	설시법에서 일변·이변·삼변의 결과로 얻은 수이다. ☞ 사영수
오형五刑	중국 고대의 다섯 가지 형벌이다. 이것에는 ① 죄목을 얼굴이나 팔에 문신으로 새기는 묵형, ② 코를 베는 의형, ③ 발의 뒤꿈치를 베는 월형, ④ 목을 베는 참수형, ⑤ 생식기를 자르는 궁형이 있다.
왕문王門	궁궐에 있는 문이다.
왕해王亥	은나라의 선왕으로 은나라를 세웠다는 탕왕湯王보다 앞선 시대의 사람이다.
용구用九	구九를 양으로 사용한다. ☞ 구
용육用六	육六을 음으로 사용한다. ☞ 육
우宇	공간을 뜻한다.
우물 속의 붕어	조정의 오래된 인물을 비유한다.
우환憂患	1 근심거리 또는 걱정거리이다. 2 인간이 느끼는 불안으로 미래에 대해 막연하면서도 실존론적으로 두려워 마음이 평안하지 않는 심리적 상태를 말한다.
원형이정元亨利貞	1 크게 형통하고 이로운 점이다. 2 역에서 변화의 국면을 설명하는 틀로 '원[元:

生]-형[亨: 長]-리[利: 斂]-정[貞: 藏]'이다.

월형刖刑	발의 뒤꿈치를 자르는 형벌이다.
유리羑里	은나라에 있었던 감옥 이름이다.
유역有易	나라이름이다. 역易나라를 말한다. ☞ 역
육六	음陰을 말한다.
육선형六線形	음양 부호를 여섯줄로 나타낸 것이다. ☞ 대성괘
은	은나라를 말한다. ☞ 은나라
은나라	중국 최초의 고대 왕국을 말한다. ☞ 상나라
음양陰陽	동일한 사태 안에서 일어나는 변화의 두 국면을 말한다. 밤과 낮이 대표적이다.
읍주邑主	고을을 다스리는 사람이다.
의벽劓辟	형벌의 하나다. ☞ 의형
의형劓刑	코를 베는 형벌이다.
이가환	조선 후기 학자이다.
이광지李光地	중국 청나라 때의 학자이다.
이변二變	역점을 칠 때 두 번째로 점대를 네 개씩 덜어내는 절차를 뜻한다.
이섭대천利涉大川	1 큰 내를 건너는 것이 이롭다. 2 어떤 일을 추진해도 좋다.
인도人道	인仁 · 의義를 말한다.
인책人策	설시법으로 역점을 칠 때 사람을 상징하는 점대 하나를 뜻한다.
일변一變	역점을 칠 때 첫 번째로 네 개씩 점대를 덜어내는 절차를 뜻한다.
일붕一朋	주나라 때 화폐 단위로 십패十貝를 일붕一朋이라 한다.
입명立命	천명을 좇아 마음의 안정을 얻는 것이다.
작은 일[小事]	한 나라의 전쟁이나 제사 등과 같은 일을 제외한 일이다. ⇔ 큰일
장군缶	☞ 부
장인丈人	군대의 총사령관을 뜻한다.
점사占辭	주역점을 쳐서 나온 괘사 · 효사를 말한다. ☞ 주사
정貞	1 점치다. 2 점. 3 바름. 4 바르다.
정병석	국내 주역 연구가이다.
정일丁日	음력으로 천간天干 중에서 정丁이 들어간 날이다.
제을帝乙	은나라 마지막 왕인 주紂의 아버지다.

제후	봉건 시대에 영토를 가지고 그 영내의 백성을 다스리던 사람이다.
제후국	제후가 다스리는 나라이다.
족쇄	죄인의 발에 채우던 쇠사슬을 말한다.
종묘	왕이 자신의 선왕께 제사를 올리는 곳이다.
주宙	시간을 뜻한다.
주周	주나라를 말한다. ☞ 주나라
주紂	은나라 마지막 왕이다. ☞ 주왕
주공	주나라 사람으로 무왕의 동생이며 성왕의 숙부다.
주나라	상나라를 멸망시키고 존재했던 나라이다.
주사繇辭	점사占辭, 즉 점을 쳐서 나온 메시지로서 괘사卦辭와 효사爻辭를 말한다. ☞ 점사
주살	활쏘기의 기본자세를 연습할 때 쓰는 것으로 화살 머리에 줄을 매어 쏘는 화살이다.
『주역周易』	주나라 시대에 만들어진 역易이다. 이를 『역경』이라 한다. ☞ 『역경』
『주역사전周易四箋』	다산이 지은 『주역』의 해설서다.
주역상담	『주역』을 이용하여 하늘이 내려준 점사로 문제를 해결하는 방법이다.
『주역절중周易折中』	청나라 강희제의 명에 의하여 이광지 등이 편찬한 책이다.
주역치료	『주역』을 이용하여 하늘이 내려준 점사로 문제를 해결하고 마음을 치료하는 방법이다.
주역점	『주역』을 가지고 치는 점이다. ☞ 역점
주왕	은나라의 마지막 왕으로 달기와 함께 폭정으로 나라를 쇠락시켰다.
주자朱子	남송의 유학자로 송대의 유학을 집대성하여 완성시켰다.
『중용中庸』	공자의 손자 자사가 지은 책으로 유학철학을 구성하고 있다.
중행中行	은나라 미자개微子開의 동생인 중연中衍이다.
지괘之卦	본괘의 효 중에서 6 또는 9의 영수로 된 효가 음은 양으로 양은 음으로 변하여 얻은 괘이다.
지도地道	강剛·유柔를 말한다.
지수	모든 괘사·효사의 길흉 정도를 수치로 나타낸 것이다.

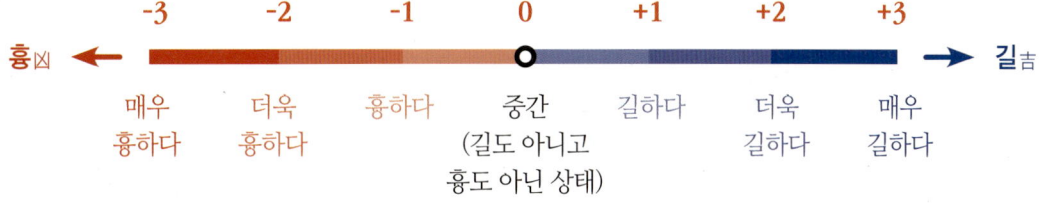

지수地數	1에서 10까지의 수 중에서 짝수인 2·4·6·8·10을 말하고, 이는 음수陰數가 된다.
지책地策	설시법으로 역점을 칠 때 땅을 상징하는 점대의 묶음이다.
진震	주나라 사람이다.
천天	하늘로 주재천을 말한다. ☞ 상제
천도天道	음양의 운동을 말한다. ☞ 역
천명天命	하늘의 명령으로 주역점을 쳐서 나온 점사인데 하늘의 메시지라고도 한다.
천수天數	1에서 10까지의 수 중에서 홀수인 1·3·5·7·9를 말하고, 이것은 양수陽數가 된다.
천수와 지수의 합	55를 말한다.
천자	왕을 뜻한다.
천지신명天地神明	☞ 상제
천책天策	설시법으로 역점을 칠 때 하늘을 상징하는 점대의 묶음이다.
『춘추좌씨전春秋左氏傳』	좌구명이 지은 책으로 『춘추』에 주석을 단 것이다.
칼	옛날 중죄인에 씌우던 형구의 일종이다.
큰일[大事]	한 나라의 전쟁이나 제사 등을 말한다. ⇔ 작은 일
탈-맥락-화의 오류	자신이 처한 상황과 맥락을 무시하고 점을 쳐서 나온 점괘를 무조건 맹신하는 것이다.
탕왕	상나라를 건국한 왕이다.
태극太極	음과 양으로 이루어진 우주의 근원을 말한다.
태임太妊	주나라 문왕의 어머니다.
퇴계退溪	조선 중기의 성리학자로 조선 성리학의 발전에 크게 공헌했다.
팔괘八卦	세줄의 음양 부호로 구성된 여덟 가지 기호를 말한다. ☞ 소성괘
폄칭貶稱	얕잡아 부르는 것이다.
폐백	혼인할 때 신랑과 신부가 예물로 보내는 물품을 말한다.
포격炮格	형벌의 이름으로 땅을 깊이 판 구덩이 속에 불을 피워놓고, 기름을 바른 구리 기둥을 구덩이에 가로질러 놓고 그 위를 걸어가도록 하는 것이다.
품명稟命	자신이 스스로 천명을 요청하여 천명을 받아내는 것이다.
풍豊	주나라 문왕이 도읍지로 삼았던 곳이다.
『하락리수河洛理數』	송나라 때 진단의 저작으로 인간의 운명을 예측하는 책이다.

한계상황	1 서양철학에서 한계상황은 실존주의에서 출발한 개념인데 인간이 살아가면서 당면하는 극한 상황으로서의 실존적 사태에 대한 자신의 자유로운 결정 국면이다. 2 역점에서 인간이 불확실한 미래에 직면하여 가지게 되는 정신적 어려움과 심리적 압박, 그리고 이에 부수하는 불안감에 맞닥뜨림이다.
헤라클레이토스	고대 그리스의 철학자다.
현인賢人	밝은 덕과 훌륭한 재능을 겸비하고 있는 사람이다.
형亨	1 형통하다. 2 제사를 지내다.
호경鎬京	주나라 무왕이 처음 도읍했던 곳이다.
홀笏	☞ 규
효爻	여섯줄로 이루어진 대성괘에서 각각의 음양 부호를 뜻한다.
효사爻辭	『주역』에서 각 효에 붙어있는 풀이말이다.
화化	음이 양으로 양이 음으로 넘어가는 것이다.
황동 실패	높은 신분의 귀한 사람을 뜻한다.
회悔	반성이 동반하는 것으로 '후회하다', '뉘우치다'로 쓰인다. 뉘우침, 후회할 일. 길과 흉의 중간상태로 길로 기운다. ⇔ 린 ☞ 길흉회린 스펙트럼
후천수後天數	6에서 10까지의 수를 말한다. ☞ 성수
흉凶	좋지 않음. ⇔ 길
흉하다	좋지 않다. ⇔ 길하다
I Ching	『역경』을 뜻한다.
I ching	역점을 뜻한다. ☞ 역점
counseling	☞ 상담
counselee	☞ 내담자
counselor	☞ 상담자
hexagram	☞ 대성괘
I Ching Counseling	☞ 주역상담
I Ching Therapy	☞ 주역치료
trigram	☞ 소성괘

64괘표 / Sixty-Four Hexagrams

	곤坤	간艮	감坎	손巽
	11 곤坤/건乾 지地/천天 지천태 地天泰	**26** 간艮/건乾 산山/천天 산천대축 山天大畜	**5** 감坎/건乾 수水/천天 수천수 水天需	**9** 손巽/건乾 풍風/천天 풍천소축 風天小畜
	19 곤坤/태兌 지地/택澤 지택림 地澤臨	**41** 간艮/태兌 산山/택澤 산택손 山澤損	**60** 감坎/태兌 수水/택澤 수택절 水澤節	**61** 손巽/태兌 풍風/택澤 풍택중부 風澤中孚
	36 곤坤/리離 지地/화火 지화명이 地火明夷	**22** 간艮/리離 산山/화火 산화비 山火賁	**63** 감坎/리離 수水/화火 수화기제 水火旣濟	**37** 손巽/리離 풍風/화火 풍화가인 風火家人
	24 곤坤/진震 지地/뢰雷 지뢰복 地雷復	**27** 간艮/진震 산山/뢰雷 산뢰이 山雷頤	**3** 감坎/진震 수水/뢰雷 수뢰둔 水雷屯	**42** 손巽/진震 풍風/뢰雷 풍뢰익 風雷益
	46 곤坤/손巽 지地/풍風 지풍승 地風升	**18** 간艮/손巽 산山/풍風 산풍고 山風蠱	**48** 감坎/손巽 수水/풍風 수풍정 水風井	**57** 손巽/손巽 풍風/풍風 중풍손 重風巽
	7 곤坤/감坎 지地/수水 지수사 地水師	**4** 간艮/감坎 산山/수水 산수몽 山水蒙	**29** 감坎/감坎 수水/수水 중수감 重水坎	**59** 손巽/감坎 풍風/수水 풍수환 風水渙
	15 곤坤/간艮 지地/산山 지산겸 地山謙	**52** 간艮/간艮 산山/산山 중산간 重山艮	**39** 감坎/간艮 수水/산山 수산건 水山蹇	**53** 손巽/간艮 풍風/산山 풍산점 風山漸
	2 곤坤/곤坤 지地/지地 중지곤 重地坤	**23** 간艮/곤坤 산山/지地 산지박 山地剝	**8** 감坎/곤坤 수水/지地 수지비 水地比	**20** 손巽/곤坤 풍風/지地 풍지관 風地觀

	진震	리離	태兌	건乾	상괘 上卦 / 하괘 下卦
	34 뇌천대장 雷天大壯	14 화천대유 火天大有	43 택천쾌 澤天夬	1 중천건 重天乾	건乾
	54 뇌택귀매 雷澤歸妹	38 화택규 火澤睽	58 중택태 重澤兌	10 천택리 天澤履	태兌
	55 뇌화풍 雷火豊	30 중화리 重火離	49 택화혁 澤火革	13 천화동인 天火同人	리離
	51 중뢰진 重雷震	21 화뢰서합 火雷噬嗑	17 택뢰수 澤雷隨	25 천뢰무망 天雷无妄	진震
	32 뇌풍항 雷風恒	50 화풍정 火風鼎	28 택풍대과 澤風大過	44 천풍구 天風姤	손巽
	40 뇌수해 雷水解	64 화수미제 火水未濟	47 택수곤 澤水困	6 천수송 天水訟	감坎
	62 뇌산소과 雷山小過	56 화산려 火山旅	31 택산함 澤山咸	33 천산돈 天山遯	간艮
	16 뇌지예 雷地豫	35 화지진 火地晉	45 택지췌 澤地萃	12 천지비 天地否	곤坤

如天意

하늘의 뜻대로!